U0154458

Lunar New Year 2012-02-23

體大體研所林岑怡等五位博士生贈禮

敬賀 洪鎌德教授八秩嵩壽

HAPPY BIRTHDAY!

洪府才俊聲名揚
鎌銳敏思論著廣
德望俱優傳芬芳
八方雲集眾景仰
秩然合鳴羨鴛鴦
嵩高流長齊讚賞
壽比玉山更軒昂
賀客盈門慶福旺

策賽堂 敬賀

ENTER IN THE OLD-WORLD SOIRÉE. — A NEW CHICKEN HATCHED.

LE GRAND DUEL JAUNE ET BLANC

JAPAN MAKES HER DÉBUT UNDER COLUMBIA'S AUSPICES.

淵博與創思

洪鎌德教授八十高壽慶賀文集

施正鋒・主編

施正鋒、郭秋慶、紀舜傑、曾志隆
謝宏仁、胡正光、陳文賢、魏百谷
黃之棟、利亮時、鍾國允
劉宏裕、何乃蕙・著

序：沙漠之泉——洪鎌德老師

　　台灣人念政治學的不多，特別是政治哲學，更不用說馬克思的思想，而洪鎌德老師就是極少數的例外。在政治解嚴之前，台灣沒有言論自由，在教科書以外，學子能念的書籍很少，不像現在的網際世界有無限的寶藏。在進入1980年代之前，洪老師所出版的幾本書籍，可以說是沙漠中的甘泉，特別是《社會科學與現代社會》、《政治學與現代社會》、《經濟學與現代社會》（牧童出版社），也讓我們知道，在南洋有一位傑出的台灣學者。

　　我是在1991年取得博士學位回國的，在第二年，洪老師受聘為台灣大學三民主義研究所（現為國家發展研究所）客座教授、接著轉為專任教授，從此，我們開始有機會互動。在當時，族群研究還是被視為毒蛇猛獸，連政策討論都是異端，所以，我們碰到相關的場域，往往會邀請老師分享新加坡的經驗；其實，除了他山之石，另一個理由是藉著洪老師的學術地位，像大樹般來罩著大家。

　　由於洪鎌德老師回國後一直在淡江大學兼任（俄羅斯研究所、歐洲研究所，以及東南亞研究所），我自己在公共行政學系任教，因此，偶而也會前往驚聲大樓口試。不過，真正與洪老師接觸頻繁的介面是台灣歐盟研究協會，當時的創會理事長張維邦教授是留學歐洲的、又是歐研所所長，大家共同為新的研究領域開疆闢土，時常在仁愛路的會所碰面，尤其是洪老師接任理事長之後，不時鞭策，包括舉辦學術研討會，以及出版專書。

　　台灣國際研究學會在2004年成立，洪鎌德老師是我們的創會之寶，一直提攜我們後輩的學者。在2011年，學會舉辦了一場「台灣民主化過程中人文社會學者學術研討」，高山仰止十五名走過威權時代資深教授的堅持與努力，由洪老師的弟子廖育信與曾志隆寫了一篇〈老當益壯的大師——洪鎌德教授〉，實至名歸、當之無愧。十多年來，洪老師還是不時幫學會出版的《台灣國際研究季刊》審稿。

　　最令人感佩的是，洪鎌德老師迄今依然埋頭研究，不時有新的著作發表跟出版。由於洪老師在台大還有指導學生，每回口試，就會送我一本新書，令人

望塵莫及。由於隔行如隔山，我未必看得懂洪老師所鑽研的課題，不過，至少在格式上一絲不苟，可以看出老師的訓練跟自我要求，年輕學者難望項背。話又說回來，儘管相當嚴謹，洪老師卻相當照顧學生，儼然是嚴師慈父。

這一本《淵博與創思──洪鎌德教授八十高壽慶賀文集》的作者，除了洪老師的學生，還包括過去的同事，以及提攜的中生代學者，感謝大家共襄盛舉。儘管論文主題未必與政治哲學有關，不過，還是環扣著洪老師自來的研究，希望能彰顯他的學養與貢獻。雖然我不是入室弟子，洪老師還是視如己出。在2004年，我銜命編輯出版了《馬克思學在東方──洪鎌德教授66歲生日祝賀文集》（前衛），卻無力撰文。此番，我總算有機會濫竽充數。感謝洪老師。

本文集得以及時出版，應歸功於五南圖書出版股份有限公司的大力協助，尤其是其副總編劉靜芬小姐的精心擘劃和執行編輯吳肇恩小姐的巧思編排，使本文集生色不少。洪鎌德老師過去的七、八本著作都經她們的努力而面世，而感受莫大的喜悅，可見兩位編輯成就的一斑。茲代表老師與作者群向五南及其編輯再申敬意與謝忱。

施正鋒

目　錄

1

日本由甲午戰爭到一次大戰的國際情勢[*]

施正鋒
東華大學民族事務與發展學系教授
台灣國際研究學會理事長

[*] 本文初稿分別登於《民報》2016/2/13、2016/2/16、2016/2/24、2016/12/31。

1　日本由甲午戰爭到一次大戰的國際情勢

四方の海皆同胞と思ふ世になどあだ波の立騒ぐらむ

四海之內本皆兄弟胡爲擾攘致此洶洶

明治天皇（1904）[1]

倭漢人心，自然相通

納富介次郎（郭暐旻，2016）

壹、前言

　　由織田信長（1534-82）、豐臣秀吉（1537-98）到德川家康（1543-1616），日本結束紛亂的戰國時代（1467-1603）而進入現代，剛好與人類史上的所謂大航海時代（十五到十七世紀）重疊。葡萄牙人在1542年抵達九州南端的種子島，帶來洋槍，同時也展開歐洲人的商務，稱爲南蠻貿易。只不過，在1620-30年代，德川幕府致力建國發展，決定採取鎖國政策，不准國人及外人進出，以避免外力介入，帶來兩百年的政權穩定，形塑了日本人的民族意識，也爲日本的現代化奠下穩固的基礎（Reischauer, 1964: 91, 102）。

　　工業革命後（1759-），西方國家開始向遠東進行擴張，俄羅斯由北來犯，美國東來，英國及法國由南包抄，日本不能倖免強權環伺（信夫清三郎，1990d：3；蘇振申，1975：124）。儘管俄羅斯在十八世紀末、十九世紀初不斷要求通商，終究無功而返；在拿破崙戰爭（1803-15）後，崛起的俄羅斯把心力放在歐陸，而英國則在遠東積極擴張。在1808年，一艘英國艦艇不顧禁令闖入長崎，從此騷擾不斷而來；不過，一直要到英國在鴉片戰爭（1839-42）後取得香港，日本才眞正驚覺英國可能帶來嚴重的威脅（Pyle, 1978: 48）。當然，最熱衷要求日本開放的是太平洋彼岸的美國，希望能讓自己的捕鯨船，以及快帆船入港補給；另外，當蒸汽船開始出現，也希望能獲准設立加煤站（Reischauer, 1964: 109；信夫清三郎，1990a：144）。事實上，荷蘭在1844年

---

[1]　原文見小堀桂一郎（2015：310），譯文見周啓乾（信夫清三郎，1990d：417）。語出《論語》〈顏淵〉：司馬牛憂曰：「人皆有兄弟，我獨亡。」子夏曰：「商聞之矣：死生有命，富貴在天。君子敬而無失，與人恭而有禮。四海之內，皆兄弟也。君子何患乎無兄弟也？」

就警告幕府，還是自動開放通商，免得被西方強權使用武力脅迫。

　　一直要到十九世紀中，美國海軍將領培理（Matthew C. Perry）率領鐵殼黑船抵達，現代化的艦隊環伺東京灣，強制日本「開國」，德川幕府終於在砲口下於1854年簽訂《日美和親條約》（《神奈川條約》）。當時，美國人還跟日本曉以大義，指出英法聯軍對中國發動第二次鴉片戰爭（1856-60），戰艦很可能接著掉頭轉向日本，不如自動開放門戶；日本擔心步中國的後塵，因此在1858年同意簽訂《美日修好通商條約》（Barnhart, 1995: 6）。這是不平等條約的濫觴，日本除了被迫開港、開市，還接受象徵侵犯主權的治外法權（extraterritoriality），而荷蘭、俄羅斯、英國、法國相繼要求援例簽訂。此後，日本勵精圖治，就是希望能洗刷羞辱、擺脫次殖民地位，跟西方國家平起平坐[2]（Barnhart, 1995: 9；包滄瀾，1958：291-99）。

　　薩摩藩以「公武合體」首先發難，表面上是企盼皇室與幕府結合為一體，實際上逼迫幕府退位；長州藩接著以「尊王攘夷」展開「討幕運動」，要求幕府還政天皇；面對內憂外患[3]，兩藩最後捐棄前嫌組成「倒幕聯盟」，推翻長達250年的德川幕府（包滄瀾，1958；蘇振申，1975；徐先堯，1988）。維新志士以明治天皇為虛尊元首，積極致力現代化的國家建設；明治天皇在1868年親率文武百官宣讀《五條御誓文》，誓言「求知識於世界、大振皇國之基業」，從此展開明治維新（信夫清三郎，1990b）。其實，西化是手段，富國強兵的目標還是為了攘夷。

　　一開頭，日本一心一意把重心放在安內，外交政策的目標是修訂不平等條約（Pyle, 1978: 70）。由於日本缺乏天然資源，對於積弱的朝鮮與中國垂涎欲滴，當然希望能擴張勢力；此外，領土擴張是躋身世界強權的指標，如果西方強權可以在非洲及亞洲遂行支配，為何日本不能起而效尤？到了1880年代末期，明治維新告一段落，由於朝鮮以及中國滿洲的情勢，群雄對於國際事務躍躍欲試，日本終於跟中國及俄羅斯兵戎相見。日本一向視朝鮮為一支指向心頭的箭，因為蒙古人在十三世紀曾經由此發兵；日本有樣學樣，在1876年以軍威脅迫朝鮮簽訂《江華島條約》。

---

[2]　當時最為頤指氣使的是英國公使，動輒威脅一戰（包滄瀾，1958：194）。

[3]　英國軍艦在1863年砲轟薩摩藩的鹿兒島（薩英戰爭），次年，英、法、美以及荷四國聯合艦隊砲轟長州藩的下關（下關戰爭），殺雞儆猴意味甚明，兩藩自知日本尚且無力對抗西方強權，侈談攘夷（包滄瀾，1958：147-48）。

圖1.1　甲午戰爭後的日本

來源：Keppler（1895）。

　　緊接著，由於中國視朝鮮為藩屬，中日雙方終於在1894年爆發甲午戰爭（1894），讓世人對於日本刮目相看。戰敗的中國在《馬關條約》（1895）被迫放棄朝鮮的宗主權（也就是承認朝鮮獨立），同時割讓遼東半島及台灣，日本揚眉吐氣，加入西方強權的條約體系；只不過在一個禮拜後，西方強權擔心日本破壞東亞的均勢平衡，狼狽為奸，由俄羅斯、法國及德國三強聯手出面，俄國還威脅不惜一戰，日本終究再度屈服西方，吐出遼東半島（Barnhart, 1995: 18-19）。中國對於俄羅斯的仗義執言心存感激，在1898年租借遼東半島，並同意興建由哈爾濱到旅順的滿洲鐵路，卻是引狼入室；對於日本來說，安危繫於朝鮮，要防止朝鮮落入他人，唯有控制犄角相倚的旅順港及遼東半島，視進駐滿洲的俄國為眼中釘，很難嚥下這一口氣。

　　日本自知無力單獨對付俄國，生聚教訓，在1902年跟英國結盟、打破國際孤立，然後跟俄國展開談判。由於俄國強行派兵進駐滿洲，日本在1905年初退出談判桌，對旅順港的俄國太平洋艦隊發動夜襲，再由陸軍從朝鮮半島進軍包圍；由於英國拒絕俄國通過蘇伊士運河，波海艦隊繞道抵達已經兵疲，在對馬海峽被殲滅。雀躍不已的美國總統老羅斯福出面斡旋，雙方簽訂《朴茨茅斯和約》，由日本接收俄國在滿洲所有利益，西方國家刮目相看；接著，日本毫不

客氣在1910年併吞朝鮮，強權沒有表示反對。

　　儘管日本此時已經完成帝國建構的第一階段任務，自信十足，但卻依然缺乏安全感。為了捍衛本島的安全，必須維持強大的艦隊，特別是防止美國由太平洋東來；為了保護新獲得的領土，必須維持龐大的陸軍（Pyle, 1978: 108-109）。一直到一次大戰（1914-18）爆發，日本派遣軍艦到印度洋以及地中海護航，躋身強權之列（徐先堯，1988：142）。只不過，就帝國擴張及工業化雙重目標而言，財政負擔相當沉重，國家陷入集體焦慮。

貳、日俄戰爭前後十年的情勢

　　在十九世紀中葉，日本被以美國為首的西方國家強迫門戶開放，奇恥大辱，憤而在1868年啟動明治維新，不到三十年，先在甲午戰爭打敗中國（清國），又在1905年擊潰俄羅斯，躋身強國之林（信夫清三郎，1990c）。在日俄戰爭前後的十年，俄國是西方國家之一，被日本視為其帝國發展的最大絆腳石。

　　由十六到十八世紀，所謂的國際局勢，實際上是歐洲強權的競逐，特別是英國以合縱連橫來對抗法國；拿破崙戰爭結束後，英、奧、普以及俄成為維也納會議（1815）的共主，卻各懷鬼胎。在十九世紀，英國的最大挑戰是如何遏阻俄國的擴張主義，雙方終於爆發克里米亞戰爭（1853-56）；俄羅斯儘管戰敗，仍然一方面蠶食鯨吞中亞，另一方面則繼續東進，特別是與敗給普魯士的法國結盟（1892-1917），英國見狀，便在1902年與日本結盟加以制衡[4]。

　　俄羅斯從十六世紀末開始殖民西伯利亞，於1636年就已經擴張到太平洋岸，主要的關注是鞏固黑龍江流域。俄羅斯與日本的邂逅是在十八世紀末，不斷要求通商未果，直到1813年才死心。在鴉片戰爭（1839）後，沙皇驚覺英國在遠東大有斬獲，不甘落後、迎頭趕上。只不過，當美國艦隊抵達東京灣之

---

[4] 英國為了制衡俄羅斯，費心討好日本，早在1894年同意在五年內撤銷治外法權；在1898年，英國藉口制衡俄國在旅順及大連的租借地，向中國強租威海衛，事先取得日本同意，私相授受交換承認福建是日本的勢力範圍；在八國聯軍之際，英國歡迎日本加入，還同意提供軍費（Barnhart, 1995: 13, 16, 30-31；徐先堯，1988：135）。

際,閃躲英艦攔截的俄艦才駛過香港,奮力往小笠原群島前進;日本在1854年底發生8.4級大地震,7公尺高的海嘯摧毀泊在伊豆半島南部下田港的俄艦。俄國如法炮製美、英,簽下《日俄和親通好條約》(1855);除了日俄瓜分千島群島,由於條約包含治外法權,被日本視為不平等條約。

在英法聯軍之役後,俄國以調停有功跟中國簽訂《北京條約》(1860),取得烏蘇里江以東至海40萬平方公里土地(包括庫頁島),開始在海參崴建立軍港,並在次年嘗試搶奪對馬島未果。在1875年,日本跟俄國簽訂《聖彼得堡條約》,以放棄庫頁島來交換取得全部千島群島。甲午戰爭後,俄國先是協同法、德逼迫日本交出遼東半島,再透過《中俄同盟密約》(1896)獨吞、順手取得夢寐以求的旅順溫水港、進駐太平洋艦隊,同時又興建南滿鐵路[5]、將滿洲納入勢力範圍,並將手伸進朝鮮的鴨綠江及圖們江流域,此後,俄羅斯已經取代中國成為日本在朝鮮的心頭大患(Beasley, 2000: 148; Barnhart, 1995: 32;徐先堯,1988:135)。

儘管日本透過《馬關條約》逼迫中國放棄朝鮮的宗主權,卻一直無法掌控當地政局,躁進的全權公使三浦梧樓策動乙未事件(1895),暗殺親俄反日的閔妃(明成皇后)。俄國回應朝鮮王高宗的求援,在1896年派遣陸戰隊登陸攻占漢城,翦除親日分子,日本相當懊惱。對於當時的日本首相伊藤博文(1898)來說,如果能確保朝鮮,滿洲其實可以讓給俄國,相對地,俄國也認為只要能夠確保旅順,就沒有必要涉入朝鮮;雙方稍做妥協,先後簽了《小村—韋貝協定》、《山縣—羅拔諾夫協定》(1896),及《西—羅仙協定》(1898),承認朝鮮獨立、允諾不介入。

八國聯軍在1900年攻入北京,五萬俄軍藉機揮軍進駐滿洲不退,甚至於打算由鴨綠江興建一條鐵路到漢城,日本倍感威脅;儘管日本當時已經躋身為強權,俄國卻沒有看在眼裡,雙方談判沒有進展(Barnhart, 1995: 32-33)。桂太郎(1901-1906)上台後,日本一方面與英國結盟(1902),一方面向俄國提議以北緯39度線為界,由日本保有南部(韓國)、以北(滿洲)則中立化,即「滿韓交換」,卻遭到嚴拒,雙方終於在1904年兵戎相見,沒想到俄軍如此不堪一擊。日俄戰爭後,雙方在美國的斡旋下簽訂《朴茨茅斯和約》(1905),俄羅斯被迫讓出遼東半島(旅順、大連)及南滿鐵路、並割讓庫頁島南半部。

5　旅順是溫水港,不過,與海參崴中間隔著朝鮮,所以不能接受日本加以支配(Han & Perez, 2009: 180)。

圖1.2　黃種人與白種人的大對決

來源：Bianco（1904）。

　　在美國的默許下，日本透過《乙巳保護條約》（1905）將朝鮮變成保護國。兩年後，日本進一步以《丁未條約》掌控朝鮮內政，朝鮮王高宗（光武帝）被迫遜位給兒子隆熙帝（純宗）。為了牽制美、英，日本與俄羅斯總共進行四次密約（徐先堯，1988：140；信夫清三郎，1990d：42，90，110）：在1907年，雙方除了瓜分滿洲、互不侵犯，日本以承認外蒙古是俄國的地盤做條件，成功交換對方同意朝鮮（加上內蒙古）是自己的地盤；雙方在1910年再度密約瓜分滿州，日本已無後顧之憂，後來乾脆併吞朝鮮[6]。

　　一次大戰爆發後，日本加入協約國。俄國在1917年爆發共產黨革命，新政府退出一次大戰，並廢除與各國簽訂的密約；在法國以及英國的敦促下，原本無意的日本於1918年派遣海軍陸戰隊協同盟軍登陸海參崴、並占領北庫頁島，前後總共有七萬日軍進駐西伯利亞（俄羅斯遠東地區），遠征軍最遠抵達貝加爾湖畔，支持白軍對抗紅軍、伺機扶植親日政權，直到1922年才撤軍，死亡五千人、徒勞無功（Barnhart, 1995: 56-65, 69; Wikipedia, 2016: Japanese Intervention in Siberia；徐先堯，1988：144-45）。在1925年，日本跟蘇聯簽訂

---

[6]　隨後兩次是在1912及1916年。

《日蘇基本條約》，放棄北庫頁島（徐先堯，1988：147）。

參、甲午戰爭前後的日韓關係

　　夾在日本與中國之間的朝鮮，有點像是夾在德國與法國之間的比利時，交鄰與事大，左右爲難。自從中國元朝皇帝忽必烈與屬國高麗在十三世紀兩度來襲，朝鮮半島一直是日本的心腹大患，認爲由強權支配的朝鮮勢必威脅到自己的安全。日本在十六世紀末以牙還牙，兩度以借道攻明爲由出兵朝鮮（1592、1597），終於因爲豐臣秀吉病故無功而返（蘇振申，1975：10-11）。日本明治維新以後，視朝鮮爲方便取得資源及農地的來源，開始有樣學樣美國強迫門戶開放那一套，終究在一次大戰之前加以併吞並而往中國滿洲擴張，成就大日本帝國。

　　早期的日韓關係，主要環繞著倭寇騷擾。日本在1868年展開明治維新，要求與鎖國的朝鮮建交被拒，一時「征韓論」沸騰，主戰派（武斷派）的西鄉隆盛在1873年主動請纓出兵懲罰[7]；歸國改革派（內治派）的大久保利通，以及木戶孝允則認爲海外擴張是次要的，日本實力不夠、不應輕啓兵戎，否則會讓西方強權坐收漁翁之利（包滄瀾，1958：211-19）。在1875年，日本艦叩關簽訂《江華條約》（1876），承認朝鮮是獨立國家，實質上是要朝鮮脫離中國的朝貢體系；中國則互別苗頭，說服朝鮮跟西方國家簽訂相同條約，以沖淡日本的優勢（Beasley, 2000: 144-45；包滄瀾，1958：300-301）。

　　朝鮮跟日本及中國一樣，在十九世紀下半葉面對西方強權的挑戰，內部對於肆應之道沒有共識：王室（事上黨）堅持向中國求援，改革派（開化黨）則主張師法日本維新。在1884年，改革派在日本的撐腰下發動甲申政變，保守派則獲得中國派駐的袁世凱奧援，日本公使被迫竄逃。這時候，日本一方面忙著制憲、另一方面則爲了向西方國家展現外交能力而無意擴大爭端，中國也因爲跟法國交戰而自顧不暇（1883-85），雙方簽訂《天津條約》（1885）；表面上這是中、日共治朝鮮，實際上承認中國對朝鮮的宗主權，日本臉上無光

---

[7] 在1874年，江藤新平發動佐賀戰爭，失敗梟首。爲舒緩主戰派的不滿，政府派遣西鄉隆盛之弟西鄉從道遠征台灣、教訓牡丹社的原住民族。儘管如此，西鄉隆盛最後還是在1877年爆發西南戰爭。

（Barnhart, 1995: 14-15；包滄瀾，1958：305-10）。

　　進入1890年代，富國強兵的日本已經有實力捍衛獨立自主，外交上不再韜光養晦。由於中國在朝鮮的作爲日益挑釁，而俄國在西伯利亞的鐵路又即將完工，加上反對黨大肆抨擊政府卑躬屈膝，日本終究爲了朝鮮對中國發動甲午戰爭（1894），由安內走向攘外。導火線在於朝鮮改革派金玉均在上海遇刺，中國爲了殺雞儆猴而遣還遺體，日本隱忍不發[8]；緊接著，由於朝鮮爆發東學之亂，中國違反協定片面出兵，讓日本師出有名，一舉攻下大部分朝鮮半島，還以捍衛朝鮮爲由占領中國遼東半島。

　　大獲全勝的日本跟中國簽訂《馬關條約》（1895），取代中國在朝鮮的影響力，然而，卻在三強的威脅下歸還遼東半島，尊嚴受損；日本自知實力暫且不足，轉而把焦點放在福建，卻被嗤之以鼻，只好生聚教訓。只不過，由於朝鮮政局不穩，相互傾軋的政客挾外人自重，親俄的閔妃（追諡明成皇后）遇刺，也就是乙未事件（1895），朝鮮王高宗父子躲進俄國使館尋求保護，反日情緒日漲。儘管日本希望能以「滿韓交換」媾和，自恃崛起中的俄國執意南擴，沒有料到日本會不惜一戰，終於爆發日俄戰爭（1904）。日本揚眉吐氣，從此相信國家安全繫於帝國建立，弱鄰非得先下手爲強，以免強權用來對付自己。

　　由於取得美國的默許，日本沒有後顧之憂，首先在1905年以《乙巳保護條約》控制朝鮮的外交，納爲保護國，已經稱帝（光武帝）的高宗派密使向美國求援碰壁。接著，日本又在1907年以《丁未條約》掌控朝鮮內政，實施間接統治，拒簽的高宗派人前往海牙第二屆萬國和平會議控訴被拒入場，反而被逼謝罪退位給兒子純宗（隆熙帝），這是傀儡政權。最後，日本終究在1910年以《日韓合併條約》併吞朝鮮，毫不覥腆展露帝國主義的面目，美國、英國，以及俄國都不吭聲。這時候，日本的外交障礙已經大致清理完畢，接下來就是著手對中國的蠶食鯨吞，首當其衝的是滿洲。

---

[8]　中國將金玉均的遺體以及刺客遣還朝鮮，前者以叛國被斷四肢、後者獲得重賞，日本群情譁然（包滄瀾，1958：315）。

圖1.3　日本、中國及俄羅斯之間的韓國
來源：Bigot（1887）。

肆、由黑船開國到偷襲珍珠港

　　正當英國著手染指中國之際，美國也躍躍欲試，高唱門戶開放，希望能分享中國沿海通商口岸，不能說沒有垂涎，終於在1844年仿效中英《南京條約》（1842）簽訂《望廈條約》，取得五口通商口岸。在1846年，美國與英國解決奧勒岡領地的爭執，又在1848年從墨西哥手中取得加州，轉而把焦點轉向太平洋的彼岸[9]（Pyle, 1978: 48）。在1852年，美國總統菲爾莫爾（Millard Fillmore）訓令培理將軍跟日本建交，表面上的理由是保護美國船隻觸礁獲救的船員，以及建立補給站，真正的意圖是美國打算開始在太平洋大展身手。

　　培理的東印度艦隊在1853年抵達江戶（東京）外海，幕府不知所措，輿論則有「開國」與「攘夷」兩派（Pyle, 1978: 48-51）：開國派以所謂的「蘭

---

[9]　美國以舊金山作為與上海及廣東直航通商的港口（Hall, 1968: 250）。此後，美國在1867年跟俄羅斯買下阿拉斯加，又在1898年併吞夏威夷、殖民菲律賓。在美西戰爭（1898），日本維持中立，對於美國吃下夏威夷，日本也沒有意見；日本原本希望跟美國共管菲律賓，後來眼見美國進軍，對於菲律賓民族運動者的求援充耳不聞（Barnhart, 1995: 28）。

學」學者為主，相信鎖國政策已經失效，不如吸收西方的知識及武器以自保，因此主張在國力尚不足以自恃之前，暫且不要跟強權開戰，不妨務實地委曲求全開放通商口岸；攘夷派則以武士居多，認為中國在鴉片戰爭之所以落敗，主要是因為西方文化及宗教的污染，而非他們的船堅砲利，因此堅持武力抗爭，以免開放帶來政治及文化禍害。

　　培理將軍在1853年夏天正式提出開港要求，暫時撤往琉球過冬敬候佳音，揚言來春返回。培理果真在次年又來叩關，這回，艦隊已由四艘倍增為八艘，幕府束手無策，內部經過激辯後決定讓步，乖乖就範，跟美國簽訂了《神奈川和約》，開放下田及函館兩個通商口岸，日本門戶從此洞開（信夫清三郎，1990a：第四章）。培理在簽完條約後躊躇滿志地表示：「無疑，日本人跟中國人一樣，很會模仿、調適，以及相當順服，根據這些民族性，或許可比較容易引入外國的習俗，甚至於帶入高尚的原則，以及高等的文明生活」（Pyle, 1978: 52）。

　　一家烤肉三家香，英國、俄羅斯及荷蘭如法炮製，要求循例簽訂條約；幕府原本還慶幸開放的範圍不大，沒想到，西方強權得寸進尺，要求更多的讓步。帶頭的是美國首任領事Townsend Harris，他軟硬兼施，勸說幕府好好跟美國談判，免得其他強權武力相向，有點鴇母跟龜公在演雙簧，逼迫弱女自脫衣服、免得討皮痛。Harris特別指出英法聯軍已經兵臨中國，隨時可以掉頭用來逼日本簽訂商業條約（Pyle, 1978: 53）。在1858年，日本終於簽訂城下盟《日米修好通商條約》，被迫開放江戶、神戶、長崎、新潟，以及橫濱，海關置於國際宰制、關稅被壓到最低，又強加治外法權。

　　不久，英國、法國、荷蘭及俄羅斯簽訂相仿的通商條約（信夫清三郎，1990a：285-87）。儘管日本並未割讓任何領土，這些不平等條約卻嚴重侵犯國家主權，把日本置於近似於殖民地的地位（Pyle, 1978: 53-54）。終究，外交屈辱促成幕府崩解，無意中徹底改變了日本人的世界觀，也就是西方知識的擷取，進而帶動明治維新；透過政治改革以及工業化，日本展開現代民族國家的建構，很快地完成富國強兵，並在十九世紀末開始揚眉吐氣，由自我防衛走向擴張主義。

　　日本先在1894年打敗中國，接著又在1905年擊潰俄羅斯，美國總統老羅斯福（Theodore Roosevelt）刮目相看，表示（Pyle, 1978: 107）：「這是世界前所未見的大事，連特拉法加海戰[10]都不能比擬，當捷報傳來，連我自己都不敢

---

10 亦即Battle of Trafalgar（1805），英國重擊法、西聯合艦隊。

置信！不過，當接二連三接獲訊息，我高興得簡直變成日本人了，根本無法辦公！我當天跟賓客分享日本海的戰事，因為這將左右日本帝國的命運。」樂不可支的老羅斯福受託斡旋，日本與俄羅斯簽訂《朴茨茅斯和約》（1905）。

其實，自從日本在1902年與英國結盟以後，美國保持樂觀其成的態度，並透過一系列的協定，承認日本在東北亞的地位，特別是默許日本在1905年將朝鮮納為保護國[11]；這時候，強權在東亞各擁勢力範圍：英國擁有長江流域及華南、法國掌握中南半島、德國控制山東半島、俄羅斯及日本瓜分東北亞、美國殖民菲律賓（Pyle, 1978: 134）。沒想到一次大戰爆發、破壞東亞的均勢平衡，日本柿子撿軟的吃對德國宣戰，趁機以英日同盟占領德國在中國（山東），以及南太平洋的領土[12]，西方強權自顧不暇，眼睜睜讓日本坐大（Pyle, 1978: 120）。

圖1.4 美國將日本介紹給西方強權
來源：Keppler（1899）。

---

[11] 也就是《塔夫脫—桂協定》（*Taft-Katsura Agreement*）。
[12] 包括加羅林群島、馬里亞納群島、馬紹爾群島、帛琉以及雅浦島，都位於赤道以北。戰後，日本的統治獲得《凡爾賽和約》確認，屬於國際聯盟的C級託管地，日本稱為日本委任統治領南洋群島，設有南洋廳。

　　日本在1915年向中國提出《二十一條要求》，美國強烈反彈、堅持中國門戶開放、反對日本覬覦，埋下日後兩國翻臉的種子；威爾遜高唱民族自決、主權完整，誓言「不容日本欺凌中國」，儼然是中國的保護者（Pyle, 1978: 135）[13]。這時，雙方已經隱隱約約察覺彼此在太平洋的利益衝突，而軍方特別注意到未來可能在軍備上的競爭[14]。只不過，在巴黎和會上，對於日本要求《凡爾賽和約》納入種族平等條款，美國與英國擔心內部反彈不敢支持，十足偽君子，日本代表團終於體會，西方強權絕對不會接納自己（Pyle, 1978: 136）。儘管美國對於日本開始戒慎小心，終究還是因為擔心日本拒絕加入國際聯盟，因此同意將日本對於山東半島的需索放入《凡爾賽和約》。

　　日本不勞而獲德國在山東的權益，隨後，在美國主導的華盛頓會議中，英日同盟擴張為《四強條約》（1921）以及《九國公約》（1922），日本搖身一變為強權。特別是在『華盛頓海軍條約』（1922）中，英國、美國以及日本的戰艦比例設為5：5：3，日本志得意滿，相信從此可以跟美國好好做生意。羅斯福（Franklin D. Roosevelt）在1923年表示：「往前看，兩國委實沒有任何理由相互對抗」（Pyle, 1978: 137-38）。

　　事實上，美、日之間的齟齬可以溯自移民法規。在1905年，加州議會決議要求聯邦政府限制日本移民，白紙黑字稱之為「不道德、動輒爭吵、只要微薄的工資」；次年，舊金山市政府又刻意成立學校安置日本、朝鮮以及中國學童，儼然是種族隔離；終究，雙方為了不傷和氣達成默契，美方廢除法規、日方也同意自我設限勞工前往美國本土，但日本人還是覺得自尊受損，認為美國不願意平起平坐（Pyle, 1978: 135-36; Hane & Perez, 2009: 209-10）。

　　然而，美國國會在1924年打臉自己的總統柯立芝（Calvin Coolidge），立法（*Immigration Act*）嚴格限制亞太國家移民，特別是排斥日本人；人口問題嚴重的日本不滿美國背信棄義，國務卿休斯（Charles E. Hughes）相當沮喪，認為政府先前在華盛頓海軍會議的努力付諸流水（Pyle, 1978: 138；徐先堯，

---

[13] 日本向美國低頭，在1917年跟美國簽訂《藍辛—石井協定》（*Lansing-Ishii Agreement*），誓言在中國尊重「門戶開放」、「機會均等」，及維持中國政權與領土完整原則，而美國則曖昧地承認日本因為領土比鄰（territorial contiguity）、因而在中國享有「特殊的利益」（維基百科，2016：藍辛—石井協定；Hane & Perez, 2009: 209；徐先堯，1988：143）。

[14] 另外，協約國在1918年出兵俄羅斯遠東地區，日本質疑美國覬覦東清鐵路以及西伯利亞鐵路（Barnhart, 1995: 63; Hane & Perez, 2009: 210）。

1988：147）。在經濟大恐慌期間，日本的對外貿易日益衰退，親西方的政府並未獲得英、美挹注，而倫敦海軍會議（1930）更被反對黨視爲出賣國家利益；此時，關東軍日益騷動，日本在1931年吞噬整個滿州、扶植滿州國，全盤推翻與西方合作的政策，著手準備同時跟美國、俄羅斯及中國作戰（Pyle, 1978: 144）。

在1937年，日本藉蘆溝橋事件入侵中國，美國則全力強化在太平洋的海軍部署。在1940年，日本海軍判定美軍會在1942年稱霸太平洋，相信此後必須轉而取得荷蘭在印尼的油源，必須先下手爲強。在這樣的背景下，日本在1940年與德國、義大利簽訂《三國同盟條約》，這是軍事同盟，用意是孤立美國、嚇阻兵戎，以便接收西方在東南亞的殖民地。美國總統羅斯福強烈反彈，禁止廢鐵、鋼鐵以及原油輸日，並要求日本撤出中國；日本則認爲此舉不啻把自己當作二等國家，相信不入虎穴、焉得虎子。由於儲油捉襟見肘，而美國海軍日益壯大，日本決定孤注一擲，在1941年發動珍珠港奇襲，同時對英、美開戰，也就是所謂的「大東亞戰爭」。

伍、由清末到民國的日中關係

對於日本來說，古老的中國文明猶如希臘、羅馬遺緒之於北歐，特別是在大唐盛世，日本政府遣送優秀的年輕人前往中國吸收知識，回國後成爲社會的菁英（Reischauer, 1964: 16, 19）。從三國時代起，日本不免作爲中國的朝貢國[15]；在元朝的時候，蒙古人兩度發兵征服日本失敗（1274、1281），中國自是日本戒愼小心的巨鄰。在明神宗萬曆年間，豐臣秀吉兩度出兵朝鮮，最終目標是中國，最後因爲病死而止（1598）。儘管德川幕府採取鎖國政策，中國儒家思想在江戶時代完成本土化，朱子、陽明儒學成爲日本的道德規範（蘇振申，1975：70-71）。進入十九世紀，中國（大清）被以英國爲首的西方國家瓜分，日本也面對美國鐵殼黑船的叩關，前者展開自強運動、後者則進行維新運動，儘管兩國在1871年簽訂《中日修好條規》（林明德，2005：1），終究

---

[15] 日本並非中國（大清）的藩屬、而是前朝貢國。

還是兵戎相見[16]。

　　早在1874年，日本初試啼聲，以琉球船員被台灣原住民族殺害爲由出兵台灣，也就是「牡丹社事件[17]」；當時，日本有人力主併吞台灣，不過，前往北京與李鴻章交涉的全權大臣大久保利通主張和解，簽下《北京專約》（又稱《台灣事件專約》），以「保民義舉」間接取得琉球的主權（維基百科，2016：北京專約；Reischauer, 1964: 135；包滄瀾，1958：241-53）。此時，中國大體還是將日本當作對抗西方的潛在盟友；一直到日本在1879年將琉球納爲沖繩縣，中國終於體會結盟是不可能的（Leung, 1983: 279）。

　　雙方正式翻臉則是爲了中國的藩屬韓國。對於日本來說，隔著對馬海峽的韓國如同芒刺在背，至少應該納爲勢力範圍，主戰派甚至於主張動武。在1875年，日本仿效美國，以武力逼迫韓國簽訂《江華條約》（1876），表面上承認韓國獨立，實質上將韓國脫離中國的朝貢體系（Beasley, 2000: 144）。

　　面對日本的挑釁，中國抗議無效，只好說服韓國跟西方強權依樣畫葫蘆簽約，同時強化跟王室的關係；相對地，日本則跟改革派兩班貴族結盟，並邀請韓國人前來留學（Beasley, 2000: 145）。在1884年，改革派官員發動政變，中、日雙方心有旁鶩，暫時以簽訂《天津條約》（1885）作爲緩兵之計。此後十年，中國任命袁世凱爲駐朝鮮總督，積極擴張通商，日本日益心焦。

　　在1890年代，日本的安內攘外政策開始見到成果，西方強權在1894年同意結束治外法權，半個月後向中國宣戰、發動甲午戰爭（信夫清三郎，1990c）。雙方的引爆點是東學黨之亂（又稱東學黨起義，或東學農民運動），韓王要求中國派兵平亂，日本擔心俄羅斯藉機往南擴張，決定先下手爲強，以中國違反協議爲由孤注一擲出兵，試圖一舉取代中國在韓國的地位；沒想到，日本不僅占領大部分韓國，還進軍南滿州，更配合英國攻下山東半島的威海衛，隨時可以攻取北京，中國只好羞辱地簽下《馬關條約》（1895）（Beasley, 2000: 145-46；陳鵬仁，1997）。

　　中國甲午戰敗，意味著「師夷長技以制夷」的自強運動（1861-95）徹底失敗。日本予取予求，中國在《馬關條約》除了被迫承認韓國獨立，還答應賠

---

[16] 在明治維新之前，日本還是透過中國來瞭解國際情勢，主要是歸功於彼此可以透過漢字進行筆談（Fogel, 1995: 80）。

[17] 日本人稱爲「台灣出兵」、或是「征台之役」，林明德（2005: 5）的用字則是「台灣事件」，相當中性。

償軍費以交換威海衛的歸還，並割讓遼東半島及台灣澎湖。日本要求遼東半島的理由是為了捍衛在韓國的地盤，俄羅斯則認為此舉將威脅本身在滿州的利益；俄羅斯在法國及德國的撐腰下表示不惜一戰，要求日本將遼東半島歸還中國，由於英國及美國並無意願奧援，日本不得不吞下尊嚴讓步，眼看煮熟的鴨子飛走（Beasley, 2000: 147）。李鴻章簽下條約後嘆道：「日本將成為終世之患！」

對於中國來說，竟然敗給彈丸小國日本，當然是奇恥大辱；至於《馬關條約》，失去藩屬朝鮮也就罷了，竟然被迫割讓跟日本並無任何瓜葛的台灣，是可忍、孰不可忍。儘管如此，由於文字相近，中國依然以日本為現代化的榜樣，譬如主張「中學為體、西學為用」的洋務派重臣張之洞，他在《勸學篇》〈遊學〉一章中（1898）寫著：

> 日本，小國耳，何興之暴也？伊藤、山縣、榎本、陸奧諸人皆二十年前出洋之學生也，憤其國為西洋所脅，率其徒百餘人分詣德、法、英諸國，或學政治、工商，或學水陸兵法，學成而歸，用為將相，政事一變，雄視東方。……[18]上為俄，中為日本，下為暹羅，中國獨不能比其中者乎？至遊學之國，西洋不如東洋，一、路近省費，可多遣；一、去華近，易考察；一、東文近於中文，易通曉；一、西學甚繁，凡西學不切要者東人已刪節而酌改之，中、東情勢風俗相近，易仿行，事半功倍，無過於此。若自欲求精、求備，再赴西洋有何不可？

也難怪，光緒皇帝進行戊戌變法（1898），還召見伊藤博文表示：「貴我兩國，同在一洲，居至親至近之地。今我國正值變法之際，必要處，還欲一聞貴爵之高見。希貴爵深體此意，就變法之順序、方法等事，詳細告知朕之總理衙門之王大臣。」不久，康有為、梁啟超推動百日維新失敗，流亡日本。事實上，一直到滿清被推翻之前，中國的新政（現代化）還是師法日本；進入二十世紀，當時就已經有100名學生前往日本就讀，在短短四年內，人數成長為800

---

[18] 中間這段是「不特此也，俄之前主大彼得憤彼國之不強，親到英吉利、荷蘭兩國船廠，為工役十餘年，盡得其水師輪機駕駛之法，并學其各廠製造，歸國之後，諸事丕變，今日遂為四海第一大國。不特此也，暹羅久為法國涎伺，於光緒二十年與法有釁，行將吞併矣，暹王感憤，國內毅然變法，一切更始，遣其世子遊英國，學水師，去年暹王遊歐洲，駕火船出紅海來迎者即其學成之世子也，暹王亦自通西文、西學，各國敬禮有加，暹羅遂以不亡。」

人，連滿清政府都鼓勵留學日本念軍事學堂[19]（任達，2015；汪向榮，1988；Whiting, 1989: 30-31）。

　　在1896-98年之間，列強在中國的作法改弦更張，將開放通商口岸轉爲勢力範圍的擴張，俄羅斯盤據滿州（含旅順港在內的遼東半島）[20]、德國囊括山東[21]、法國控制南部[22]，而英國及美國則推動門戶開放，要求貿易雨露均沾，日本左右爲難[23]；如果爲了在韓國的利益而跟俄羅斯結盟，日本勢必要放棄長城以北，最後決定採取英、美的路子，虛與委蛇前往華中、華南發展，只不過，本身的工業條件並沒有競爭力，在福建的開展並不順遂[24]（Beasley, 2000: 149）。

　　在八國聯軍擊潰義和團之際（1900），軍紀良好的日本還獲得曇花一現的國際讚譽[25]（Beasley, 2000: 149）。日本領悟與俄羅斯終須一戰，孤掌難鳴，因此在1902年與英國結盟，在1905年擊潰俄羅斯，接收遼東半島以及南滿鐵路。一開頭，日本政府投鼠忌器，不敢公然將滿州納爲勢力範圍，一方面不願意引發反日風潮，以免影響日貨在中國市場的擴張，另一方面也是期待英、美投資南滿鐵路，不想公開牴觸他們的門戶開放政策；伊藤博文主張跟中國及強權的關係甚於對滿州的控制，畢竟，「滿州絕非日本的領土」（Beasley, 2000: 152-53）。

　　在這時候，中國爆發革命運動，日本決心確立在中國的支配（Barnhart, 1995: 21）。日本兩邊押注，官方支持大清皇帝，私下則卵翼革命分子；在1905年，孫中山於東京成立中國同盟會，原本的六點《革命方略》（1906）還主張跟日本合作（Whiting, 1989: 32）。在1911年，中國革命成功，日本文

---

[19] 根據Hoston（1994），中國留學生也是透過日本理解西方的馬克思主義。

[20] 在《馬關條約》後，德國夥同法國支持俄羅斯，強硬要求日本吐出遼東半島，由俄羅斯在1896年以調人取得遼東半島。

[21] 在1898年，德國則藉故強租膠州灣99年，並獲得山東鐵路權及礦權（徐先堯，1988：135）。

[22] 法國強租廣州灣99年，伺機擴張兩廣及雲南（徐先堯，1988：135）。

[23] 日本在1907年跟法國簽訂協約，相互承認對方在中國的勢力範圍：日本爲滿州、蒙古及福建，法國爲雲南、廣西及廣東（Wikipedia, 2014: Franco-Japanese Treaty of 1907）。

[24] 日本在1898年跟中國簽訂《福建省不割讓條約》，把福建視爲勢力範圍。在1900年，台灣總督府策動廈門事件，出動陸戰隊登陸廈門，遙相呼應中國革命策劃的惠州起義，未果（維基百科，2016；黃紹堅，2016；闕正宗，2008；郭弘斌，2003；蔣子駿，1990：100-101；徐先堯，1988：136；ウィキペディア，2016）。

[25] 有趣的是，中國流亡學者余杰（2005: 62）的說法是「日軍在北京竭盡燒殺搶劫之能事」。

圖1.5　加入八國聯軍的日本

說明：上面寫著「很高興加入大家的行列，然而，恕我多言，先前要不是諸位之中有人阻我制服
　　　中國，此番，就不會如此費事了！」（Delighted to Join you, gentlemen; but permit me to remark
　　　that if some of you hadn't interfered when I had him down, it would have saved us all this trouble!）

來源：Swain（1900）。

武看法不一：與軍部關係密切的右翼團體黑龍會同情革命分子，透過三井等
公司提供武器，希望革命成功能獲得商業上的特許；儘管如此，日本政府終
究西瓜倚大邊，選擇支持袁世凱的北洋政府，孫中山在1913年被迫離開東京
（Beasley, 2000: 154；信夫清三郎，1990d：83-84）。

　　一次大戰在1914年爆發，日本趁機對協約國的德國宣戰，除了占領德國在
太平洋的島嶼，還進軍山東膠州灣租借地、以砲艇強行占領青島，並在次年向
中國提出《二十一條要求》，要求接收德國在中國的鐵路及礦業特權，還堅持
指派軍事顧問，儼然以中國的保護者自居；日本以5月7日作爲最後通牒，後來
被中國人視爲「國恥日」。中國相當錯愕，袁世凱政府向英、美求援無效，只
好屈服；北洋政府在1917年對德宣戰，段祺瑞爲了取得貸款，先後與日本密簽
陸軍及海軍《共同防敵軍事協定》（1918），形同自我矮化爲附庸國。

　　由於獲得英國、法國、義大利以及美國的首肯，日本有恃無恐，大大方

方參加巴黎和會，《凡爾賽和約》（1919）同意將德國在中國的租借地交給日本。由於中國政府任人宰割，引發五四運動，中國代表團當下不敢簽署和約。荒謬的是，羞辱中國的並非交戰的德國[26]，而是作為盟邦的日本；儘管中、日雙方終究在1922年解決山東問題，中國的現代民族主義已經被點燃，中國人對於日本的印象丕變，日本已經不可能成為中國的盟友（Whiting, 1989: 34）。

　　蔣介石的國民革命軍在1926年發動北伐，次年定都南京（寧漢分裂），接著進軍華北，終於在濟南與日軍發生衝突，引發五三慘案（1928），正式反目成仇[27]。在1928年，有日本人撐腰的張作霖由北京退守瀋陽，關東軍密謀炸毀鐵路（皇姑屯事件），希冀引來國民軍報復、再藉機占領滿州，未果，文人政府垮台。在1931年，關東軍藉口中國軍隊炸毀南滿鐵路占領瀋陽（九一八事變），並計畫占領滿州及內蒙古，「下剋上」的氣焰高漲，文人政府無力節制。緊接著，日海軍陸戰隊在上海發動一二八事變（1932），這是侵門踏戶中國的本土（proper），已非遙遠的東北可以比擬。隨後，日本扶植溥儀的滿州國政權（1932），國際聯盟組成李頓（Lytton）調查團，日本乾脆在1933年退出國聯以表抗議，人肉鹹鹹。在1937年，日軍發動七七盧溝橋事變，中、日終究爆發全面戰爭。

陸、結語

　　中國在甲午戰爭敗給日本，簽訂《馬關條約》、割讓台灣，台灣從此淪為殖民地。回頭看歷史，中、日兩國在十九世紀末為了支配韓國兵戎相見，台灣人無妄之災。從國際政治理論的現實主義角度來看，不管是小國、還是弱小民族，對於外部的結構似乎只能逆來順受，頂多只能看人臉色、企盼恩寵庇護。日本從一個小國到崛起中的強權，企盼的是能與西方國家能平起平坐，甚至於有樣學樣，服膺帝國主義，終究鎩羽而歸。

　　明治維新之後，日本開始對外擴張，首當其衝的韓國成為試劍練刀的對

---

[26] 其實，中國並未派兵前往歐洲參戰，不過，卻有數十萬名華工參與戰場上的構工。

[27] 蔣介石原本與日本合作反共，在1927年8月被逼下野，9月訪日，日本政府委婉表達希望北伐軍以華中為界（黃自進，2008：196-98）。

象，進而挑戰背後的宗主國中國。接著，日本與英國結盟，牛刀小試，沒有想到俄羅斯竟然不堪一擊。一次大戰後，日本趁勢接收德國的地盤，西方國家刮目相看。作為亞洲競逐的後起之秀，美國一開頭以調人的姿態出場，對於日本戒慎小心，雙方最後不免一戰。終究，日本除了體會到美國的強大，更重要的是，如果不能獨善其身，只能選擇扈從。

　　台灣地處東亞通渠，強權覬覦、兵家必爭。四百多年來，不管南島的原住民族、還是漢人墾殖者，相繼面對外來統治政權，不屈不撓，武力抗爭不斷，不免遭致無情打壓及摧殘。由於這樣的被殖民經驗，台灣人彷彿只能聽天由命，上焉者選擇精神上的抗爭，中焉者無奈苟延殘喘，下焉者積極委身。鑑往知來，日本由防衛到攻擊，付出相當慘重的代價。我們如果不願意隨波逐流，至少也要能從前車之鑑汲取教訓。

參考文獻

小堀桂一郎，2015。《昭和天皇とその時代》（新版昭和天皇）。京都：PHP
　　研究所。

包滄瀾，1958。《日本近代史》（上卷）。自印。

任達（Douglas R. Reynolds）（李仲賢譯），2015（1993）。《近代中日關係
　　史》（*China, 1989-1912: The Xinzheng Revolution and Japan*）。香港：商
　　務印書館。

余杰，2005。《百年中日關係沉思錄》。香港：三聯書店

汪向榮，1988《中國的近代化與日本》。台北：百川書局。

林明德，2005。《近代中日關係史》（二版）。台北：三民。

信夫清三郎（周啓乾譯），1990a。《日本近代政治史：第一卷──西歐的衝
　　擊與開國》。台北：桂冠圖書。

信夫清三郎（周啓乾譯），1990b。《日本近代政治史：第二卷──明治維
　　新》。台北：桂冠圖書。

信夫清三郎（周啓乾譯），1990c。《日本近代政治史：第三卷──天皇制的
　　建立》。台北：桂冠圖書。

信夫清三郎（周啓乾譯），1990d。《日本近代政治史：第四卷──走向大東
　　亞戰爭的道路》。台北：桂冠圖書。

徐先堯，1988。《日本近代史觀》（三版）。台北：台灣商務。

張之洞，1989。《勸學篇》（http://ctext.org/wiki.pl?if=gb&chapter=729342）
　　（2017/1/1）。

郭弘斌，2003。〈日本出兵廈門與孫文惠州起義〉（https://www.taiwanus.net/
　　history/4/13.htm）（2017/1/5）。

郭曄旻，2016。〈1862年的日本人如何看待上海？〉（http://www.thepaper.cn/
　　newsDetail_forward_1589754）（2017/1/5）。

陳鵬仁，1997。《從甲午戰爭到中日戰爭》。新店：國史館。

黃紹堅，2016。〈1900年：廈門事件〉（http://blog.sina.com.cn/s/
　　blog_4b531f640102wdai.html）（2017/1/5）。

黃自進，2008。〈北伐時期的蔣介石與日本：從合作反共到兵戎相見〉《國立

政治大學歷史學報》30期，頁169-214。

維基百科，2016。〈北京專約〉（https://zh.wikipedia.org/wiki/北京專約）（2017/1/5）。

維基百科，2016。〈兒玉源太郎〉（https://zh.wikipedia.org/wiki/兒玉源太郎）（2017/1/5）。

維基百科，2016。〈藍辛─石井協定〉（https://zh.wikipedia.org/wiki/藍辛─石井協定）（2017/1/5）。

蔣子駿，1990。《辛亥革命與台灣早期抗日運動（西元一九一一──一九一五）》。台北：文史哲出版社。

蘇振申，1975。《日本近世史》。台北：名山出版社。

闞正宗，2008。〈殖民初期（1895-1906）日本東本願寺派在福建的活動〉（http://fguir.fgu.edu.tw:8080/handle/039871000/12107）（2017/1/5）。

ウィキペディア，2016。〈廈門事件〉（https://ja.wikipedia.org/wiki/廈門事件）（2017/1/5）。

Barnhart, Michael A. 1995. *Japan and the World since 1868*. London: Edward Arnold.

Beasley, W. G. 2000. *The Rise of Modern Japan: Political, Economic and Social Change since 1850*, rev. ed. New York: St. Martin's Press.

Bianco, T. 1904. "Le Grand Duel Jaune et Blanc." (The Great Duel between Yellow and White) (http://www.mfa.org/collections/object/the-great-duel-between-yellow-and-white-413892) (2017/1/4)

Bigot, Georges Ferdinand. 1887. "Lutte entre la Russie, la Chine et le Japon pour la Corée: Unepartie de pêche." *Tôbaé*, No. 1 (http://www.wikiwand.com/fr/Georges_Ferdinand_Bigot) (2017/1/4)

Fogel, Joshua A. 1995. *The Cultural Dimension of Sino-Japanese Relations*. Armonk, N.Y.: M. E. Sharpe.

Hall, John Whitney. 1968 (1991).*Japan: From Prehistory to Modern Time*. Ann Arbor: Center for Japanese Studies, University of Michigan.

Hane, Mikiso, and Louis G. Peres. 2009. *Modern Japan: A Historical Survey*, 4th ed. Boulder, Colo.: Westview Press.

Hoston, Germaine A. 1994. *The State, Identity, and the National Question in China and Japan*. Princeton: Princeton University Press.

Keppler, Udo J. 1895. "Easter in the Old-world Barnyard: A New Chicken Hatched." *Puck*, April 17 (https://www.loc.gov/resource/ppmsca.29001/) (2017/1/3)

Keppler, Udo J. 1899. "Japan Makes Her Début under Columbia's Auspices." *Puck*, August 16 (https://ocw.mit.edu/ans7870/21f/21f.027/civilization_and_barbarism/cb_essay02.html) (2017/1/3)

Pyle, Kenneth B. 1978. *The Making of Modern Japan*. Lexington, Mass.: D. C. Heath & Co.

Reischauer, Edwin O. 1964. *Japan: Past and President*, 3rd ed. New York: Alfred A. Knoff.

Swain, Joseph. 1900. "'Rubbing It in!' Japan (addressing the Powers)." *Punch, or the London Charivari*, July 4, p. 11 (https://ia902604.us.archive.org/28/items/punchvol118a119lemouoft/punchvol118a119lemouoft_bw.pdf) (2017/1/4)

Wikipedia. 2016. "Japanese Intervention in Siberia." (https://en.wikipedia.org/wiki/Japanese_intervention_in_Siberia) (2017/1/8)

2
論威瑪共和國史翠舍曼（Stresemann）的外交作爲

郭秋慶

淡江大學歐洲研究所教授兼所長

2　論威瑪共和國史翠舍曼（Stresemann）的外交作為

壹、前言

貳、史翠舍曼的政治構思和作為

參、史翠舍曼擔任外長展現的理念與作為

肆、結語

　　作為1980年代初赴德國唸博士的我，回台灣初次從牧童出版社看到洪教授的著作，就留下深刻印象，其後總覺得洪教授深具濃厚人文學涵，留學奧地利，又在德國任教，然而他並沒學而優則仕，始終專注於學術工作，著述不但豐富而且見地卓然，更引進大量西方的知識，令人佩服與尊敬。為恭賀洪教授八十大壽，謹撰此拙文作為文集的文章之一。

壹、前言

　　威瑪共和國（Weimarer Republik）是德國歷史上第一次走向共和的嘗試，它乃因為德意志帝國在第一次世界大戰戰敗，霍亨索倫王朝崩潰，爆發德國十一月革命，最後促成威瑪共和國的成立，其在威瑪召開的國民議會，通過的憲法，創造了一個半總統制的共和國，並設置了由比例代表制選出的國會（當時仍稱帝國眾院）。威瑪共和國成立後，政府首先得與協約國簽署凡爾賽條約，使得陸軍人數僅為十萬人，而海軍人數為一萬五千人，這個共和憲政政體維持到1933年，因為希特勒和國家社會主義黨（即納粹黨）的上台執政而結束。

　　史翠舍曼（Gustav Stresemann）是威瑪共和國不可缺少的政治家，也是傑出的外交家，1923年8月13日到11月3日他在社會黨、德國民主黨、中央黨和德國人民黨組建的大聯合政府擔任總理，其後到1929年10月3日逝世，他在每屆內閣中均擔任外長一職。雖然他不太為世人所熟知，但是在德國史上和俾斯麥、希特勒、艾德諾以及布朗德有相同的歷史地位（Wright, 2002: 4）。

　　二次大戰以來德國的歷史，只有少數人物始終被德國人抱持好感，當中就包括史翠舍曼。不過，這位外交家，也是德國自俾斯麥以來，最具爭論性的領導人。本文主要的目的，即藉由史翠舍曼從政生涯的表現，探究他個人對威瑪共和究有何貢獻，並分析他擔任外長時期，所展現的外交理念，以及如何和歐洲強權推展外交，以期對史翠舍曼的外交行為提出更為理性的論述。

貳、史翠舍曼的政治構思和作爲

一、支持德意志帝國的擴張

　　1878年史翠舍曼誕生在柏林啤酒商的家庭，求學期間他表現出對歷史，特別是現代史不尋常的才華，更著迷於偉人個人的生活，像拿破崙和哥德等，藉此也激發他對一些文學上的探討。待1897年就讀柏林和萊比錫大學時，他首先是學習文學和歷史，後來改念經濟，選擇柏林啤酒的貿易當作博士論文。1901年求學生涯結束後，踏進薩克森邦製造商協會工作，並娶柏林工業家克里費特（Adolf Kleefeld）的女兒爲妻，這位優雅的夫人具有猶太人血統，在1920年代柏林的社會扮演領導者角色，他們育有兩個孩子。

　　史翠舍曼在初期從商頗有成就，並由此進入政治圈尋求發展。由於他的祖父參與1848年德國革命，並留下一些激烈言論的書籍，年輕的史翠舍曼讀了這些書籍，信從1840年代知識分子的理念，更執著於推廣民族主義和自由主義，這也是當時中產階級在多少具專制統治下抗拒國家分裂的心態。有鑑於此，史翠舍曼接受基督教社會改革家勞曼（Friedrich Naumann）的理念，甚至在1903年參加右派的國家自由黨，四年後被該黨推舉爲薩克森邦安納貝格（Annaberg）選區帝國眾院候選人，獲得國內具有民族情感的人士擁護，以些微選票擊敗社民黨候選人，當時史翠舍曼年僅28歲，爲帝國眾院最年輕的議員（郭秋慶，1988：89）。

　　自從史翠舍曼作爲國家自由黨帝國眾院議員，開始有機會進入全國政治舞台，由於他一方面受到國家自由黨巴舍曼（Ernst Bassermann）主席賞識和提拔，很快地被公認是巴舍曼的「皇太子」（crown prince）；另一方面作爲泛德意志殖民協會（All-deutsche Verband）與戰艦協會（Flottenverband）成員（Sontheimer, 1978: 27），他倡導創建強大的海軍，並以此擴張和保護德意志帝國的海外貿易，所以史翠舍曼支持提爾皮茲（Alfred von Tirpitz）海軍部長和畢羅（Bernhard Fuerst von Buelow）總理主導的帝國主義擴張政策（Schulze, 1982: 256-57）。

　　待一次大戰爆發，史翠舍曼就像多數德國人堅信國家正在執行一場純粹防衛性戰爭，所以他以熱切的心情迎接這次戰爭，只因爲健康狀況不佳，被排除

於從軍行列之外。不過，史翠舍曼在戰爭期間投入宣傳「更爲偉大的德意志帝國」的任務中，並極度信從武力、權威與紀律的重要，視自己的職責爲動員全民支持戰爭的勝利，以確保德意志帝國在未來的安全。爲此，史翠舍曼以帝國眾院議員身分倡導領土擴張，東邊至波蘭和俄羅斯疆界，西邊則到法國和比利時疆界，以便打開德意志帝國的殖民道路。在此時刻，由於國家自由黨巴舍曼主席前線作戰導致臥病，使得史翠舍曼負起帝國眾院裡國家自由黨黨團的領導工作，從而促成史氏更加的右傾。

自從1916年起，史翠舍曼密切地和最高軍事統帥興登堡（Paul von Hindenburg）和魯登道夫（Erich Ludendorff）將軍交往，並成爲他們的帝國眾院代言人，一再支持無限制潛艇政策，反對賀威克（BethmannHollweg）總理溫和的對外路線，隔年7月史翠舍曼即在推翻賀威克總理扮演重要角色，只不過無法順利地將他所仰慕的畢羅前總理推上權力中心，不久之後國家自由黨的巴舍曼主席即逝世，於是他正式接下該黨主席職位。從此，史翠舍曼對內政展現出期望強化君主專政，而倡導廢除投票制度，及至一次大戰後期，他還強烈替魯登道夫將軍辯護，而且任憑最高統率部在魯登道夫將軍的影響下，強行和列寧的蘇維埃政權在1917年12月締結布列斯特－列特佛斯克（Brest-Litovsk）條約（Keegan, 2000: 342-44），將波羅的海國家、芬蘭、波蘭和烏克蘭從俄國割離出來，而贏得被稱爲魯登道夫將軍的「年輕傢夥」（junger Mann）之名號（Schulze, 1982: 256-57）。

如果德意志帝國能夠贏得一次大戰，史翠舍曼的政治生涯將十分有展望，但是德意志帝國最後失去戰爭，使得他遭受殘酷的打擊，普遍被認爲是「政治的破產者」。當1918年11月德意志帝國休戰，史翠舍曼即率先責備德皇和軍方要負戰敗責任，但是等到國內無產階級十一月革命（November Revolution）蔓延開來，他戰時所表現的極端民族主義和立場就立即遭到攻擊，甚至他的國家自由黨各派系本來期盼戰爭勝利而團結在一起，如今亦失去共同的目標，陷入解散的命運，不少該黨左派自由主義者投靠到新成立的德國民主黨（Deutsche Demokratische Partei），就連史翠舍曼本人亦加入該黨，只不過德國民主黨在瑙曼（Friedrich Naumann）和著名社會學家韋伯（Max Weber）領導下，以侮辱的方式革除了他的黨員身分，使得他不得不在1918年12月另行建立德國人民黨（Deutsche Volkspartei）。

這個新的德國人民黨，完全是基於史翠舍曼不尋常的人格特質和信念建立的，它聚集了右派自由主義裡受過教育和有財產的人士，史氏無可爭議地被推

舉爲黨主席，同時他的主張亦成爲黨的政策。此時，在情感上，史翠舍曼是一位君主政體的擁護者，所景仰的當然是霍倫索恩王朝的君主，而且他還是和皇室王子有密切接觸，至於新成立的威瑪共和國，他則是反對的，所以1919年1月當史翠舍曼被選爲威瑪共和國的國民大會制憲代表時，心中是不願意看到一部新的憲法出現（Britannica Academic, n.d.）。

二、躍變成現實主義的共和派人士

（一）審時度勢的重回政治圈

　　早在1918年秋季史翠舍曼沮喪灰心，感嘆一個相信武力和戰爭的國家最後竟招致毀滅命運，於是基於威瑪共和國無法擁有適當的武力，他需要改變對它的期待。再者，令人佩服的是史翠舍曼本人擁有罕見的能力，他可以從錯誤中學習，以及無怨恨地從事政治活動，這是他和右派陣營中單獨擁有民族意識和保守意向的人士最大之不同，因爲戰後軍人和保守派人士傾向轉移人們的視線，以掩蓋自己的不稱職，宣稱德意志帝國並沒有打敗仗，而是被社會主義者、戰爭反對者以及十一月革命分子在背後刺了一刀（Stabbed in the back），以致無法享有英勇戰鬥的成果（Hillgruber, 1984: 63），不過史翠舍曼在這種情況下，即使仍舊敵視共和，不過很小心地和右派團體保持距離，如德國民族人民黨（Deutsche Nationale Volkspartei）。

　　史翠舍曼針對解決威瑪共和國成立後政治上主要的問題，像廢除凡爾賽條約的賠款、修改該條約的領土與軍事規定等，以德國人民黨議員身分維持該黨在政治光譜的中間，並且利用德國人民黨尚無行政官僚，提名德高望重人士競選國會議員，以擴張自己的政治勢力，因此他日後自然成爲德國人民黨的總理候選人。若依照他自己的施政規劃，未來組建大聯合政府是有其必要，參加的政黨可以從左派的社民黨到右派的德國人民黨，這樣的政府不但聚集國會的多數，而且展現勞動和工業之間的議會平衡。

　　1920年3月卡普（Wolfgang Kapp）將軍帶兵叛變威瑪共和國（Erdmann, 1980: 134-42），史翠舍曼起初並不責備此政變，而是保持模糊的「等待」態度，及至該政變被政府鎮壓下，他才開始走向和威瑪共和國合作，並向各民主政黨推銷德國人民黨亦是一個有資格參與組建聯合政府的政黨，不過此時威瑪共和國仍面臨其他政治危機，內政上被右派反對勢力更加左右，尤其是

遭受極右派祕密團體的謀殺行動所震撼，這些團體來自一次大戰後期的自願軍（Freikorp）成員，當中海軍的艾哈特旅（Brigade Ehrhardt）和康舒爾組織（Organisation Consul）扮演決定性角色（Jasper, 1952: 430-35）。1921年8月艾茲柏格（Mathias Erzberger）在黑森林地區遭人槍殺致死，艾氏作為威瑪共和中央黨政治家，是停戰協定的簽署人和接受凡爾賽條約倡導人，遭殺害時正在當財政部長，負責徵收高所得稅措施；另外1922年6月賴特納（Walther Rathenau）外交部長在柏林的格魯勒森林（Grunewald）通向外交部的路上，亦遭人槍殺致死（Koehler, 1981: 8）。對此，史翠舍曼領導的德國人民黨公開譴責殺人暴行，並支持國會立法限制反共和團體的活動，誠如史翠舍曼所云（Nobelprize.org, 2017）：

> 極右派的興起，是凡爾賽條約的後果，舊軍官成為這個勢力的一部分，就像年輕一代，他們能在舊德國，就會走進軍官或公職生涯，如今他們不但面臨經濟衝擊的巨大壓力，而且產生精神和政治的幻滅。這些人深深忠誠於五百年君主政體的傳統，戰時他們經歷德意志帝國的興盛和衰弱，但是沒有料想會有這樣的災難，他們不敢割斷舊的歷練，因為他們不知道如何使這個已經改變的德意志帝國有新的道路。

（二）威瑪共和國的危難下擔起總理

當威瑪共和國1919年6月接受凡爾賽條約時，其中賠款額度並未設限，得委託債權國代表組成賠款委員會，到1921年3月以前提出清償書。由於協約國巴黎開會確定的賠款總額為兩百億金馬克（以黃金和實際價值計算）（Erdmann, 1980: 147），這樣高的索賠款，不但激怒了德國人，而且促使財政窘境的威瑪共和國更陷入通貨膨脹的壓力，直到1922年政府的財政赤字高達四千七百九十億馬克，導致傳統預算平衡的方法失效，只好厲行激烈的金融療法，不過執政者對金融改革仍顯得被動，這多少是拖延賠款的策略。

再者，令當時政府頭痛的是，通貨膨脹加速進行，馬克不但不斷下跌，而且物價緊跟著上漲，商品也愈來愈匱乏，以致於1922年8月協約國不得不允許無支付能力的威瑪共和國緩付現金，可以改成給付大量的實物，法國和比利時兩國軍隊更進占魯爾工業區，迫使威瑪共和國執行賠款給付，此一舉動最後導致古諾（Desaster Cunos）內閣下令被占領的地區進行消極抵抗，舉凡公務員

和鐵路員工均不再從事經濟開發，於是雙方的對峙和緊張使得古諾內閣在1923年8月瀕臨經濟危機而下台（Nicholls, 2000: 99-101），史翠舍曼的德國人民黨也就獲得機會和社民黨、德國民主黨及中央黨組建大聯合政府，亞伯特總統並提名史翠舍曼擔任總理。

史翠舍曼接下的大聯合政府，是由有名望的人士組成，無可否任他們均能夠秉持威瑪憲法的國家思考，只是威瑪共和國正面臨嚴重的危機，不但有法國和比利時軍隊占領魯爾工業區的挑釁，而且國內通貨膨脹持續的惡化，此時史翠舍曼總理保持自己是一位可被信服的政治家，不再相互對峙，而著眼於利益平衡，他的政治目標是國內走向穩定，外交爭取保障，最後是國力的再度強盛。基於此，他擔任總理是努力於外交政策的內部基礎，因為外交政策就是他的內政之實質成分。

自從威瑪共和國的魯爾工業區被法國和比利時軍隊占領以來，18萬多名男女老少被趕離自己的家園，而且對數百萬德國人而言，已不再有人身自由。雖然遭到暴行導致近百名同胞犧牲性命，但是人民拒絕在外國脅迫和刺刀下工作。史翠舍曼總理有感於同胞的苦難，決定由政府提供資金，而且日益增加。

魯爾工業區被占領初期，英國視協約國占領該地為違法行為，要求巴黎撤回軍隊，但是法國並沒有理會，其後萊茵地區開始出現分離主義活動，他們公開接受法國機構和軍隊的支持，意圖將被占領的地區加以分離，鼓吹成立萊茵聯邦國，由法國作為保護國。史翠舍曼總理面對這種情勢，表現出理性共和主義者應有的冷靜與深思熟慮，他表示新內閣要在1923年9月初考慮是否在馬克猛跌下，繼續給付魯爾工業區的貸款，若不再給付，無異等同放棄被動抵抗（Cornebise, 1972: 43-45）。事實上，魯爾工業區被占領所引發的危機，對於這位接受威瑪共和國的史翠舍曼而言，有如咽喉裡夾著一塊石頭，於是當年9月底他斷然宣布中止魯爾工業區的抵抗，事後社民黨的部長們仍心存顧忌，而且史翠舍曼赴國會報告中止抵抗時，即使冷靜地以數據和事實向國會陳述，免不了被偏激政黨叫囂和喧鬧，還夾雜著「背叛者」（Verrater）的罵聲，史翠舍曼當下即表示（Schulze, 1982: 260）：

> 詢問自己，我們如何承受人民整體的錯誤……我們如何將停止被動反抗的責任承擔下來……我個人十分瞭解我在此時所做的事。作為政黨領導人，我扭轉了一個完全不同的路線，但是在德國人當中，我們所缺乏的是承擔責任的勇氣。

只是在史翠舍曼總理的國會報告後，左右派的媒體還是痛加抨擊，稱他是「落跑政治家」（Verzichpolitiker），就連過去他敬重的魯登道夫將軍都站出來侮辱他參與共濟會，所以才成為和平主義者和「假貌的猶太人」（Kuenstlicher Jude）。然而，對於威瑪共和國較為危險的是，極右派和左派人士策動的叛變，當年10月初坤斯春（Kustrin）臨時自願軍（非法軍隊）政變，幸好迅速地被國家軍隊鎮壓下來。另外，共產黨欲從中部地區發動「德國十月革命」，因為它已經和社民黨在薩賀森和圖林恩邦議會占多數，並且組成執政聯盟，邦政府成立的「無產階級百人隊」（proletarischeHundertschaften）足以策動革命起義。

威瑪共和國在此存亡之際，雖然史翠舍曼終止魯爾工業區的消極抵抗，鞏固了國家財政，但是政府的負擔仍然看不出有減少跡象，而且1923年10月初市面上一公升牛乳需五百四十萬馬克，一封信的郵費需兩百萬馬克，上班族的薪資按月計算，他們帶著籃子到出納單位領取了薪資，馬上又帶著裝滿薪資的籃子到商店購買日常用品，以便在下一波物價上漲前，將紙鈔換成食物和衣服（Schulze, 1982: 260），可見通貨膨脹的情況，實在是極為嚴重。

基於此，1923年10月中旬史翠舍曼總理不得不依據威瑪憲法第48條緊急命令權，宣布成立地產抵押的銀行（Rentenbank），並由它發行「地產抵押馬克」（Rentenmark），此種新貨幣不再由黃金來擔保，而是以農業用途的土地和工業的財產擔保，並可以用地產抵押債券來兌現，其價值是十億現鈔換取四點二塊「地產抵押馬克」，而且此幣值等同於一美元（Koehler, 1981: 40）。由於在史翠舍曼領導下，政府頒行「地產抵押馬克」，人民不再感到惶恐，開始相信他們所接受的新貨幣，不久之後通貨膨脹就像一場噩夢消退了，金融療法露出了曙光。

此外，在威瑪共和國實施戒嚴狀態下，薩賀森邦社民黨柴格納（Erich Zeigner）總理竟無視「德國十月革命」，拒絕該邦防區司令部的安排，不願解散「無產階級百人隊」，1923年10月底史翠舍曼總理只好派遣國家軍隊進入該邦，要求柴格納解除共產黨籍的部長，不過他並不聽從命令，史翠舍曼不得不安排德國人民黨的海策（Rudolf Heinze）擔任賀森邦國家全權代表，此時還好共產黨發動的全國罷工起義並沒有成行，只有漢堡一地出現零星攻擊員警的行動，最後被鎮壓了下來。其次，拜恩（Bayern）邦基於右派與民族主義者相當囂張，在魯爾區消極抵抗結束後，史翠舍曼總理將該邦宣布為緊急狀態，同時任命參與祖國協會（VaterlandischeVerbaende）的卡爾（Ritter von Kahr）

擔任全權代表，但是令人驚訝的是，駐紮該邦的國家軍隊在羅素（Otto von Lossow）將軍領導下，竟然抗拒中央政府的命令，還好史翠舍曼表現寬大的態度，促成1923年11月初希特勒領導柏林奪權的行動失敗，所以中央政府得以順利取締激進的右派民族人士，並恢復當地的秩序。

　　基於以上所述，1923年確實是德國歷史上關鍵的一年。當年史翠舍曼總理受到的威脅，像法國和比利時軍隊入侵魯爾工業區、空前的經濟危機、萊茵地區分離主義運動、薩賀森和圖林恩邦共產黨革命以及拜思邦希特勒政變等；這些險境若沒有適當地排除，有可能毀掉人們對國家安定所保持的希望。幸虧史翠舍曼的行動機敏，對於各種不同的衝突與對峙，都能夠有彈性的回應，因此在新貨幣制度實施後帶來全國金融穩定，使威瑪共和國得以恢復國內秩序，並進一步開創經濟復甦的基礎（Koehler, 1981: 40），此後政治的局面邁入安定。

參、史翠舍曼擔任外長展現的理念與作為

　　衡諸史翠舍曼總理執政百餘日，他帶領威瑪共和國走過最險惡的時刻，不過1924年1月底他被迫解散政府，其實當時聯合執政的社民黨中央和部長們並沒有反對他，只是薩賀森邦社民黨左派人士，對於壓制薩賀森邦和圖林恩邦共產黨的舉動不滿意，而導致他的下台（Koehler, 1981: 40）。當中央黨的馬克思（Wilhelm Marx）獲得重組威瑪共和國政府，顧及史翠舍曼的聲望不滅，乃邀請他出任外長，此後三屆由左派到中間派組建的聯合政府，史翠舍曼均擔任外長一職，而且始終沒有遭受挑戰，直到1929年10月他逝世。

一、推行修正的民族主義外交策略

　　外交上，史翠舍曼的基本理念，是要求一次大戰前德意志帝國的權利，但是他卻以務實態度評估歐洲情勢作基礎。既然威瑪共和國無軍事力量，則需放棄戰爭這個外交工具，而採取民族主義的修正政策，將和解與談判作為國家唯一的出路（Maxelon, 1972: 297），史氏說（Becker, 2008: 9）：

> 我人生有這樣的看法，沒有妥協，便不會有平衡，也就不會在世界上
> 開創偉大的事務，這是信實可靠的。

史翠舍曼面臨的外交核心課題，是如何使威瑪共和國再度成爲具有主權與訴求和平的強權。由於他瞭解堅持純粹民族主義的外交，無異於向戰勝國挑戰，不可能獲致成果，所以他和保守派人士與軍方領導人，像興登堡和魯登道夫將軍劃清界線，奉持外交上應該以更穩定和寧靜的內涵作基礎，不僅要給國內有平穩的環境，而且要倡導新的民族自信，如此才能夠令威瑪共和國邁向公認的大國，這也說明史翠舍曼是一位追求民族主義的權力之政治家。

其次，史翠舍曼認爲外交政策需要視經濟實力，亦即經濟繁榮是外交政策決定性的前提，所以國家應該保證經濟活動不斷地擴展，1925年11月史翠舍曼外長在德國人民黨中央理事會表示：

> 我相信世界經濟的關聯性，是應該加以利用，以便藉此我們依然是一
> 個強大的國家。善加利用經濟權來從事外交，是當今每位外長必需走
> 的道路。

換句話說，經濟權是威瑪共和國外交政策的主要工具。其實，史翠舍曼很早就看到，威瑪共和國和美國展開經濟合作的必要性，因爲這可以帶動美國這個領導性強權瞭解與有興趣推動歐洲和平的進展（Link, 1982: 98）。

實踐上，史翠舍曼謹慎地推動民族主義的修正政策，威瑪共和國在他的政治現實主義下，將逐步地取回國際平等的權力地位，所以史氏一方面尋求與戰勝國合作，尤其是獲得法國的諒解，並且滿足它的安全需求，如此得以非武力方式修改凡爾賽條約，並重新獲得萊茵地區的主權。另一方面，他想進一步修改東邊的疆界，從波蘭取回但澤、波蘭走廊與上西利西亞（Upper Silesia）。若有機會的話，他也想合併奧地利，以便恢復在歐洲各國之間的平等權力，實現威瑪共和國在歐洲的中心地位。難怪歷史學家羅森堡（Arthur Rosenberg）稱：「史翠舍曼具有一套『追求自主』的外交構想，逐步促其實現，而且能洞察敵我情勢，善加利用。」（Rosenberg, 1935: 8）

二、著手贏取威瑪共和國的權力地位

　　威瑪共和國經過1923年嚴重的危機後，很快地穩定下來，此時歐洲在戰後的對峙和衝突亦有隨之消退的跡象，國與國之間的關係出現新曙光，尤其是戰勝國的政治人物逐漸調整他們對威瑪共和國和歐洲問題的態度，史翠舍曼外長迎向此趨勢，竭盡全力解決外交困境，以民族主義的修正主義破除國家戰後外交的孤立。

　　無可否認，史翠舍曼外長在從事民族主義的修正主義是謹慎的，一方面透過和英國、美國合作，以求恢復和西方國家關係的正常化；另方面找尋和法國關係的平衡。在他三年的外交努力下，威瑪共和國的國際地位明顯獲得改善，進一步穩定了國家內政的發展。

　　由於1923年威瑪共和國通貨膨脹和金融危機的解除，久懸未決的賠款問題出現轉機，戰勝國對它支付賠款的能力，表現出願意依現實情況作考量，而且對它向國際貸款給予信任（Link, 1982: 98-117）。所以美國休斯（Charles E. Hughes）國務卿提議威瑪共和國的賠款能力應交由專家委員會進行調查，獲得各國的支持，美國遂推舉戴維斯（Charles G. Dawes）為該委員會主席，並由美國、英國、法國、義大利和比利時各派兩位代表組成，1924年1月該會在巴黎召開首次會議，4月史翠舍曼外長主動要求在專家鑑定書的基礎上參與談判，並在7月倫敦會議一道和戰勝國簽署戴維斯計畫（Dawes Plan）。基本上，戴維斯計畫在威瑪共和國經濟能力範圍內處理該國的賠款問題，規定直到1925年8月，威瑪共和國只需支付兩千億馬克現款，另外八千億由國際貸款的收益來籌措，為此法國和比利時軍隊需於一年內撤出魯爾工業區（Wright, 2002: 271）。

　　當戴維斯計畫送交威瑪共和國國會批准，需獲得三分之二的議員贊成，這有賴右派的德國民族人民黨投下贊成票，但是該黨自1924年初就強烈地喊出「反對新凡爾賽條約」（gegeneinneuesversailles!）的口號，幸好工業和農業團體是期待戴維斯計畫為他們帶來利益，結果在1924年8月國會的表決，有一半的德國民族人民黨議員投下贊成票，戴維斯計畫才驚險獲得通過。

　　自從威瑪共和國的賠款問題獲得合理解決，美國開始配合戴維斯計畫提供它大量貸款，而威瑪共和國對資本的需求正好吻合美國大量資本輸出的利益，從此它的工業經濟就在法國撤回魯爾工業區的占領下，得以日益復甦，威瑪共和國和美國的經濟利益也緊密地連結在一起，並且它和西方國家的關係得以步

上正常化之路。

　　史翠舍曼外長透過戴維斯計畫解決國家的賠款問題，一時之間營造出國際關係新氣氛，但是史氏瞭解到法國人心裡的恐懼，因為一旦威瑪共和國的國力恢復，法國的安全將有問題。不過，史翠舍曼外長也擔心未來法國成立對抗威瑪共和國的國際同盟，因此威瑪共和國在西方國家中特別要和法國和解。就在此時，素來主張均衡政策的英國駐柏林大使戴伯隆（Viscount D'Abernon）關心法國稱霸歐洲大陸，私下電函威瑪共和國外交部，希望它能一起致力於重建歐洲的集體安全體系，史翠舍曼獲知深感良機不可失（Grathwol, 1982: 228-29），立即掌握外交主動，向英國答覆願意接受此項建議，接著就向法國照會，提出威瑪共和國打算承認現有的西邊疆界，以滿足法國安全的需求，至於威瑪共和國東邊疆界，保證將來會以和平方式加以修改（Grathwol, 1982: 224-49）。法國基於獲得安全的確保，欣然表示可以考慮，於是在史翠舍曼外長發起下，一項有關歐洲安全的會議預訂在瑞士的邏加諾（Locarno）召開（Jacobson, 1972: 60-62）。這次國際事務的重大突破，一度造成蘇聯的恐慌，派出齊采林外長到柏林勸史翠舍曼撤銷邏加諾會議的決定，只是未能如願以償。

　　在史翠舍曼外長主導下，英、法、德、義、比、捷、波國的代表參加了邏加諾會議，威瑪共和國參加該會議的代表人數不多，除了史翠舍曼外，另有舒伯特、高斯、康培拉與迪更生等法政專家。當1925年10月邏加諾會議舉行時，各國不互推派主席，坐位也沒有尊卑之分，會場氣氛顯得格外融洽，而且與會代表亦能捐棄一次大戰以來彼此間成見，坦誠地協商，氣氛實在難能可貴，尤其是會議中史翠舍曼外長和法國白里安外長（Aristide Briand）坦誠的會談，更為各方讚譽，所謂的「邏加諾精神」即由此而來。

　　在邏加諾會議結束前，史翠舍曼和西方國家——尤其是法國，達成的協議是威瑪共和國願意承認凡爾賽條約所確立的西方疆界，同時法國需加速撤出萊茵地區左岸的駐軍[1]。至於威瑪共和國東邊疆界的爭端，史翠舍曼外長拒絕白里安的要求，不願與法國共同簽署一項保證現有疆界的「東邏加諾條約」，亦即不願意接受凡爾賽條約所確立該國和波蘭的疆界。依照史翠舍曼的構想，他絕對要修改東邊的疆界，使生活在波蘭走廊、但澤等地的兩百萬德國人重歸祖國懷抱，不過作法上要交由國際仲裁，讓威瑪共和國與波蘭、捷克簽訂條約，

---

[1]　待1936年希特勒將邏加諾條約予以作廢，再度武裝萊茵區。

以免一次大戰勝利國發動新的制裁。再者，邏加諾會議規定威瑪共和國可以參加國際聯盟，以確保歐洲集體安全體系的建立（Lee, 1982: 350-51）。

最後，1925年12月邏加諾會議的協議，在倫敦由史翠舍曼、白里安與英國張伯倫（Austen Chamberlain）外長簽字生效，歐洲安全從此有進一步的保障（Nobelprize.org, 2017），同時邏加諾協議的簽訂，讓史翠舍曼與法國白里安外長在1926年一起獲得諾貝爾和平獎。從此，法國的安全疑慮獲得消除，一旦法國和波蘭關係逐漸的鬆弛化，將可以提供史翠舍曼外長從事和波蘭修改疆界的可能性。

三、等待修改東邊疆界的時機

基本上，史翠舍曼外長在邏加諾會議中進行西邊疆界的確認，為的是開創解決東邊疆界的有利環境，這一外交的和平攻勢，誠如1925年11月他對全國廣播所稱的：「邏加諾會議可以解釋為歐洲各國最後瞭解到不能再彼此作戰，否則將陷入共同的毀滅」。事實上，一旦法國軍隊撤離萊茵地區，威瑪共和國賠款得到持續的減少，將形成波蘭外交的孤立，加上它本身經濟的疲弱，威瑪共和國是有機會在沒有軍事衝突下修改東邊疆界。

史翠舍曼外長在這樣的期待下，依據邏加諾條約的規定，1926年初首先申請加入國際聯盟，以成為國際社會成員，不過當年3月史翠舍曼陪同路德（Hans Luther）總理前往日內瓦參加慶典時遭到騷擾，原因是波蘭想成為國際聯盟的常務理事國，其動機主要是擔心威瑪共和國將來在國際聯盟利用民族自決原則，迫使國聯同意修改現有的德波疆界。波蘭的舉動，多少造成史翠舍曼外交策略的挑戰。

無庸置疑，邏加諾條約為1925年之後西歐各國關係的改善提供基礎，不過東歐局勢仍然緊張，加上邏加諾條約明顯地排除蘇聯於外，令它因「西方的議和」而感到被孤立。等到1930年威瑪共和國極端民族主義再度抬頭，「邏加諾精神」便宣告幻滅，至於「東邏加諾條約」的提議，希特勒的第三帝國卻反對確認東邊疆界，波蘭亦要求西方國家承認它在1920年從蘇聯得到的土地利益，故它們彼此無法達成任何的協議，所以其後希特勒退出國際聯盟和世界裁軍會議，否定邏加諾協定，派兵進駐原本為非軍事地帶的萊茵地區，更拿回在東歐的勢力範圍，從而導致二次大戰的爆發。

肆、結語

　　從政治史的角度來看，1919年威瑪共和國的成立，實施德國首次民主政治的嘗試，頒行的威瑪憲法被譽為當時極為進步與完備的憲法，不過由於威瑪共和國政治基礎脆弱與不夠健全，以及政治主體缺乏民主共識，使得十四年的歲月，一共有9次國會改選，以及21屆「短命內閣」的更替，威瑪共和國的憲政運作實在相當不穩定。

　　威瑪共和國初創到1924年面臨的國家危機，不亞於1929年發生的經濟大恐慌，但它並沒有在1924年崩潰，而是在1933年希特勒上台擔任總理改變既定的外交路線，因此威瑪共和國的生存與發展，相當程度得歸功於既當總理也當外長的史翠舍曼，以下對他外交努力的表現作一評論：

　　一、史翠舍曼始終是一位堅定的民族主義者，不過他的作法卻十分的務實，所以能夠從擁君派轉成現實的共和派人士，進而在威瑪共和國的政治上有所表現。外交對他而言，是內政的延長，所以擔任總理即努力於外交政策的內部基礎。不過，開創解決東邊疆界的有利環境，完成簽訂「東邏加諾條約」，是因為自身早逝而無法完成；

　　二、1923年威瑪共和國遭逢最嚴重的生存威脅，不過史翠舍曼從當年8月到12月短短三個月擔任總理的決策，徹底地決定國家其後六年的外交和內政，令這個新國家的外交、經濟與內政得以鞏固，而贏得國會各黨議員認同與支持他擔任外長的工作，這是他順利推展外交作為的籌碼；

　　三、史翠舍曼外交上要求國家權利，爭取實現威瑪共和國在歐洲的中心地位。由於他個人的務實與機敏，能夠彈性地回應對時局面，並以經濟繁榮作為外交政策重大的前提，更在國際上講究和解與談判，才能破除威瑪共和國的孤立，而成為威瑪共和國恢復國際地位的主要人物；

　　四、史翠舍曼外交的主張達成簽署邏加諾條約，此條約是建立在防衛的理念，亦即努力避免法國從事國際結盟，造成威瑪共和國被孤立。如果吾人對邏加諾條約持這個看法，它的成就顯然是相當大。不過，史翠舍曼想進一步修改東邊疆界，實現威瑪共和國在歐洲的中心地位，這就是他獲頒諾貝爾和平獎仍受到爭論的評價之處。

　　一般而言，史翠舍曼是威瑪共和國最偉大的政治家，被視為是最具影響力

的內閣成員，然而他51歲即中風逝世，在青年時期體質就沒有很好，可能患有瀰漫性甲狀腺腫病（Wikipedia, 2016），妨礙後來的療養或痊癒，尤其是1928年以來，他在政府的事務顯得急促且眾多，嚴重打擊到他的健康。最後國會爲他舉辦的葬禮，主席和內閣成員均出席，送葬的行列達數十萬人，這是德意志帝國威廉一世死後所看不到的場面。若史翠舍曼能夠多活些時日，或許希特勒接掌總理仍有待觀察。

參考文獻

郭秋慶，1988。〈享譽俾斯麥第二的政治家——史翠舍曼〉《歷史月刊》10
　　期，頁89。

Becker, Hartmuth. 2008. *Gustav Stresemann: Reden und Schriften. Politik–
　　Geschichte-Literatur, 1897-1926.* Berlin: Duncker & Humblot.

Britannica Academic. n.d. "Gustav Stresemann." (http://search.eb.com/nobel/
　　micro/509-33.html) (2016/10/21)

Cornebise, AlfredE. 1972. "Gustav Stresemann and the Ruhr Occupation: The
　　Making of a Statesman." *European Studies Review,* Vol. 2, No. 1, pp. 43-6.

Erdmann, Karl Dietrich. 1980. *Die WeimarerRepublik.* Muenchen: Deutscher
　　Taschenbuch Verlag.

Grathwol, Robert. 1982. "Gustav Stresemann: Betrach Robert Grathwol,
　　Gustav Stresemann: Betrachtungenueber seine Aussenpolitk," in Wolfgang
　　Michalka, und Marshall M. Lee, hrsg. *Gustav Stresemann:Wissenschaftliche
　　Buchgesellschaft*, pp. 224-49. Darmstadt: Wissenschaftliche Buchgesellschaft.

Hillgruber, Andreas. 1984. *Die gescheiterte Grossmacht.* Duesseldorf: Droste Verlag.

Jacobson, Jon. 1972. *Locarno Diplomacy: Germany and the West 1925-1929.*
　　Princeton: Princeton University Press

Jasper, Gotthard. 1952. "Aus den Akten der Prozessegegen die Erzberger-Moerder,
　　Dokumentation." *VierteljahrsheftefürZeitgeschichte*, No. 10, pp. 430-53.

Keegan, John. 2000. *The First World War.* New York: Vintage Books.

Koehler, Henning. 1981. *Geschichte der Weimarer Republic.* Berlin: Colloquium
　　Verlag.

Lee, Marshall M. 1982."Gustav Stresemann und die deutsche Voelkerbundspolitik
　　1925-1930," in Wolfgang Michalka, und Marshall M. Lee, hrsg. *Gustav
　　Stresemann: Wissenschaftliche Buchgesellschaft*, pp. 350-74. Darmstadt: Wissen
　　schaftlicheBuchgesellschaft.

Link, Werner. 1982. "Grundzuege des deutsch-AmerikanischenVerhaeltnisses in
　　der Stabilisierungsphase 1925-1929," in Wolfgang Michalka, und Marshall M.

Lee, hrsg. *Gustav Stresemann: Wissenschaftliche Buchgesellschaft*, pp. 98-117. Darmstadt: Wissenschaftliche Buchgesellschaft.

Maxelon, Michael-Olaf. 1972. *Stresemann und Frankreich: Deutsche Politik der Ost-West-Balance*. Duesseldorf: DrosteVerlag.

Nicholls, A. J. 2000. *Weimar and the Rise of Hitler*. Hampshire: Macmillan Education Ltd.

Nobelprize.oeg. n.d. "The Nobel Peace Prize 1926." (http://www.nobel.se/peace/laureates/1926/) (2016/11/20)

Nobelprize.org. 2017. "The Nobel Peace Prize 1926: Presentation Speech." (http://www.nobelprize.org/nobel_prizes/peace/laureates/1926/presentation-speech.html) (2017/3/2)

Rosenberg, Arthur. 1935. *Geschichte der DeutschenRepublik. Karlsbad :Verlagsanst.*

Schulze, Hagen. 1982. *Weimar Deutschland 1917-1933: Die Deutschen und ihre Nation*. Berlin: Siedler Verlag.

Sontheimer, Kurt. 1978. *Antidemokratisches Denken in der Weimarer Republik*. Muenchen: Deutscher Taschenbuch Verlag GmbH & Co.

Wikipedia. 2016. "Gustav Stresemann." (https://de.wikipedia.org/wiki/Gustav_Stresemann) (2016/12/12)

Wright, Jonathan. 2002. *Gustav Stresemann: Weimar's Greatest Statesman*. Oxford: Oxford University Press.

3

問題定義是解答的關鍵——多層次因果分析法之介紹與應用[*]

紀舜傑
淡江大學未來學研究所副教授兼所長

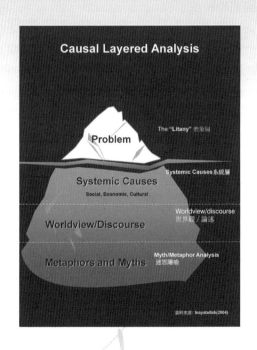

[*] 本文為洪鎌德教授八十大壽而寫，有感於洪教授不但是台灣知識分子不畏權勢而忠於學術的典範，也是以公正、宏觀的角度探討馬克思主義的先驅。本人希望能以洪教授為師，在未來學的教學與推廣上，義無反顧地打先鋒。

3　問題定義是解答的關鍵
──多層次因果分析法之介紹與應用

壹、前言

貳、多層次因果分析法

參、馬英九的外交思維

肆、民進黨之中國政策

伍、中國基層政權

陸、台灣的公民投票

柒、美國與中國的人權大戰

捌、結語

Given one hour to save the world, I would spend 55 minutes defining

the problem and 5 minutes finding the solution.

Albert Einstein （Cougar, 1995:187）

壹、前言

在重大的議題論辯上，我們經常急於解決問題，對所有來龍去脈只求表面解釋，以快速解答並提出解決辦法為議題解套，或是立即找到為問題負責的人以平息眾怒，這樣的反應模式容易淪為頭痛醫頭、腳痛醫腳的輕率，或是形成反應式（responsive），而不是預防式（preventive）的政策。

任何影響深遠的事件都不是瞬間所造成，所謂「冰凍三尺非一日之寒」，問題的累積都是因為長期漠視或是誤解所致。就像當前全世界民粹主義興起浪潮，許多所謂的民主先進國家也都面臨前所未見的典範轉移（paradigm shift），民主體制與實踐遭到空前的質疑，看似集體瘋狂的背後仍有理性的脈絡可循。當前這股民粹偏右的趨勢，表面上是一些特異獨行、有別於傳統政治人物的狂人所捲起，但事實上冷戰結束後，全球化的加速進行便已逐漸埋下西方民主政治傳統中左派右派定位的移動，到了2008年的金融危機讓全球化下的受害者逐漸浮現集結，仇視藉由全球化而享盡榮華富貴的人轉向對既有或傳統政治人物（establishment）的厭惡，於是以民粹反傳統為形象的素人政客便得到發揮的機會。這不只是政黨競爭的問題而已，而是全球權力分配在地化的結果。

我們對台灣內部的議題也需跳脫表面的理解，例如2014年影響台灣發展甚鉅的太陽花學運，表面上是年輕人對政府施政的激烈反應，但深一層看，這是台灣政治人物長期忽視年輕人，與馬英九政府過度依賴中國所造成的結果。反服貿、貨貿、ECFA只是表面因素，真正問題所在是台灣內部權力分配，與國家走向的問題。

因此，我們認為面對問題必須平心靜氣地檢視深層因素。未來學界推廣多層次因果分析法（causal layered analysis, CLA），就是由淺而深地剖析問題的成因。本文將介紹CLA的基本原則與架構，並以本人的研究案例為解說，希望在既有的分析方法中，加入不同的思考面向。

貳、多層次因果分析法

　　CLA在未來學裡既是理論也是研究方法，在理論層次它是企圖整合社會科學的實證、批判、文化分析，以及行動研究的認知模式，認為人類的認知是垂直的活動，知識的根源來自歷史、文化、社會結構，呼應傅柯（Michael Foucault）所主張的「知識的歷史框架」（historical frame of knowledge），即各種知識都是在特定的歷史底下的產物（Foucault, 1973）。另外CLA也融合Johan Galtung（1996）所主張的文明密碼（deep civilizational codes），即要瞭解國際關係必須瞭解各國的文明根源（civilizational origins），例如不同文明對女人、他人、自然、歷史的觀點都不同。簡單地說，CLA是對問題的深度剖析，對問題的成因和定義從最表面到最深層地抽絲剝繭，希望能找到最根底的密碼（Inayatullah, 2004）。

　　CLA由上述理論基礎發展出的方法為，將問題的討論分為四個層次（圖3.1），第一個層次稱為表象層（litany），在媒體上看到的統計數字、新聞報導、具有特殊目的事件宣傳基本上都是這個層次的論述方式。製造無力感、恐慌、責怪他人或事件當事人（政府官員或政治人物）。對問題的來龍去脈或基本假設都未能加以質疑或挑戰。

　　第二層為系統層（systemic causes），會關注問題的系統性的原因，包括政治的、經濟的、環境的、歷史的、社會的和科技的因素。政府和各種事件關係人的角色會被探討，也會利用數據資料解釋事件，數據會被質疑，但是不會根本推翻其既定的框架，媒體的社論或分析性的文章大部分是這一層次的探討。

　　第三個層次是世界觀／論述（worldview/discourse）的分析，探討支持和合理化特定事件的論述和世界觀。找尋超越當事人的深層的社會的、語言的和文化的原因。重新檢視或是重新定義問題之所在。重新解構我們對問題的認識。這個層面又可分為幾個層級，第一級是利益攸關者（stakeholder），檢視各個利益相關的個人和團體。第二層是對世界的正當期待的意識形態（how the world is and should be），例如是經濟至上或是永續發展等的願景期待。第三層是文明背景透過世界觀的展現，例如西方的世界觀、伊斯蘭的世界觀、或是儒家的世界觀。第四層是認識論的，例如現代的、後現代的、前現代的認知。

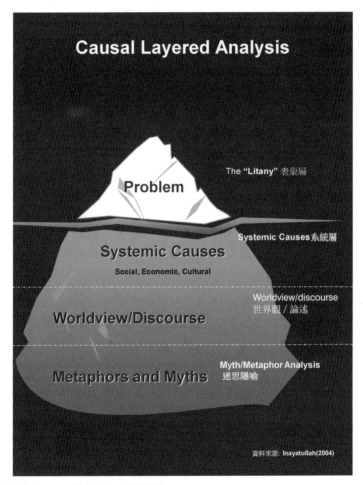

圖3.1　多層次因果分析的四個層次

來源：Inayatullah（2004）。

　　第四層是隱喻或迷思（metaphor or myth），這一層是深層和集體的原型的故事，是潛意識的和情感性的面向，提出大膽和訴諸感性的角度和觀點看待問題，所用的語言可能較不明確，但是希望刺激意象的想像，希望觸動人的心而不是人的腦（感性大於理性）。

　　以下列出幾個多層次因果分析的案例探討，分別是馬英九的外交思維的分析、民進黨的中國政策、中國地方政權重建，與台灣公投。

參、馬英九的外交思維[1]

　　我們以馬英九外交政策的思維層次為例，使用上述的四個因果層次來檢視馬英九的外交思維。在表象層，我們看到馬英九對台灣邦交的問題歸諸於台灣的邦交國數字增減，被打壓的次數，被羞辱的場合，引伸出與中國關係交惡的代價，失業率、經濟表現不佳，將所有台灣內外的問題都歸結於與中國關係的交惡所致。

　　在系統層次，我們看到馬英九的主張從主權、全球化經濟、外交惡性競爭、人道原則、擱置爭議、建立互信、負責任的利害關係者、國際社會整體的穩定，這些在系統層次的經濟、政治、社會、環境等考量，可以看出較高層次的外交思維。

　　在世界觀的層次，因為這是深層因素，有時很難從直接的言語中窺視而得，只能根據其所做與所說的間接證據加以推論。綜觀馬英九就任以來的所作所為，我們大膽推論，馬英九與他的核心幕僚已經跳脫台灣的觀點看待未來的世界，他們在期待並希望創造一個中國人主導的世界，中國的崛起是必然的，台灣應該參與中國的崛起，並盡一己之力讓它更快地成為超級強權。他們相信台灣可以在中國爭取全球華人民族主義認同上起帶頭作用，從美國手中奪回台灣不只是收編台灣，更是對美國霸權的當頭棒喝，絕對是中國稱霸世界的重大宣示。馬團隊心中可能認定台灣過去依附在美國的保護是中國人內鬥的錯誤結果，兩岸的中國人不該再受到美國人操弄，這裡所涉及的是近百年來中國所受的種種屈辱，在馬英九的內心深處，似乎以恢復中國人的光榮為畢生的職志。馬英九不必然毫不關心台灣的發展，只是他深信中國霸權才是台灣的最佳依靠，他正按部就班地在帶領台灣駛向強盛的中國，這就是他認為的台灣的活路。

　　在最深層的迷思層次，我們認為馬英九對台灣與中國的發展，存在的最大迷思是中華民族的概念，他用中華民族處理這兩塊土地上的歷史記憶、政治認同、國家認同、文化認同和民族認同等複雜的問題，簡單地以中華民族建構最大公約數。馬英九對不同的人、在不同的場合，都是中華民族的論述，例如兩

1　關於本議題的完整討論，請見紀舜傑（2010）。

岸經貿文化論壇、白色恐怖政治受難者、尼加拉瓜僑宴、六四事件週年感言、戰略暨國際研究中心（CSIS）、國防部98年春節聯歡餐會、中華民國憲法學會、國慶大會致詞、國慶典禮致詞、軍人節暨全民國防教育日表揚大會、823戰役50週年紀念大會、出訪多明尼加、訪視外交部、就職演說等。「我們都是中華民族」是純粹感性的訴求，刺激對此產生認同的人心中產生美好的想像。

表3.1　多層次因果分析馬英九的外交思維

表象層（litany）	建交、斷交、中共打壓
系統層（systemic causes）	台灣與中國和解、經濟依賴、和平追求
世界觀／論述（worldview/dicourse）	中國成為世界強權、台灣依附中國崛起
隱喻／迷思（metaphors/myths）	中華民族的強大與光榮

肆、民進黨之中國政策[2]

　　審視民進黨之中國政策，在第一表象層的問題層次，我們看到中國政策和與中國的關係被視為是民進黨在2012年總統大選敗選的重要因素，各界在分析敗選原因時，傾向推論因為漠視中國的崛起，和台灣需要中國經濟的現實，使得民進黨無法獲得選民青睞。

　　進入第二層系統分析，我們看到議題提升至政治、經濟互動的拉扯，中國是否會真正開放改革？中國會進行民主化嗎？中國如果開展民主化，台灣與中國的統合是否應該展開，以往忌諱或是阻礙的因素會隨著中國開放改革而消失，即兩岸在意識形態和政治體制的差距縮小，統合工作就可開展？

　　在第三層世界觀和論述裡，我們看到黨內重要人士紛紛提出共識論述，然而現階段以《台灣前途決議文》為最大公約數，蘇貞昌也定調這就是民進黨的主要主張。此決議文清楚詮釋歷史，定位當前，也良性地展望未來。例如「經由民主進步黨與全民多年共同艱辛奮鬥，逼使國民黨放棄戒嚴與一黨專政，接受民主改革，達成1992年的國會全面改選、1996年的總統直接民選，以及修憲

2　本議題的全面討論，並結合其他未來學方法的分析，請參閱紀舜傑（2013a）。

廢省等政治改造工程，已使台灣事實上成為民主獨立國家。」此段敘述便是歷史與現在的延伸連結。

對現狀的改變，也清楚指出必須經由台灣全體住民以公民投票的方式決定。與中國的對應關係則是「台灣並不屬於中華人民共和國，中國片面主張的『一個中國原則』與『一國兩制』根本不適用於台灣。」而在未來的發展上，「在全球要求和解、穩定與繁榮的氣氛下，台、中雙方不可能永遠自絕於時代潮流；兩個在地緣上相近、經濟上互利、文化上共源的國家，也不可能永遠互相仇視、互設門檻。民主進步黨中國政策的最終目標，是要和中國建立互惠而非歧視、和平而非衝突、對等而非從屬的關係。民主進步黨希望，中國政府能正視台灣人民的意願及台灣主權獨立的歷史事實，也希望中國人民能擺脫過時的民族主義及思想框架，真誠體會台灣人民要求獨立自主，在自由民主體制下繁榮發展的強烈意願。民主進步黨更希望，在即將到來的新世紀中，台、中雙方能拋棄猜疑與對立，從雙方在歷史上、文化上、血緣上的長遠關係出發，從地緣政治、區域穩定、經濟利益著眼，創造共生共榮、互信、互利的美好前景。」

這份當年為了消除台灣民眾對民進黨急獨所制定之決議文，本來被期望除了贏得2000年大選外，也可開展與中國的良性溝通交流，這是陳水扁的新中間路線的重要內涵。因此其內容應可視為務實、平穩，即使在今天的時空環境下，仍是不卑不亢的宣示。

至於第四層次隱喻或迷思，我們看到主要問題在台灣的未來在台灣，還是在中國？另外民進黨似乎遭受92魔咒，受困於到底有無92共識，為了與堅持92共識的國民黨做出區隔，絞盡腦筋企圖提出另一個92××，這個是非題和填空題成為民進黨內部爭取中國政策主導權的通關密語。所以謝長廷企圖用憲法一中來突圍。國民黨用92共識獲得與中國的交往門票，民進黨不能也不願用同樣的票進場，這種親密關係的渴望和焦慮是重大迷思。

表3.2　民進黨中國政策之多層次因果分析

表象層（litany）	敗選因素、中國崛起
系統層（systemic causes）	政治體制差異、民主與極權、經濟依賴
世界觀／論述（worldview/dicourse）	台灣前途決議文、一堆共識、從世界走入中國
隱喻／迷思（metaphors/myths）	92魔咒、親密關係焦慮

伍、中國基層政權[3]

在此議題的第一層次表象層上，以歷史的脈絡來看，我們發現中國自秦始皇廢封建行郡縣以後，郡縣制官方的治理的體制只到縣級，並無所謂鎮、鄉、村的治理官方體制，因此，幾千年來所謂地方縣以下是由仕紳跟宗族治理。

表象層級是表面問題的呈現，所以我們看到鄉是地方政府最基礎的政權，村則是居民自治的組織，問題是如前文所述的基層政權的內部衝突問題，例如兩委的矛盾、維權衝突、基層民眾對官員的不信任，老百姓相信權大於法、人治大於法治、信（上）訪不信法、信上級不信下級、信大官不信小官、集體上訪、越級上訪、重複上訪。

在系統層著眼於制度和體制的因果分析，中國基層治理的制度在中共主政後，毛澤東以人民公社進行實驗，嘗試以國家的強制權威對鄉村社會進行滲透，人民公社打破宗族跟村莊的界限，變成政社合一的基層治理模式。後來人民公社實驗失敗之後，政社分離，國家權力得另尋途徑進入農村。1998年村委會組織法賦予村有選舉的權利，這是劃時代的法律，正式將選舉引進到農村。對於基層民主選舉的實證研究發現，在這近二十年的選舉實行後，中國鄉村的選舉參與大於競爭。以Robert Dahl（1972）在其名著Polyarchy中所提出，檢驗民主內涵的兩個面向，即競爭與參與；檢視中國的基層選舉只有投票參與，沒有跨黨際的競爭，就是沒有政黨競爭，或者是政黨政治，只有黨內的民主，沒有黨際的民主。

因此，中國基層選舉淪為選舉形式化，甚至是選舉八股化，就像以前的科舉考試一般，轉移人民的不滿，消耗人民的精力。當前中國的民主也是朝著後發模仿的途徑前進，重表面民主形式，而沒有民主循序漸進的建制。只有低層次民主，層次愈高，愈不民主，發展水準愈低愈民主、生活愈窮愈民主、地位愈低愈民主的中國特色的選舉制度，導致中國的知識菁英和經濟菁英大都不關心村民選舉的發展。

在第三層次世界觀與論述上，中國基層政權與鄉村治理的論述已有超過百年的立基，有現代化經典理論、梁漱溟之傳統論（2006），與費孝通（2007）

---

[3] 本議題之完整討論，請參閱紀舜傑（2013b）。

之中西兼容論。現代化理論中的現代性（modernity）主要關注工業化和城市化，其中城市和鄉村的存在中心、邊緣，與支配、被支配的關係。在現代化過程中，傳統的鄉村將面臨嚴峻的挑戰，包括生存與毀滅，衰敗與復興，遺棄或重建的難題。中國農村和農民問題正是在現代化背景下提出來的一個社會改造和發展問題。

在近十年中國崛起被普世注目後，新的論述也紛紛出籠，例如「中國威脅論」（The China Threat）、「中國崩潰論」（The China Collapse）和「中國奇蹟論」（The China Miracle）。「中國威脅論」以西方資本主義與民主自由的觀點出發，以負面及憂慮的角度描繪中國在軍事、政治以及經濟上將造成全球的威脅。「中國奇蹟論」則是過度美化中國在各種發展數據上的表現，忽視其亮麗數字後的環境、社會成本。而「中國崩潰論」則對中國的未來表示過度悲觀。洪朝輝（2004）則提出「中國特殊論」（China Uniqueness），猶如西方的「美國例外論」（American Exceptionalism），以「中國模式」的倡議，期待中國可以更全方位地引領全球。「中國模式」主要是由政治、社會和經濟三個層面構成整個系統，分別是「核心列寧主義」的權力架構、具有中國特色的社會控制系統，以及政府管制的市場經濟（丁學良，2011），這是偏重經濟發展的模式。

在第四層次迷思或隱喻上，可分為兩個層面加以探討，分別是對鄉村的迷思和隱喻，以及中國歷史發展的迷思和隱喻。在鄉村的部分有兩種不同迷思的論辯，一方面將鄉村視為中國文明的承載體，主要的日常場域，是東方理性的展示場和實踐體，符合21世紀永續發展的生態文明的示範。鄉村同時是中國共產黨擊垮中國國民黨的重要戰場，是中國共產黨發跡、成長、茁壯的根源，農民改變中國。過去農民改變中國，現在更是中國基層民主的實驗室，正在寧靜地進行民主革命，這些是極端美化鄉村的迷思和隱喻。

但是另一方面的迷思和隱喻卻是視鄉村為落後的發展角落，是全面城市化的負擔，也是中國大步邁向現代化的絆腳石。在基層實施的民主實驗近乎鬧劇，只是空有民主軀殼，卻無民主靈魂的民主大戲，進不了中國發展模式的方程式中，至多消弭一些基層的不滿情緒，和滿足基層人民以民主假象為榮的心態。這類迷思和隱喻是負面看待鄉村，且可能是鄙視的。

在中國歷史發展方面，基層政權的問題是自從清朝末年以來的中國轉型運動的延續。此轉型運動的本質在於中國文化在過去兩世紀如何回應西方文化的挑戰。中國人對中國文化的驕傲在清朝末年，因為西方列強入侵而動搖，甚至

是鄙棄。傳統與創新、中國文化與西方文化的主體地位變成恢復中國光榮歷史的主要之爭執點所在。然而清廷官員雖驚覺與西方國力的殘酷差距，但仍自大高傲地認爲只是在器物層次的落後，所以趕上西方的船堅砲利就可迎頭趕上。因此採用「中學爲體，西學爲用」的態度，顯示他們不知西方已經在更高的制度和價值層面上，引領人類的前進。

近幾世紀因爲歐洲工業革命讓人類的科技發展和物質文明突飛猛進，讓西方掌握現代性的內容和標準，科技發展高低成爲評判文化優劣的依據，人類社會因此區分已開發、開發中和未開發國家，相互因果作用，於是文化高等和低等的判斷理直氣壯。來自西方的民主價值變成世界普世的價值，而其他文化則辛苦地追隨或對抗。從清末的圖謀自強而發起的洋務運動開始，進入唐德剛（1998）所說的中國第二次轉型，第一次轉型指的是從商鞅變法至秦皇漢武，費時約三百年，由封建制度轉變爲帝王制度，秦始皇廢封建、立郡縣；廢井田、開阡陌，是政治、社會到文化面的徹底變革。而這第二次轉型則是自鴉片戰爭開始，中國人從「同治中興」、「戊戌變法」、「辛亥革命」、「五四運動」、「北伐」、「抗戰」、「大躍進」、「人民公社」、到鄧小平開啓的「改革開放」，都是一連串面對西方在現代化和現代性的壓迫和欺凌的救亡圖存的挑戰，這個總運動就是中國的「現代化運動」。

迷思與隱喻之所在是關於現代化或現代性的定義和標準建立的問題，該以中學爲體、西學爲用或是西學爲體、中學爲用？中國傳統文化與西方現代文化的競爭或是融合關係？何謂中國的特色？關於人類在過去和未來的發展上，是否存在放諸四海皆準的所謂的普世價值？這些價值觀是符合人類發展的原則，或是只是西方帝國主義壓迫全世界不同文明的工具？

另一個迷思和隱喻是對當權者與改革的期待，中國的改朝換代都是在民怨沸騰，當權者無力或無心回應下，人民揭竿起義推翻不再擁有上天託付任務的帝王。所以毛澤東相信，沒有雞毛撢子掃過的地方，灰塵不會自動掉下。以此觀之，當前中國的改革應該是由下而上的民逼官改，還是由上而下的順應時勢潮流的自我改革？雖然當權者都是以改革者自居，但是對改革的盤算都包含對自身利益的精算，如果改革是革自己的命，站在私利和理性行爲者的立場，很難被期待如此的改革途徑。

此迷思隱喻在當前的脈絡下是，中國國家發展是否已來到臨界點，即改革已經變成當權者的不得不作爲，是政權維繫的關鍵，也是繼續取得統治正當性的管道。然而，當前執政的中國共產黨似乎沒有面臨如此嚴峻的挑戰，在過去

十年的經濟成長下，儘管有些地方的動盪，但整體而言，中國看似還在中國共產黨有效地統治，加上，習近平帶進一股有別於以往的官場行為和言談模式，以此形塑改革的形象。因此，基層政權的改革，應該不容易往上發展成上位或是全國性的政治改革的推動力。

表3.3　中國地方政權重建多層次因果分析

表象層（litany）	仕紳治理、權威重建、兩委矛盾、選風敗壞
系統層（systemic causes）	治理制度、基層民主、民主實驗、選舉創新
世界觀／論述（worldview/dicourse）	西方現代化、中國傳統論、中西合併、中國特殊論、生態文明
隱喻／迷思（metaphors/myths）	農民改變中國、農村是現代化的障礙、改革是自掘墳墓、21世紀是中國人的世紀

陸、台灣的公民投票[4]

　　首先在表象層，我們看到的問題意識在批評公投綁大選，公投是假議題，過去的公投都是為了選舉動員，為了公投而公投，因此設計了實質影響力極為有限的題目，也使得公投的結果毫無約束力或政策執行規範。表面爭吵的還有對政黨多數暴力的控訴，因為議會政治中，多數黨的鴨霸、專權，迫使少數黨派的主張，即使具有相當的民意支持度，在立法機關內仍然無法得到應有的重視與決策結果。因此，公投是為了反制這種議事多數的暴力的不公平政治。

　　在第二層次系統層，我們看到對各項制度的討論，包含現行立法院的運作，朝野協商控制重大政策的發展，政黨如果都背離多數民意時，對代議政治的抗衡和補救，就是透過公投展現真正的民意。李前總統認為單一選區的選舉制度，使得年輕人的聲音難以讓外界重視，於是採取公民運動，爭取直接民主的政治參與。另外公投門檻的設計更是各方爭論之所在，見諸各國公投門檻設計，台灣的雙二一設計並非全世界獨一無二，這或許是當初會以此標準為門檻

4　本議題除了多層次因果分析法之外，亦有其他未來學方法的配合討論，請參閱紀舜傑（2014a）。

的重要原因所在。

因為高門檻的鳥籠限制，造成公投問題的設計充滿攻防算計，以核四公投為例，擁核派設計題目為「你同意核四廠停建嗎？」在公投不會過關的預期下，這樣的題目就是續建核四的保證。相反地，反核派主張題目應該是「你同意核四廠續建嗎？」公投未達門檻就是停建的依據。還有公投應該處理的議題是否該加以限制，地方性和全國性的公投是否該有不同的標準設計，例如在離島建設條例下的澎湖博弈公投就採取相對多數制。

在第三個世界觀／論述的層次，基本上較多對民主的再檢討，公投是台灣民主深化的里程碑，也是民主鞏固在體制內的合法途徑的象徵。也有台灣的公投無法正常發展，而淪為鳥籠公投，延伸至台灣的民主發展也成鳥籠民主，在外力的制約下，台灣的民主屋頂並不高聳。另外的論述也包括對政府寡頭或菁英領導的不信任，有公投才是當家作主，是主權在民的確認。而世界的普遍發展是對代議制的不滿，各國公民意識抬頭，因此直接民主的實踐日益頻繁。（像福克蘭群島公投、烏克蘭的克里米亞公投、東烏克蘭公投、蘇格蘭公投、英國脫歐公投）鑑於國際媒體普遍對於各國的重大公投都會加以報導，因此公投是對世人宣告的有效管道，是民族自決或住民自決的全球展現。

第四個層次迷思或隱喻，我們看到對民主的失望，民主不完美，只是當前最佳的問題解決方式。在不完美的民主下，公投是勉強的完美。另外在具體事證的迷思上，我們看到「維持現狀」的迷思，有人總認為公投是改變現狀的陰謀。然而，為何改變現狀在台灣會變成是負面的事情，講改革創新不就是從改變現狀開始嗎？這當然是因為台灣的現狀困境所致，在台灣、美國與中國的三邊關係中，美國定義現狀也極力維護現狀，並盡可能預防任何可能改變現狀的作為，加上台灣內部有人一直將公投與台獨指控為互為表裡，因此公投就是朝台獨邁進的軌道。再者迷思是對公投該處理大事或是小事的態度，國民黨認定只有大事才應該公投，問題是事情的大小該如何界定？最後的迷思是爭取公投是該先求有，再求好，或者該堅持一次到位。當年公投法的通過似乎是較接近前者，所以讓公投變成大選的角力工具。我們該思考，公投到底是天邊的彩霞，還是眼前的玫瑰。

表3.4　台灣公投之多層次因果分析

表象層（litany）	公投綁大選、公投假議題、政府失靈
系統層（systemic causes）	選舉制度所致、門檻設計、題目設計
世界觀／論述（worldview/dicourse）	鳥籠公投、鳥籠民主、民族自決國際展現
隱喻／迷思（metaphors/myths）	民主不完美、改變現狀、公投＝台獨先求有再求好

柒、美國與中國的人權大戰[5]

　　人權議題一直是美國與中國關係的熱點，美國經常以違反人權作為與中國對話的籌碼，中國也總是以干預內政指控美國的霸道。所以在表象層上是兩國的相互指責攻訐。美國每年發表人權報告書對中國政府施壓，而從1998年起，中國國務院也每年發表《美國人權報告書》予以反擊，因此每年都可看到兩強在人權議題上激烈交火。

　　美國批評中國在人身、言論、宗教、網絡等自由上呈現出螺旋負面發展趨勢；並指責中國當局加強打壓公民社會，限制言論自由，控制媒體。美國報告特別批評中國政府正在進行的強置西藏牧民政策，並呼籲中國釋放所有因為行使言論自由而被拘押的人、尊重所有中國公民的基本自由和人權。

　　中國國務院也相對應發表各年度的《美國的人權紀錄》，對美國進行反擊。指責美國是世界上暴力犯罪最嚴重的國家，公民的生命、財產和人身安全得不到應有的保障。美國一向自詡「自由的樂土」，但是美國每一百個成人中就有一個在監獄服刑。美國雖是世界上最富裕的國家，但是，美國人的經濟、社會和文化權利保障卻每況愈下，貧困人口比例屢創新高，種族歧視在美國根深蒂固，滲透到社會生活的各個方面。美國的婦女兒童權利狀況堪憂，對婦女的性別歧視廣泛存在，兒童生活貧困，每四個美國兒童中就有一個面臨饑餓問題。此外，美國在國際人權領域的紀錄劣跡斑斑。美國發動的伊拉克戰爭和阿富汗戰爭，造成大量平民傷亡。

　　在系統層上，從更廣泛的角度來看，中國把人權問題視為是文化差異，不

5　本議題之完整討論，請參閱紀舜傑（2014b）。

是文化優劣的問題。每個國家都有不同的歷史文化發展，因此在人權的定義和標準上必然有所不同；對各國在人權問題上，因為不同的社會制度和各自的歷史及文化的發展，而有所分歧並不奇怪；來自不同國家不同信仰和文化的人，要達到充分瞭解對方的想法思想和行動，實在是一件困難的事。這也不可避免地會導致誤解和錯誤的判斷，特別是在複雜和敏感的人權領域上。

中國政府主張美國對中國侵犯人權的指控，只會暴露出美國虛偽的運用雙重人權標準，和以人權問題掩飾其追求霸權的惡意計謀。中國官方媒體更繼續指責美國忽視自身嚴重的人權問題，卻不斷地熱衷於鼓吹所謂的「人權外交」將人權作為醜化別國形象和謀取自己戰略利益的政治工具。

在世界觀或論述上，這是一場東方和西方之間的鬥爭，亞洲價值觀對上西方（美國）的價值觀。面對侵犯人權的指控，中國人不滿的指出，一些西方國家未能摒棄冷戰思維。他們以西方自以為是的意識形態和人權標準打壓和醜化發展中國家，這導致了在國際人權領域嚴重的政治對抗和衝突。

中國認為亞洲價值觀並不強調個人自由，比較注重秩序與紀律。西方總是以反民主來污名化孔孟的儒家思想。亞洲的威權政權都是在全力追求人民真正的福祉，只有經濟發展才是國家永續發展的命脈。

美國方面對於中國的發展也有不同意見，例如攻擊性現實主義者約翰‧米爾斯海默（John Mearsheimer, 2014），認為中國會比美國在二十世紀所面對過的所有潛在霸權國家來得更強大，而且中國可以融入世界經濟的認知是錯誤的，因為中國變得富裕，必定會變得更具攻擊性，並確定成為區域霸權，因此與美國的衝突很難避免。另一方面，打開中國大門的季辛吉（Henry Kissinger, 2011）在他的新書中主張，美國應該正常看待中國的崛起，以避免悲劇的衝突。

在迷思或隱喻上，中國模式與美國模式的競爭會是無可避免的零合遊戲嗎？中國在鄧小平的原則指導下，表面上不追求成為世界霸權，就像2012年中國國家副主席習近平，在訪問美國的談話中，充分展現中國的信心和決心走自己的路。習近平提出「沒有最好，只有更好的人權」。他承認人權議題是巨大的挑戰，但也強調中國政府完成舉世共睹的成就。他提醒美國，由於中國龐大的人口，複雜的區域多樣性和發展不平衡，中國正面臨著許多挑戰，但在人權議題上，中國會繼續採取有效的政策和措施，以促進社會公平、正義、和諧，推進中國人權。或許中國看到二十世紀以來，與美國正面對抗的強權都難以持久，因此目前決定和平共處，雖然中國有俗話「一山不容二虎」，但習近平將

比喻改成太平洋，感性地提出「在浩瀚的太平洋上有足夠的空間，容下中國和美國」，美國切勿以人權破壞這樣的和諧。

表3.5　美國與中國人權大戰之多層次因果分析

表象層（litany）	相互指責對方人權狀況不佳
系統層（systemic causes）	文化差異、不同民族文化不同人權定義與標準、美國的霸權策略
世界觀／論述（worldview/dicourse）	亞洲價值與美國價值的衝突
隱喻／迷思（metaphors/myths）	沒有最好，只有更好、一山不容二虎

捌、結語

多層次因果分析是未來學的理論也是研究方法，它的功用在透過多層次的思考要素，對研究的議題進行縱深和橫剖廣度的問題挖掘，許多時候人們對問題的基本瞭解不清楚，當然會產出錯誤或無效的解決方案。多層次因果分析法整合社會科學的實證、批判、文化分析和行動研究的認知模式，經由人類的垂直認知，挖掘知識來自歷史、文化、社會結構的根源，在「知識的歷史框架」下解讀其文明密碼。

然而，多層次因果分析法的難處在於發覺其世界觀／論述與迷思／隱喻的層次，許多初學者都觸礁在這兩個最深層次的討論，通常這是對問題的解讀分析不夠深入的結果，須知想瞭解每個議題的歷史架構與文明密碼，必須有相當的大歷史和文化研究基礎，對於歷史來龍去脈和文化演進都得掌握，因此實屬不易。另外，多層次因果分析法通常是分析問題本質的第一步，需要搭配其他方法進行更深入的討論，例如結合未來三角法或是情境分析，都是經常被使用的研究途徑。

當前的社會評論中，經常以理盲、濫情等負面語詞標籤化台灣人的思維，某個程度上，這是所謂知其然不知其所以然的結果，在不明就裡的情況下人云亦云，發洩不滿情緒。如果能避免反應式的急切思考，採用多層次因果分析法，將問題更加深入地剖析，對整體國家發展必可有較正面之助益。

參考書目

丁學良，2011。《辯論中國模式》。北京：社會科學文獻出版社。

林毅夫，2008。《中國經濟專題》。北京：北京大學出版社。

洪朝輝，2004。〈中國特殊論與大陸鄉村的政治文明〉《中共研究》5期，頁92-105。

紀舜傑，2010。〈多層次因果分析論馬英九的外交思維〉《台灣國際研究季刊》6卷2期，頁147-63。

紀舜傑，2013a。〈檢視民進黨之中國政策〉《台灣國際研究季刊》9卷2期，頁87-104。

紀舜傑，2013b。〈中國基層政權議題之多層次因果分析〉發表於台灣發展研究學會主辦「第五屆發展研究年會」。台北：政治大學。11月3日。

紀舜傑，2014a。〈公民投票之未來分析〉發表於台灣新世紀文教基金會「紀念蔡同榮博士『台灣前途』研討會」。台北。5月17日。

紀舜傑，2014b。〈CLA與EIA〉收於鄧建邦（編）《未來學：理論、方法與應用》，頁122-65。淡水：淡江大學出版中心。

唐德剛，1998。《晚清七十年》。台北：遠流。

梁漱溟，2006。《鄉村建設理論》。上海：上海人民出版社。

費孝通，2007。《鄉土中國》。江蘇：鳳凰出版傳媒集團江蘇文藝出版社。

Cougar, J. Daniel. 1995. *Creative Problem Solving and Opportunity Finding*. Danvers, Mass.: Boyd & Fraser Publishing Co.

Dahl, Robert. 1972. *Polyarchy: Participation and Opposition*. New Haven: Yale University Press .

Foucault Michael. 1973. *The order of things: An Archaeology of the Human Sciences*. New York: Vintage Books.

Galtung, Johan. 1996. *Peace by Peaceful Means: Peace and Conflict, Development and Civilization*. London: Sage Publishing Ltd.

Inayatullah, Sohail, ed. 2004. *The Causal Layered Analysis Reader*. New Taipei: Tamkang University Press.

Kissinger, Henry A. 2011. *On China*. New York: Penguin Press.

Mearsheimer, John J. 2014. "Say Goodbye to Taiwan: Time Is Running Out for the Little Island Coveted by Its Gigantic, Growing Neighbor." *National Interest.*, March-April (http://nationalinterest.org/article/say-goodbye-taiwan-9931) (2017/3/2)

Slaughter, Richard. 2001. *The Knowledge Base of Futures Studies* (CD Rom). Melbourne, Foresight International.

4

開創與傳承 —— 洪鎌德教授與台灣的「馬克思學」

曾志隆
東吳大學政治學系暨國立台北藝術大學通識教育中心
兼任助理教授
台灣歐洲聯盟研究協會副秘書長

4　開創與傳承——洪鎌德教授與台灣的「馬克思學」

壹、前言

儘管馬克思（Karl Marx, 1818-83）在生前曾經對他的女婿拉法格（Paul Lafargue 1842-1911）說過「就我所知，我本人不是一位馬克思主義者」（洪鎌德，1995：209；1996：203；1997a：340；1997b：387）。但是，馬克思的理論學說經過這一百多年來的發展，不但已經「全球化」，從已開發國家到發展中國家，甚至未開發國家都有馬克思的影子，而且也在世界各國「在地化」，無論是英語、法語、俄語、日語等，都以自己的語言翻譯及詮釋與批判馬克思的著作與理論學說，華語圈自然也不例外。

馬克思的理論學說之所以能夠在短短的百年之間迅速地「全球化」與「在地化」，主要原因在於以馬克思主義（Marxism）信奉者自居的共產黨人意欲在世界各地戮力實踐馬克思的主張（儘管是否為馬克思本人的真實主張有待商榷！）。只是各共產政權在其國內遂行的是專制獨裁，以前蘇聯為首的共產集團又想在全球各地推行共產主義（Communism），這對於美國與西歐等以捍衛自由及民主自詡的國家造成不小的威脅。於是馬克思主義在支持者與反對者之間就存有正反兩極的主觀評價。

上述的情況在台灣也不例外，尤其在第二次世界戰之後，因為受到國共內戰歷史脈絡的影響，1950至1970年代之間，執政當局一直「視馬克思主義為洪水猛獸」（洪鎌德，1995：211），不能公開地討論及研究馬克思主義，只有執政者認可的機構與個人才能閱讀及談論馬克思的著作，但是是以負面的評價來看待馬克思。及至1980年代，隨著民主化與自由化的要求日益高漲，政治氛圍逐步地開放，馬克思理論學說的譯作或詮釋慢慢地可以公開討論，台灣的「馬克思學」（Marxology; *Marxologie*）[1]也因此悄然形成，其中重要的推動者之一就是洪鎌德教授（以下簡稱洪教授）。因此，本文即以洪教授有關馬克思

---

[1] 「馬克思學」的提倡者乃是法國學者呂貝爾（Maximilien Rubel）。呂貝爾認為一般所談論的馬克思主義，其實是馬克思與恩格斯（Friedrich Engels, 1820-95）兩人思想的結合，是由恩格斯所一手打造而成的思想體系，原因在於恩格斯將馬克思的著作當成一個完整的體系來看待，然而事實上馬克思的著作並未為其學說的體系化提供任何的基礎。因此，呂貝爾主張馬克思學與馬克思主義應該予以分辨，「馬克思學」是回到馬克思的著作，以探求馬克思理論學說的科學（Gorman, 1995: 557-60；曾志隆，2002：33註釋1）。

主義的相關著作及訪談爲主要題材，介紹洪教授對台灣「馬克思學」發展的貢獻。

貳、與馬克思的結緣[2]

　　洪教授與馬克思的結緣甚早，是一段如神話般的奇妙緣分。據洪教授的自述，大約是在洪教授初中一年級或二年級的時候，在新竹北門的一條圳溝上發現一本漂流的字典，撈上來一看，原來是《資本論》（*Capital; Das Kapital*）。正式接觸馬克思的著作，則是在高中之後。大學時代也曾與幾位左翼文人，如葉青、胡秋原、鄭學稼等人來往（蔡祐廷，2003：66-68；王英銘、陳元彥，2003a：83-84）。而眞正深入研究馬克思的理論學說，卻是1967年於奧地利維也納大學取得博士學位之後，轉往當時的西德慕尼黑大學國際政治研究所擔任研究員與助理教授的這段期間（1968年8月-1973年9月）（蔡祐廷，2003：70）。洪教授提到（蔡祐廷，2003：71；廖育信、曾志隆，2011：342）：

> 差不多在我在德國教書的期間。因爲，當時適逢1968年德國學生運動學潮爆發，一方面體認自己在馬克思方面的基本知識無法同德國學生溝通，因爲德國學生對這方面瞭解十分深刻；再者，德國學生十分好辯，只好下功夫鑽研。所以，基礎是在當時奠下的。

洪教授的說法或許不是謙遜之詞。但是，移居新加坡之後（1973年10月），[3]

2　有關洪教授完整的學術經歷可進一步參閱謝欣如〈馬克思學（Marxology）在台灣、中國、新加坡：洪鎌德教授對馬克思主義教、研之貢獻〉一文（2003: 30-41）、王英銘與陳元彥〈專訪洪鎌德——成長在白色恐怖時代馬克思研究權威〉（2003a: 79-89）、蔡祐廷〈當三民主義請馬克思吃飯——洪鎌德教授訪談錄〉（2003: 61-76）及廖育信、曾志隆〈老當益壯的學術大師：洪鎌德教授〉一文（2011: 330-32, 337-41）。

3　洪教授因爲在歐洲求學期間主張自由、民主與台灣獨立而不見容於國民黨政權。因此，被列爲「黑名單」，無法回到台灣定居。請參閱註釋2之相關資料。

在主張反共的新加坡還能繼續以馬克思的理論為鑽研志業，應該不是上述的理由可以解釋了。從洪教授接受媒體的訪談當中可以探尋到他的學術生涯持續馬克思學說的研究，原因在於（王英銘、陳元彥，2003a：80）：

> 我向來對西洋學術思潮非常執迷，而馬克思主義呢，正是這些思潮裡面，最有份量、而且影響最大的，內容包括哲學、政治、經濟、社會等不同領域。所以，基於這樣的原因，馬克思主義對我特別富有吸引力。

於是，從少年時與馬克思的一段奇緣開始，到青、壯年時代為了教學需要所打下的基礎與日益精進的著迷，成就了洪教授與馬克思理論密不可分的學術生涯，也為台灣的馬克思理論學說的引介及詮釋帶來新的研究觀點與氣象。

參、馬克思理論學說的詮釋

前文曾提到馬克思自認不是一位馬克思主義者。但是在馬克思過世之後，第一位將馬克思的主張予以理論體系化的就是馬克思的革命夥伴恩格斯。

恩格斯為馬克思一手打造的理論體系是「歷史唯物論」（historical materialism）。但有多位學者，如英國學者安德森（Perry Anderson），認為這個由恩格斯所一手促成的理論與馬克思本人其實沒有直接的關聯。可是在日後的確影響到拉卜里歐拉（Antonio Labriola, 1843-1904）、梅林（Franz Mehring, 1846-1919）、普列漢諾夫（Georgi Plekhanov, 1856-1918）與考茨基（Karl Johann Kautsky, 1854-1938）等「第二國際」的主要人物（Anderson, 1979: 4-6）。洪教授則指出，馬克思本人其實並未使用「歷史唯物論」，而是使用「物質主義史觀」（*materialistische Geschichtsauffassung*）（洪鎌德，2010：99）。並沒有將物質當成唯一的決定因素。只是恩格斯往往以過分簡化的語言來詮釋馬克思的思想，而且又太過於急切地想為馬克思的學說體系尋找理論框架，於是將黑格爾的「正」（thesis）、「反」（antithesis）、「合」（synthesis）辯證法（dialect）套用在馬克思的思想體系裡，結果就是使得馬克思的歷史觀陷入機械式的辯證唯物論（即「經濟決定論」[economic determinism]），這對日後「正統馬克思主義」（Orthodox Marxism）的發展影響甚鉅[4]（洪鎌德，1988：86-87；1997a：278-79、368-69；2010：370-71）。

「正統馬克思主義」者不但在前蘇聯率先實踐共產政權，而且不斷向全球輸出革命經驗，致使馬克思的理論學說如歷史唯物論（historical materialism）、階級鬥爭（class struggle）與共產主義的主張廣受議論與批評。但在「正統馬克思主義」於1920年代逐漸擴張的同時，歐美也醞釀並於1960年代興起一股與「正統馬克思主義」看法相異的「西方馬克思主義」（Western Marxism）及繼起的「新馬克思主義」（Neo-Marxism），甚至出現「後馬克思主義」（Post-Marxism）[5]。不願意學說被體系化的馬克思，其學說終究被體系化，並且呈現百花齊放。

在百家爭鳴的主張與詮釋當中，洪教授如何理解馬克思的理論學說呢？可以從幾個面向來談：

一、認為馬克思終其一生的思想有一前後一致的完整體系

結構主義的馬克思主義（Structural Marxism）開創者阿圖舍（Louis Althusser, 1918-90），認為馬克思的學說內涵存在著「認識論上的決裂」（epistemological break）[6]，也就是從馬克思一生的著作來看，馬克思1845年之

4　即使如此，仍不能全盤抹煞恩格斯對於馬克思理論某些概念釐清的貢獻，例如恩格斯在1891年為馬克思的《僱傭勞動與資本》（*Wage Labour and Capital*，寫成於1849年）一書單行本所寫的導言中，說明將馬克思原文中的「勞動」更動為「勞動力」的原因（《馬克思恩格斯選集》卷一，2008：321-30）。這顯示馬克思早期並沒有區別「抽象的勞動」與「作為商品的勞動力」這兩個概念。

5　有關「西方馬克思主義」、「新馬克思主義」及「後馬克思主義」的源起、界定、分期與代表人物和學說，請參閱洪鎌德教授撰寫之《新馬克思主義和現代社會科學》（1988/1995）、《跨世紀的馬克思主義》（1996）、《馬克思》第二十二章第四節及第二十三章第一節（1997a）、《西方馬克思主義》（2004a）、《當代主義》（2004b）第五章第三節及《從唯心到唯物：黑格爾哲學對馬克思主義的衝擊》（2007）第一章第七節以後等著作。

6　「認識論上的決裂」這個概念是阿圖舍借用自他的老師巴歇拉（Gaston Bachelard, 1884-1962），原來的意義是指涉人類的知識與科學的演進過程及階段。阿圖舍將之應用於劃分科學與意識形態。阿圖舍認為，從理論框架來看，意識形態和科學之間存在著「質」的區別，由意識形態朝向科學發展，即是意味著意識形態基本結構的徹底改變，這種改變也就是「認識論上的決裂」（徐崇溫，1994：615-16；曾志隆，2002：85-86註釋4；2006：127-128註釋31）。

後的作品可以說是科學與意識形態決裂的分界點。換句話說，馬克思的早期著作的確帶有意識形態色彩，後期的著作則是科學的展現[7]：由歷史唯物論發展為辯證唯物論（dialectical materialism）（Althusser, 1990: 32-35）。

洪教授認為要探就馬克思的理論學說是否存在「認識論上的決裂」，必須要留意馬克思個人的生命史，[8]在馬克思的生命過程裡，德國的浪漫主義與黑格爾的哲學、法國的社會主義思想與英國的自由主義經濟學說等等，對馬克思產生重大的影響（洪鎌德，1984：1-20；1997b：1-23；2002：63-73；2004b：224-30）。

馬克思的父親海因里希‧馬克思（Heinrich Marx, 1782-1838）是一名律師，原本寄望馬克思進大學之後能夠研習法律，這不無希望馬克思能夠繼承衣缽的意思。只是馬克思在高中時期先是受到他未來的岳父馮韋斯法令（Louis von Westphalen, 1770-1842）的影響，多方涉獵古希臘時期荷馬（Homer, 約9th B.C.-8th B.C.）與英國文豪莎士比亞（William Shakespeare, 1564-1616）等人的著作，這些文學作品給予馬克思增添幾分浪漫主義的文采與情懷。

雖然馬克思後來聽從父親的建議進入柏林大學攻讀法律，但就學的第一年就因為過度用功而病倒，在養病期間接觸到哲學，從德國的哲學史當中接觸到康德（Immanuel Kant, 1724-1804）、費希特（Johann Gottfried Fichte, 1762-1814）與謝林（Friedrich Wilhelm Joseph von Schelling, 1775-1854）等人的著作，可是最令馬克思推崇的卻是黑格爾（Georg Wilhelm Friedrich Hegel, 1770-1831）的哲學，甚至加入討論黑格爾哲學的「博士俱樂部」（Doctor Club），

7　關於馬克思的思想分期，學者間的看法不一。阿圖舍將馬克思的著作歸類為四個階段：第一階段是1840年到1844年，阿圖舍將之歸類為早期著作；第二階段則是1845年，阿圖舍將這個階段歸類為馬克思的著作呈現科學與意識形態決裂的分界點；第三階段則是自1845到1857年，阿圖舍認為這個階段的著作是馬克思的過渡期；1857年至1883年馬克思去世為止的這段期間，阿圖舍則將之歸類為成熟的馬克思。至於洪教授除了在《人的解放》（2000）及《個人與社會──馬克思人性論與社群觀的析評》（2014）兩本書中將馬克思的思想劃分為青年、中年、晚年之外，其他著作大致上只區分青年／創始與成熟兩個階段。而青年時代（1838-48）可以再分成三個階段：一是學成時期（1838-44）；二是巴黎時期（1844-45）；三是比京時期（1845-48）（洪鎌德，1990：11-12）。

8　以下有關馬克思早年的生平經歷可參考洪教授所著《傳統與反叛──青年馬克思思想的探索》（1990）第一章第1頁至第10頁。至於馬克思一生的傳記，可參考洪教授撰寫的《馬克思》（1997a）一書第一章至第十六章、《馬克思主義》（2002）第一篇、《當代主義》（2004b）第五章第一節。

並且結識「青年黑格爾學派」（Young Hegelians）[9]的鮑爾（Bruno Bauer, 1809-1882），在學派成員的砥礪之下，馬克思決定放棄繼續學習法律，轉攻哲學。

　　1841年，馬克思取得耶拿大學哲學博士學位之後，原本希望藉由鮑爾的協助，能夠獲取波昂大學教職。只是鮑爾因為思想過於偏激，被波昂大學解職，馬克思的希望遂告落空，因而轉往報界發展，為《德法年鑑》（*Deutsch-Französische Jahrbücher*）及《萊茵日報》（*Rheinische Zeitung*）撰稿。由於言論過於激烈，不見容於普魯士當局，1843年即前往巴黎，藉此避開普魯士的思想檢查。但是，報紙的言論仍然為普魯士當局所不喜，於是法國政府抵擋不住普魯士政府的壓力，於1845年1月將馬克思驅逐出境，馬克思便轉往布魯塞爾。1848年雖然獲准回到巴黎，但因批評普魯士王室，法國政府再次在普國王室的壓力下，驅逐了馬克思。1849年8月，馬克思即前往倫敦，直到他過世為止，終於結束他顛沛流離的生活。

　　上述的經歷當中，有幾段比較值得一提的，如1843年抵達巴黎之後，馬克思結識了法國的社會主義者，像是曾有過密切交往，但最終決裂的普魯東（Pierre Joseph Proudhon, 1809-65）（洪鎌德，1990：5-6）。與社會主義者的結識，使得馬克思開始傾向於共產主義。另外，最重要的莫過於1844年8月馬克思與恩格斯在巴黎的重逢，[10]恩格斯不但從此與馬克思結為畢生的革命夥伴，更是馬克思由早年醉心於哲學，轉向關注政治經濟學的轉捩點。正是欽服恩格斯在政治經濟學方面的學識，馬克思發憤閱讀亞當‧斯密（Adam Smith, 1723-90）、李嘉圖（David Ricardo, 1772-1823）等人的政治經學著作[11]（洪鎌德，1990：54、194）。

---

[9] 「青年黑格爾學派」又稱為「左派黑格爾」（Left Hegelians）。黑格爾哲學各派別的形成源自於1831年黑格爾過世之後，其學生們對其哲學的詮釋出現爭議，於是有右派、中間派與左派之分。其中右派與中間派較為保守，左派則較為激進，他們對於黑格爾在《法哲學原理》（*Grundlinien der Philosophie des Rechts./Elements of the philosophy of right*）「序言」提到的「凡合乎理性的即是真實的；凡真實的就是合乎理性的」（*Was vernünftigist, das istwirklich; und was wirklichist, das istvernünftig./ What is rational is actual and what is actual is rational.*）命題見解不同，右派與中間派服膺後段的訓示；左派則接受前段的敘述，認為理性是推動世局變化的主要力量。另外，左派對於基督宗教也展開毫不留情的批評（洪鎌德，1990：41-43；2010：91-93）。

[10] 馬克思與恩格斯初識於1842年，由恩格斯主動拜訪時任《萊茵日報》編輯的馬克思，但兩人初次見面並無太多的深談（洪鎌德，1990：7）。

[11] 有關斯密等經濟學家的理論學說及其對馬克思的影響，可進一步參考洪教授所撰寫的《當代政治經濟學》（1999a）第一章及第三章、《馬克思的思想之生成與演變》（2010）第一章。

因此，馬克思的學思歷程表面上看起來由哲學轉向政治經濟學，可是這不過反映馬克思由於個人的經歷，促使他擴展及關注不同的知識領域。因此，不同於阿圖舍的看法，洪教授認為馬克思「一生的學說，始終圓融連貫，沒有斷裂的現象。但他青年時代的哲學觀，仍就可以與他壯年以後的經濟學相提並論、相互對照」（洪鎌德，1990：41；2010：163）。

二、「異化」（alienation）是馬克思一貫的思想

既然洪教授認為馬克思一生的思想圓融連貫、沒有斷裂，那這個一貫的學說思想是什麼？

洪教授認為馬克思早期與成年的思想是一貫的，談論的是「異化」。只是成年時期的馬克思不再奢談「自我異化」，取而代之的是「分工」，[12]由個人的分裂轉向人與人之間的敵對。這個轉變的契機是《一八四四年經濟學哲學手稿》（*Economic and Philosophic Manuscripts of 1844*，以下簡稱《巴黎手稿》），將分工視為自我異化的社會表述（洪鎌德，2010：276-77、293-94）。

馬克思在《巴黎手稿》的第一手稿「異化勞動」一節裡提到，所謂的「異化」是指「勞動所生產的對象，即勞動的產品，作為一種異己的存在物，作為不依賴於生產者的力量，同勞動相對立」（Marx, 1990: 48）。換句話說，勞動者的生產成果不歸付出勞力的勞動者所有，勞動產品自外於勞動者本身。

造成異化的原因是來自資產階級社會的貪婪，由於貪婪使得貪婪者相互競爭，也因為這種競爭關係的形成，連帶使得勞動力淪為商品，勞工生產愈多就愈貧窮，因為生產所得全歸資本家所有，勞工反而為勞動產品所奴役，於是勞工與勞動產品相異化、在勞動過程與生產行為相異化、與人類的本質相異化，以及人與人的相異化。另外，透過對於「異化」的分析，可進一步得出私有財產就是異化的必然結果（Marx, 1990: 47-61）。

在《巴黎手稿》的第三手稿「需要、生產和分工」一節裡，馬克思提到分工也是一種異化的設定，如果（Marx, 1990: 103）：

---

[12] 由分工也可帶出剝削或剩餘價值的概念。因此，異化其實與剝削也有相通之處（洪鎌德，2000：32）。

> 分工的本質──勞動一旦被承認爲私有財產的本質,分工就自然不得
> 不被理解爲財富生產的一個主要動力──也就是關於作爲類活動的人
> 的活動這種異化的和外化的形式。

因此,馬克思將異化與分工等同的原因,在於社會關係的分工基本上是一種
財產關係,也導致社會階級的對立,造成人類的分裂。是奴役(servitude)與
奴隸關係(slavery)的同義字,限制人的多樣發展,將人變成機器(洪鎌德,
2010:278-82)。因此,該如何消除異化?這就是馬克思一生所致力的目標。

三、馬克思一生在致力由普勞階級來達成「人的解放」

對於馬克思而言,「異化」的克服方法無他,就是要完成「人的解放」
(human emancipation)與恢復人的自由(洪鎌德,2010:301)。馬克思的歷
史唯物論、階級鬥爭論與共產主義等等理論主張,可以說都是圍繞著「人的解
放」而提出的。

在馬克思看來,異化、分工等現象實際上就是階級之間的壓迫與剝削使
然,而且是自人類有史以來都是如此。所以,馬克思在《共產黨宣言》裡提
到:「至今一切社會的歷史都是階級鬥爭的歷史」(《馬克思恩格斯選集》
(卷一),2008:272)。總是一個階級壓迫另一個階級。即使進入到資產階
級社會[13]也不脫階級壓迫與鬥爭的形式。換句話說,在資產階級社會裡,所有
的人不是屬於資產階級,就是被劃分爲普勞階級。

這是因爲馬克思看到十八世紀後期工業革命以來的生產技術(生產力)大
幅進展,導致原有的手工業者無法與機器競爭,只能到工廠成爲一位受僱者,

---

[13] 有關歷史演進的階段,馬克思在他的著作當中有不同的提法,例如在〈政治經濟學批判獻言「序
言」〉(*A Contribution to the Critique of Political Economy*)裡,馬克思以生產力作爲歷史演進的動
力,提到歷史的演進階段是亞細亞的(Asiatic)、古代的(ancient)、封建的(feudal)與現代布
爾喬亞的(modern bourgeois)(Marx, 1986: 188)。如果再加上未來的共產主義社會,就是五階段
說。而在與恩格斯所合寫的《德意志意識形態》一書裡,則是以財產關係的型態爲區分,但只有提
到部落式的(tribal)、古代共產與國家式的(ancient communal and state)及封建或階層式的(feudal
or estate)三種型態(Marx, 1986: 171-74)。可是再加上現代布爾喬亞,以及未來的共產社會,合
計也是五個階段。洪教授對於馬克思的歷史演進階段說,則是以《德意志意識形態》爲基礎(洪鎌
德,1983:151-69;1997a:269;1997b:235)。

才能勉強獲取生活所需。於是社會上便分化出擁有生產資料與生產工具的資產階級，和失去生產資料及生產工具而只能聽命、受僱於資產階級的普勞階級（Proletariat，或譯爲「無產階級」）[14]。關鍵在於這種生產制度由於分工與競爭，不但造成普勞階級在勞動過程當中處於異化的狀態，甚至資產階級更是藉由剝削普勞階級的剩餘價值來累積自己的財富。因此，要讓普勞階級能夠徹底脫離痛苦的深淵，就必須讓普勞階級獲得眞正的解放與自由。而讓普勞階級眞正解放的方法，非透過普勞階級革命不可！

洪教授同意麥斯特（Robert Meister）的看法，認爲馬克思之所以對普勞階級情有獨鍾，視普勞階級爲「上帝的選民」，主要的原因在於普勞階級在認識論方面提供一個湧現的社會總體觀；在政治方面，普勞階級擁有爲數眾多的選民，符合民主時代多數決的原則；在社會方面，普勞階級的功能爲資本主義的生產方式帶來結構性的變化；在歷史方面，普勞階級扮演改變現行體制、埋葬資本主義的角色（洪鎌德，1995：103；1997b：166；2000：306；2014：268；曾志隆，2006：89）。

儘管馬克思賦予普勞階級普遍階級的意涵，肩負起推翻資產階級社會的使命。但是洪教授認爲馬克思其實讓普勞階級背負過於沉重的任務，因爲就哲學上而言，普勞階級的概念是思想層面的建構；就實務上而言，十九及二十世紀起身發動革命的，並非馬克思普勞階級的原型。再者，對資產階級社會的抗議，不代表普勞階級全面地反對資產階級社會（洪鎌德，2000：120-23；2014：132-34；廖育信、曾志隆，2011：345）。另外，是否在資產階級社會裡必然就只能是資產階級與普勞階級的對抗？也是頗具爭議的。因此，馬克思寄望透過普勞階級的革命手段以完成人類解放的觀點，在當代受到不小的挑戰。[15]

---

[14] 洪教授主張將Proletariat的中文翻譯由通譯的「普羅階級」改譯爲「普勞階級」，原因在於一來可與「普遍勞動」（包括勞心與勞力）的意思較爲符合；二來可帶有「專業化」（profession）意思的「普羅汽車」、「普羅齒科」、「普羅飲水機」等廣告相區隔（洪鎌德，1988：95n；1996：14n；1997a：65n；1997b：47n；1999b：58n1；2000：4n；2001：120n；2004a：5n；2004b：114n；2010：45n1，101n2；2014：17n3；曾志隆，2006：48n33）。

[15] 例如自稱爲「後馬克思主義者」的拉克勞（Ernesto Laclau）與穆芙（Chantal Mouffe），即認爲階級對立的概念無法解釋1960年代以來的環保、女權及學生等等運動，因而主張以「民主革命」（Democratic Revolution）的概念取代「階級革命」。請參閱兩人所合著之*Hegemony and Socialist Strategy: Towards a Radical Democratic Politics*一書。

四、馬克思的共產主義理想充滿神話

共產主義並非馬克思所獨創，在宗教教義及政治哲學作品當中，前者如佛教、基督教，後者如柏拉圖（Plato, 427 B.C.-347 B.C.）的《理想國》（*Republic*），不乏共產的思想。雖然共產主義的思想源遠流長，但「共產主義」一詞其實源自1830年代法國革命性的祕密社團，後來才為馬克思與恩格斯所沿用（洪鎌德，2010：335）。

相較於塔克爾（Robert C. Tucker）分析馬克思的學說有兩種共產主義，一是哲學的共產主義，談的是人的自我異化；二是成熟的共產主義，則以解析社會與討論階級的壓榨為主（洪鎌德，1990：63）。洪教授則認為從馬克思的著作裡，其實可以看到三種共產主義（洪鎌德，2010：334-49）：

（一）早期哲學的共產主義，主要是《手稿》裡所形塑的哲學共產主義思想，摒棄粗鄙的共產主義（如共妻之主張），將哲學的共產主義當成正面、積極的人本主義。

（二）成熟期，可以《德意志意識形態》及《共產黨宣言》來討論。《德意志意識形態》裡面所描述的「沒有一個人有其專屬的活動領域，而是任何人可以依其所願，在任何部門發展。社會規範一般的生產，並且因而使得我有可能今天做某一件事，明天做其他的事，早上打獵、下午釣魚、傍晚餵牛、晚飯之後評論。隨心所欲，不再只是一位獵人、漁夫、牧羊人，或是評論家。[16]」雖然這個時期馬克思已經從哲學轉向「科學」，但共產主義的理念卻是浪漫情懷的回歸。

另外，《共產黨宣言》所提到的共產社會則是烏托邦色彩較淡。主要在宣傳及煽動普勞階級如何反抗資產階級壓迫與剝削的解放運動。[17]

（三）晚期《法蘭西內戰》與〈哥達綱領批判〉裡所描述的共產主義理想。前者是馬克思將巴黎公社視為無產階級奪取國家政權，建立直接民主的形式，完成無產階級解放的典範，後者則是描繪共產主義在其初級的社會主義階段會先經過無產階級專政，依各人的勞動進行分配，分配原則是「各盡其能，各取所值」。一旦進入到更為高級的共產主義社會，將會是一個「各盡其能，

---

[16] 本段引言請參閱《馬克思恩格斯全集》（卷三），1957：37。

[17] 但《共產黨宣言》裡仍有共妻的主張，（《馬克思恩格斯選集》卷一，2008：290-91）如此看來馬克思似乎退到粗鄙的共產主義思想。

各取所需」的社會。

　　然而，洪教授贊同塔克爾的觀點，認為馬克思的共產主義思想是一種神話，是宗教觀念的衍伸（洪鎌德，2010：311-13）。原因在於馬克思（洪鎌德，1997b：324-28；2010：369-72）：

　　（一）提出了一套包羅萬象的意識形態，填補宗教的地位，攫取某些空蕩落寞的現代心靈；

　　（二）「物質主義史觀」被改造成「辯證唯物論」之後，共產主義社會本身既是歷史的起點，也是歷史的終點，猶如樂園再臨；

　　（三）共產主義社會裡對於階級壓迫、異化、分工等等現象的打破或削除，予人一種拯救、解放、更生的期待。

　　（四）馬克思主義要求普勞階級起身革命，等同宗教上對於理論與實踐合一的要求。

　　總結的說，馬克思是採用美學的原則建構未來的共產主義社會。嘗試將個人從分工的奴役裡解放出來，使得個人可以完全的、全面的發展，就是馬克思對共產主義的終極寄望（洪鎌德，2010：287-88）。或者，可以說馬克思的共產主義社會是「人類幸福的道德之重建底倫理學」（洪鎌德，1990：92）。

五、馬克思一生的思想並未脫離哲學，且始終擺脫不了黑格爾

　　前文曾提到馬克思在大學時期即接觸黑格爾的哲學著作，並且特別推崇黑格爾。原因在於馬克思其時正陷入「是然」（be, *Sein*）與「應然」（should, *Sollen*）對立的困惑當中，而黑格爾的哲學（辯證法）[18]正是為馬克思提出解

---

[18] 前文曾提到恩格斯運用黑格爾的辯證法來詮釋馬克思的理論。不但是機械式的套用，連帶使人誤解「正」、「反」、「合」就是黑格爾辯證法的全部。但黑格爾自己為「辯證法」下的定義是：「概念的運動原則不僅消溶而且產生普遍物的特殊化」（Hegel, 2014: 38）。換句話說，辯證法裡的「反」不是單純的否定，完全的對立，而是一個整體的運動過程，是從概念出發，藉由「揚棄」（反；否定）而又返回自身的運動。而「揚棄」並非單純的捨棄，它是整體運動的一個環節。有關黑格爾辯證法的論證可參閱其《精神現象學》（*The Phenomenology of Spirit*）一書，其中的〈序言：論科學認識〉（Hegel, 2013: 1-56）得一窺全書精華。至於黑格爾哲學的介紹可參閱洪鎌德《從唯心到唯物：黑格爾哲學對馬克思主義的衝擊》（2007）一書的第二章及《黑格爾哲學新解》一書（2016）。

惑（洪鎌德，1990：3、43、78）。

　　馬克思不僅佩服黑格爾，求學其間並成爲「青年黑格爾學派」的一員。只是踏出校門之後，馬克思接觸到另一位「青年黑格爾學派」成員費爾巴哈（Ludwig Andreas von Feuerbach, 1804-72）的《基督教的本質》（*Das Wesen des Christentums, The Essence of Christianity*）[19]一書，使得馬克思往後的思想由唯心主義轉向物質主義，並藉由費爾巴哈的「轉型批判」（transformational criticism）對黑格爾展開批判。[20]

　　儘管如此，馬克思的理論其實處處有黑格爾的影跡，[21]例如前述的「異化」，黑格爾賦予「異化」是精神對對象的認知，馬克思則認爲黑格爾依賴思想就想克服異化是不切實際的，因爲黑格爾誤解了異化的根源是來自資產階級社會的貪婪（洪鎌德，2010：163-95）。

　　再如馬克思所提出的階級鬥爭論，特別是賦予普勞階級推翻資產階級生產體制的使命，洪教授認爲這是馬克思受到黑格爾「主奴說」（Lord and Servant; *Herr und Knecht*）的影響所致。亦即資產階級已有「自爲」意識，但普勞階級只有「自在」的意識。只能聽命於主人，接受主人的役使。因此，唯有普勞階級自爲的覺醒，就能推翻資產階級社會體制（洪鎌德，2010：35-46）。

　　最後，甚至馬克思的哲學共產主義，也深受黑格爾辯證哲學的啓發與影響。運用費爾巴哈的「轉型批判」，將黑格爾的「精神─異化─異化的消除（揚棄）」轉化爲「社群本性的人─私有財產（人的異化）─共產主義」（洪鎌德，2010：216-217）。

　　因此，綜上所述，洪教授認爲馬克思一生的思想是連貫不斷的，其一貫的

---

[19] 費爾巴哈《基督教的本質》一書在反諷宗教，認爲宗教不過是人自身本性的一種反射，期待人的本性如神一般。只是，人愈是將神描繪爲全知全能，人反而愈顯得無知無能。結果就是神的特質愈豐富，人卻更加自我虛脫、自我異化（洪鎌德，1990：48）。

[20] 費爾巴哈的「轉型批判」主要是針對黑格爾。費爾巴哈批評黑格爾的哲學充滿「理性的神祕主義」，在《基督教的本質》一書裡，費爾巴哈批判基督教及黑格爾的「異化」觀點，主張應該將黑格爾所認爲的「人是處於自我異化的神」裡的主詞與受詞對調，顛倒爲「神是處於自我異化的人」。由於馬克思對於費爾巴哈的批判大爲折服，乃借用費爾巴哈的「轉型批判」，從宗教領域批判黑格爾的方法，並擴大到政治、社會、經濟及文化等等範圍（洪鎌德，1990：47-49；2010：164-66）。

[21] 有關黑格爾對馬克思的影響，可進一步參閱洪鎌德《從唯心到唯物：黑格爾哲學對馬克思主義的衝擊》（2007）、《馬克思的思想之生成與演變》（2010）、《黑格爾哲學新解》（2016）等著作。

思想目的在建立一個沒有異化、恢復人的自由的共產社會。只是這個共產社會是神話式的、哲學式的烏托邦理論的建構，有著濃厚的黑格爾哲學的色彩。

肆、對國內的貢獻──並代結語

　　如果從1967年洪教授取得奧地利維也納大學政治學博士學位，並於翌年前往德國慕尼黑大學國際政治研究所受聘擔任研究員正式開啓學術生涯算起，洪教授浸淫馬克思的理論學說的教授與研究工作也將近五十年了。在這將近五十年的歲月裡，洪教授的教學與研究的觸角遍及歐洲、亞洲與美洲，除了常住的德國與新加坡（1973年10月至1992年）之外，曾三度赴美、英擔任訪問學人[22]、三度赴中國講學[23]，並於1983年3月代表東南亞學界應聯合國教科文組織（UNESCO）的邀請，赴德國特利爾（Trier）出席馬克思逝世百週年的紀念活動。但意義最大的，應該還是台灣步入民主化之後，解除「黑名單」，而於1992年回到故土台灣，受聘於台灣大學而當時仍稱爲三民主義研究所（現稱「國家發展研究所」）的客座教授，並於1994年改聘爲專任教授（廖育信，2003）。

　　也許是因爲在國際間遷移與走訪的經驗，使得洪教授雖然長期以馬克思主義爲研究範圍，但研究的學術視野相對寬廣，也較能同步取得歐美學界的研究資訊與成果。而且，較能持平的評介馬克思本人或之後的馬克思主義者的理論學說。因此，學者謝欣如曾整體的評價洪教授在「馬克思學」方面的貢獻是：「廣徵博引開啓馬克思學學習之門；拓寬對馬克思主義的研究領域；體現與彰顯馬克思之精神原貌；科學客觀而非意識形態的評價」（謝欣如，2003：41-

---

[22] 分別是1977年7月至1978年6月應哈佛大學燕京學社的邀請；1982年4月及5月期間應美國國務院邀請參訪舊金山、華盛頓、紐奧爾良、芝加哥及紐約；1984年8月至1985年5月擔任加州柏克萊大學政治系研究員及倫敦政經學院高級研究員。

[23] 首次是1987年4月至6月應北京大學哲學系的邀請，前往講授「西方馬克思主義」八週；第二次是1989年4月至6月應廣州中山大學、福建廈門大學、北京大學、中國人民大學、上海復旦大學等校的邀請，講授「西方馬克思主義」與「新馬克思主義」；第三次則是1991年4月至6月前往各重點學校講學，並獲客座、名譽教授等頭銜。

56）。在這個整體評價的基礎上，也許還可以增列三點洪教授對國內「馬克思學」的貢獻：

一、藉由學術研究結果，持平的看待馬克思主義的影響力

雖然洪教授於1992年才因「黑名單」的解禁而受聘回台。但洪教授其實早在1976年2月至6月曾應國科會的邀請，回台擔任台灣大學社會學系的客座副教授（廖育信，2003）並早在解嚴前的1983年與1986年即有兩本探討馬克思理論學說的著作──《馬克思與社會學》、《傳統與反叛──青年馬克思思想的探索》在台灣出版，這兩本專著並分別於1984年及1990年再版與三版，顯示在解嚴前後的台灣所掀起的一股「馬克思熱」下，洪教授對於馬克思理論研究的立論在台灣受到不小的關注與迴響。另外，在1988年，洪教授為回應台灣的「新馬熱」，又將歐美「新馬克思主義」的學說予以爬梳、整理帶入台灣，以《新馬克思主義和現代社會科學》一書和台灣的讀者見面，並為台灣當時的「新馬熱」現象提出註解，認為「新馬熱」有追求知識、時髦、抗議戒嚴時期的學術箝制等等層面的意涵。所以，研究及討論「新馬」的現象，執政當局實在沒有必要大驚小怪。但是，也提醒追求「新馬熱」者沒有必要把「新馬」當成是解決社會問題的萬靈丹（洪鎌德，1995：9、203-206）。這無異也是在提點，在現實政治上勿對馬克思主義──無論是馬克思本人的理論學說或之後的馬克思主義也好──抱持過多的幻想。

二、以淺顯易懂的文字善盡知識傳遞者的角色

1992年洪教授回台任教之後，即著述不斷，可以說是學術著作的盛產期，如果只以探討馬克思主義的專書來採討，從1992年之後至今約有十餘本專書問世，平均一至二年即出版一本著作。

學術工作不能與社會脫節，學術工作者有責任也有義務將其研究成果或心得提供予社會大眾，也就是知識的傳遞。因此，文字不宜過度艱澀，否則即失去知識傳遞的意義。而洪教授的著述最大特色，就是對於馬克思學說的概念與理論的詮釋在遣詞用字不至於太過艱深，使讀者容易掌握馬克思理論學說的中

心要旨，稱職地扮演知識傳遞者的角色。

三、藉由馬克思理論的引介與詮釋，對當代社會問題提供另一個思考

　　誠如上述，馬克思主義雖然不是解決社會問題的萬靈丹，且馬克思所看到的是十九世紀競爭式的資本主義（competitive capitalism），這是一種只顧追求利潤的殺頭式的競爭（a destructive competition）（王英銘、陳元彥，2003b：95），未必與後來的資本主義社會發展相符。但是，馬克思的異化論卻是值得省思再三的，因為「點破了人存活在這個世界的真正意義」（王英銘、陳元彥，2003b：97）。因此，從這個角度來看，馬克思理論還是有其必要，在當代仍然是人自我反省與批判的重要理據。

伍、結語

　　五十餘年前，在台灣人民所得不高的情況之下，能夠在國內念到大學，甚至拿到碩、博士學位，已經算是社會中的菁英，而當時能夠出國留學者，只能是鳳毛麟角。以洪教授的學歷背景來看，在當時也算是青年才俊，若願接受「黨國」栽培，難保沒有機會躋身官場，飛黃騰達而光宗耀祖。但是，洪教授卻選擇了與統治者理念完全背道而馳的一條路。即使於台灣進入民主化之後回到台灣，也沒有以海外黑名單的身分搭上其時方興未艾的政治風潮──參與選舉，投身政界。原因是什麼？洪教授的說法是（王英銘、陳元彥，2003a：89）：

　　有些人會直接去實踐、闡釋，但就我個人而言，我的價值與目標是，
　　寫幾本好書留給同一代和後一代的人看。

從洪教授對學術的熱情以及著述之勤，可以這麼說：洪教授，您的確做到了！台灣「馬克思學」之開創與傳承有您不可或缺的貢獻！

參考書目

王英銘、陳元彥，2003a。〈專訪洪鎌德──成長在白色恐怖時代馬克思研究權威〉收於施正鋒（編）《馬克思學在東方》，頁79-89。台北：前衛。

王英銘、陳元彥，2003b。〈專訪台灣研究馬克思學說的大學者洪鎌德──談馬克思主義的危機與死活：人的異化無處不在和轉向烏托邦精神〉收於施正鋒（編）《馬克思學在東方》，頁91-102。台北：前衛。

洪鎌德，1983（1984）。《馬克思與社會學》（再版）。台北：遠景。

洪鎌德，1986（1990）。《傳統與反叛──青年馬克思思想的探索》（三版）。台北：台灣商務。

洪鎌德，1988（1995）。《新馬克思主義和現代社會科學》（再版）。台北：森大。

洪鎌德，1996。《跨世紀的馬克思主義》。台北：月旦。

洪鎌德，1997a。《馬克思》。台北：三民。

洪鎌德，1997b。《馬克思社會學說之析評》。台北：揚智。

洪鎌德，1999a。《當代政治經濟學》。台北：揚智。

洪鎌德，1999b。《從韋伯看馬克思》。台北：揚智。

洪鎌德，2000。《人的解放》。台北：揚智。

洪鎌德，2001。《法律社會學》。台北：揚智。

洪鎌德，2002。《馬克思主義》。台北：一橋。

洪鎌德，2004a。《西方馬克思主義》。台北：揚智。

洪鎌德，2004b。《當代主義》。台北：揚智。

洪鎌德，2007。《從唯心到唯物：黑格爾哲學對馬克思主義的衝擊》。台北：人本自然文化。

洪鎌德，2010。《馬克思的思想之生成與演變》。台北：五南。

洪鎌德，2014。《個人與社會──馬克思人性論與社群觀的析評》。台北：五南。

洪鎌德，2016。《黑格爾哲學新解》。台北：五南。

蔡祐廷，2003。〈當三民主義請馬克思吃飯──洪鎌德教授訪談錄〉收於施正鋒（編）《馬克思學在東方》，頁61-76。台北：前衛。

曾志隆，2002。《拉克勞與穆芙》。台北：生智。

曾志隆，2006。《基進與多元民主政治理論的建構：以穆芙的「爭勝式民主」為討論對象》博士論文。台北：東吳大學政治學系。

廖育信、曾志隆，2011。〈老當益壯的學術大師：洪鎌德教授〉收於施正鋒（編）《台灣民主化過程中本土人文社會學者》，頁329-56。台北：翰蘆。

廖育信，2003。〈洪鎌德教授簡歷〉收於施正鋒（編）《馬克思學在東方》，頁3-5。台北：前衛。

謝欣如，2003。〈馬克思學（Marxology）在台灣、中國、新加坡：洪鎌德教授對馬克思主義教、研之貢獻〉收於施正鋒（編）《馬克思學在東方》，頁29-60。台北：前衛。

Althusser, Louis. 1990. *For Marx*. London: Verso.

Anderson, Perry. 1979. *Considerations on Western Marxism*. London: Verso.

Gorman, Robert A.（編）（馬欣艷、林泣明、田心喻譯），1995。《新馬克思主義人物辭典》（*Biographical Dictionary of Neo-Marxism*）。台北：遠流。

Hegel, Georg Wilhelm Friedrich（范揚、張企泰譯），1961（2014）。《法哲學原理》（*Elements of the Philosophy of Right*）。北京：商務。

Hegel, Georg Wilhelm Friedrich（賀麟、王玖興譯），1962（2013）。《精神現象學》（*The Phenomenology of Spirit*）。北京：商務。

Laclau, Ernesto, and Chantal Mouffe. 2001. *Hegemony and Socialist Strategy: Towards a Radical Democratic Politics*., 2nd ed. London: Verso.

Marx, Karl and Friedrich Engels（中共中央馬克思恩格斯列寧斯大林著作編譯局譯），1957。《馬克思恩格斯全集》（卷三）。北京：人民出版社。

Marx, Karl and Friedrich Engels（中共中央馬克思恩格斯列寧斯大林著作編譯局譯），1995（2008）。《馬克思恩格斯選集》（卷一）（二版）。北京：人民出版社。

Marx, Karl（伊海宇譯），1990。《1844年經濟學哲學手稿》（*Economic and Philosophic Manuscripts of 1844*）。台北：時報。

5
通天祕徑 —— 洪鎌德教授《法律社會學》裡的藏寶圖

謝宏仁
輔仁大學社會學系副教授

5 通天祕徑——洪鎌德教授《法律社會學》裡的藏寶圖

壹、前言

貳、學術路上的「偶然性」

參、《法律社會學》裡的藏寶圖

肆、韋伯形式理性法律之啓發

伍、英國的問題

陸、西方思想裡的二分法

柒、結語

壹、前言

看似一條平凡無奇的道路，沿途欣賞風景不易引人入勝。幾番轉折之後，頓時柳暗花明，映入眼簾的，彷彿置身於世外桃源。

或許洪鎌德教授不是家喻戶曉，但他著作齊身，為我們所開闢《法律社會學》啓蒙之徑（洪鎌德，2004），這條路有些人曾經走過。在浩瀚的學術天地裡，或許法律社會學在社會學這條大道中只能算是羊腸小徑，地位未明，並且路旁草長及膝，如此一條小徑隱身在雜亂的樹叢中。順此小徑，一步一腳印（哪位嚴謹的學者不是如此？）地前行，研究的康莊大道終於呈現眼前。現在回想起來，確實如此。

猶記得在2010年春季第一次開授法律社會學時，當時考慮想選用哪本專書給學生使用，幾經思考，其一是黃維幸的《法律與社會理論的批判》（黃維幸，2007），其二是洪鎌德教授的《法律社會學》。後來，筆者謝某選擇後者。黃維幸律師在美國執業逾三十載，並於2005年起擔任世新大學教授。我們先談談黃維幸博士的大作。當年，任教台灣大學國家發展研究所的洪鎌德教授，也曾在黃維幸律師的書上題「希望隨著黃博士的精神前進」，這勉語勵詞也同時表達對作者的肯定。誠如洪鎌德教授所言，黃維幸博士的求知精神能夠帶領青年學子探索法律社會學這塊天地，並且，《法律與社會理論的批判》在出版之後，僅短短一年即告售罄，足見學界對此書之風評極佳。

既然黃維幸教授如此受到肯定，為何最後筆者仍選擇洪鎌德教授之《法律社會學》，主要原因是洪鎌德教授對法律社會學此領域的瞭解，全球學界對該領域的學識能與之相比者寥寥可數，在華文世界中更可謂無出其右者，不僅學識堪稱「淵博」，並且「創思」則處處可見。但筆者認為，黃維幸所討論的孟德斯鳩、托克維爾、巴瑞圖，以及關於中國傳統法律思想等部分[1]，也能作為

---

[1] 請參見《法律與社會理論的批判》之第二章〈孟德斯鳩──社會理論的先驅〉（黃維幸，2007，31-49）；第三章〈托克維爾──自由派貴族〉（黃維幸，2007，51-67）；第十章〈法律社會理論與中國法律思想〉（黃維幸，2007，285-314）。

另外，值得留意的是，筆者所言之中國傳統法律指的是清末西方法律體系引入之前的法律，此說法迥異於德國社會學家韋伯錯誤地認為中國法律體系為「傳統的」，自秦朝（B.C. 221-B.C. 207）開始即處於停滯不前的狀態，吾人以為韋伯只是用中國「傳統的」法律體系來對比於他理想中之「現代的」西方形式理性的法律體系而已。

洪教授專書的補充,當無疑義。在本文中也引用黃維幸博士的著作,以增加說服力。

在洪鎌德教授的《法律社會學》裡有一幅學術地圖,地圖裡有一條祕徑,它通往一條大道,向著東方抬頭望,另一幅圖畫便呈現在眼前。雖是美景,但還得繼續走下去,因為不能只為遠處明亮的天空停下腳步。具體來說,在洪教授的這本書裡,留下一個社會學大師韋伯(Max Weber)從未認真解釋的問題:資本主義最發達的英國,並非採用韋伯鍾愛一生的形式合理的法律,而形式合理的法律卻是韋伯遽以認定西方之所以有別於東方(或非西方)社會的主因。換句話說,法律的形式理性化也正是資本主義之所以只能在西方社會發現的原因,對韋伯而言。

洪鎌德教授則發現這條祕徑,並且加以標明。當我們繼續往前走,開始看到義務觀(相對於西方權利觀)的中國社會如何排難解紛、如何治理大國。繼續順著小徑往下走,又發現社會學大師韋伯所言,「傳統」中國並非如西方學者所繪那般停滯而沒有生氣。當一步一步地走,走到小徑的深處,隱身在學術界的祕境赫然呈現眼前,這祕境卻是東方的真實圖像。換言之,這條小徑是通天祕境,在祕境的遠處,它又接上另一條康莊大道,沿途盡是東方的真實景象。

本章結構安排如下。首先簡略敘述筆者走在學術路上發生的「偶然性」事件,精明又審慎的計畫也難以將「幸運」納入每月的行程表之中。其次,嘗試著攤開《法律社會學》裡的藏寶圖,裡頭的寶物包括:古典社會學三大家之一的韋伯之西方法律的形式理性化過程帶給後代的啟發。當然,我們發掘韋伯之「英國的問題」,而這正是本文所指,是洪鎌德教授在討論韋伯學說時所留下的蹊徑。第三,嘗試解釋為何韋伯在不甚瞭解東方(中國)的情形下,匆促提出中國傳統法律停滯的論點,筆者認為或許可用西方思想裡的二分法加以部分解釋。最後,總結本章重點。

貳、學術路上的「偶然性」

時間回到2010年,(日後)回憶過往,或許它會是筆者學術生涯最重要的轉捩點,正在這個時間點上,洪鎌德教授指引我一個嶄新的研究方向,往此道

途邁進，筆者終於有機會一窺這條祕境。這一年，是頭一次開班教授法律社會學；這一年，也是與洪教授在一次不經意的談話當中，建議筆者撰寫專書的那一年。在主流社會學界一片唯SSCI（Social Science Citation Index）「利」之所趨的聲浪中，他說：「書深刻些」，如此言簡意賅的一句話，筆者深覺值得台灣學術界省思。那時是筆者當教書匠的第五年，乍聽此言之時，筆者心裡忖著，我要寫的是英文專書，因為如果能夠用英文撰寫，比起用中文寫作的專書，或許洋墨水看起來比較有看頭，也比較酷。心想，倘使這本書能夠獲得別人的肯定，將會如何、如何。現在想起來，當年的筆者謝某還真是既膚淺又無知，哪能夠體會「書深刻些」這四個字呢？

　　所幸，在洪老師說完這句話的一年半之後，也算是─有點晚，但似乎還來得及。當筆者前去輔大哲學系找他，並跟他說，筆者決定寫一本中文專書。在閉門造車、「寒窗苦讀」一年半之後，終於完成一本還算差強人意的專書──《發展研究的終結：廿一世紀大國崛起後的世界圖像》（謝宏仁，2013）。在撰寫此書的這段時間之中，筆者同時也以洪老師的大作《法律社會學》為藍本講授課程。某天，在教授經典社會學大師韋伯對法律（該）的看法時[2]，霎時宛如置身於一大片生機盎然的森林之中，在青彧的樹影底下，隱藏了一條小徑。為能走進這條小徑，沿途還得披荊斬棘，可謂篳路藍縷，辛苦自不在話下。只是為了追蹤洪鎌德教授在討論大師韋伯時留下來的線索，看看能否破了大案，沿著這條蜿蜒的小路，慢慢地，試著拼湊出幾幅圖畫，於是寫成《社會學冏很大：看大師韋伯如何誤導人類思維》（謝宏仁，2015）。這本書，可說來自洪鎌德教授的啟發，但也可以這麼說，筆者是替這位被目為經典三大家之一的學術先進完成了他未竟之功而已。至於洪老師，或許在筆耕不輟之餘，無暇多顧，因此筆者才有榮幸代為操刀，著實深感榮幸。可以這樣說，該書的完成，洪老師的啟發厥功甚偉。

　　然而，當我們沿著這條小徑繼續前行，陽光從樹葉縫隙間漸漸透出、愈顯充足，色彩繽紛的花草綠樹顏色愈來愈鮮明，讓人眼睛為之一亮。轉眼間，一個美麗新世界映入眼簾，猶如絕世畫作地扣人心弦，深深吸引著眾人的目光。只是這樣一幅畫，頓時使人產生一種不真實的感覺，因為在畫面的右邊（應該說東邊的方向），這塊地方用色太過單調、太過陰鬱，與畫面的左邊（應該說

2　該章為洪鎌德所撰《法律社會學》之第五章，〈韋伯論法律變遷與形式合理的法律〉，請參見洪鎌德（2004: 173-212）。

西邊吧！）的誘人色彩形成極其強烈的對比。

　　好奇心誘使我們繼續向前，走著走著，到了一棵白楊樹下，在那裡遺留了畫架、用過的顏料罐，還有三支畫筆。值得一提的是，這三支被遺留的畫筆，因為它們共同繪出讓眾人欣賞的美麗「世界」。這三支畫筆分別是：西方哲學的二分法、費正清（John King Fairbank）1842年的歷史分期（傳統／現代），與華勒斯坦（Immanuel Wallerstein）的歐洲中心主義。

　　簡言之，這三支畫筆所描繪、勾勒出的「世界」圖像並不真實，過度美化西方，與之相對的醜化非西方社會。這幾支筆，我們必須先丟棄一邊、置之不理。但更美麗的景色還在前頭，於是我們在這條祕境繼續往前，而不讓遠處明亮的陽光帶走了所有的注意力。於是，我們繼續在這條羊腸小徑前行，沿途的風景稍加紀錄，也整理出《顛覆你的歷史觀：連歷史老師也不知道的史實》（謝宏仁，2017）一書。

　　筆者三本欣賞沿途風景的素描寫實有兩個共同點，其一，洪鎌德教授為這三本書撰寫推薦序文，對（當年）年輕的筆者謝某有莫大的鼓勵作用；其二，這三本書原先不在學術生涯的規劃之中，「偶然性」反而扮演著重要角色，而在這幾次的偶然性裡，卻都能見到洪鎌德教授的身影與斧鑿的痕跡。

　　約莫在1996年下半年到1997年上半年這段期間，我選修Roman Grosfoguel教授所開授的發展研究（Development Studies）。在1990年代中期的當時，台灣被譽於新興經濟體之雙重奇蹟——經濟起飛與政治轉型，與南韓、香港，以及新加坡並稱為亞洲四小龍。對這個課程，恰好筆者來自台灣，確實產生濃厚的研究興趣。因此，自那時起，筆者對這議題便不間斷地關心，成為所關心的重要課題。執是之故，《發展研究的終結》（謝宏仁，2013）便為謝某第一本專書，裡面主要探討自1990年代中期開始，知識經濟時代翩然來臨，與大國崛起之後，「其他」（rest）發展中國家的未來。因為關係到發展研究這個領域，在文中討論儒家倫理與資本主義精神，故此探介新教倫理，和略述韋伯的學說、理念型概念（操作）工具、歷史比較研究法之應用等。由於「可預測的」法律制度——對韋伯而言——是資本主義的基石，而且，韋伯這樣告訴我們，如此「進步的」法律制度只在西方才能找到。

　　在教授法律社會學這門課的過程中，筆者的研究領域也逐漸觸及中國傳統法律[3]，在筆耕研讀之中，也發現韋伯並不甚瞭解中國，因此，筆者完成第二

---

[3] 黃維幸在其專書《法律與社會理論的批判》之第十章也討論了中國傳統法律思想（黃維幸，2007：

本著作《社會學冏很大：看大師韋伯如何誤導人類思維》（謝宏仁，2015）。從這樣一個略帶戲謔意味的書名，相信不難看出這本書試圖挑戰社會（科）學界的主流想法，那就是：大師韋伯對社會（科）學界的偉大貢獻。相反地，書中嘗試證明被目為（東西方）歷史比較分析的大師級人物韋伯，事實上，對東方社會的理解可說是相當匱乏，特別是他對中國傳統法律的誤解，以致於他提出只有在西方營養極豐的土壤裡，才可能培育出資本主義，並使之茁壯的謬誤結論。

另外，由於拙著之第一本書的論述背景，乃是建基於知識經濟的到來。故此，智慧財產權[4]（知識產權）的議題成為筆者往後的研究重點之一，特別從國際政治經濟學的角度，來檢視智慧財產權的相關議題（特別是法律問題）。這樣一來，也促成筆者開始思考是否開授法律社會學這類課程。

在開課前，準備上課資料，選定閱讀的文本，找尋合適的教科書是自然不過的。在尋找合適的書籍時，心中再次浮現前輩洪鎌德的名字，以及其大作《法律社會學》（洪鎌德，2004）。再一次，筆者的學術歷程又連結到洪老師身上。回想起來，此種「偶然性」（或者稱「幸運」）似乎再度降臨。接著，在閱讀文本時，為預備回答學生在《法律社會學》的課堂所提出的問題，特別是社會（科）學中經常出現的對立字元，例如現代／傳統，進步／倒退（停滯），開放／封閉等，第三本挑戰西方知識體系與思想基礎的小作於焉產

285-314）。然而，吾人以為其中部分看法可能需要進一步再思，特別是歷史上中國一直到了清末，皇帝也好、老百姓也好，都沒有權利的概念。可惜的是，許多東方（特別是中國）學者對中國自古以來強調義務的社會似乎不夠瞭解，就像韋伯這樣。

雖然沒有權利的概念，但糾紛還是得解決，官府負責審理命盜「重案」，至於戶、婚、田、土、錢、債等「細事」，自宋朝開始，逐漸由民間自行調解，此與家族制度日趨完備有關。調解不成，才由官府審之。值得注意的是，因為官員、人民均無權利概念，是故，人民不可能要求公部門保障其權利，在義務觀的社會裡，也不可能出現像西方社會出現的公民意識，因為公民意識與權利有關，如此，歐洲的經驗似乎對理解中國社會幫助不大。

簡單地說，清末以前的中國社會，公部門是藉由處罰犯罪者（侵權者）間接地保護被害者（或受侵權者）的財產或其他「權利」。關於中國傳統法律，請參照謝宏仁（Xie, 2015）。

[4] 在此，吾人擬向台灣科技大學專利研究所陳昭華教授敬申謝忱。陳昭華教授先前是筆者謝某在輔仁大學的同事，當時，她在財經法律學系任教。研究初期，本人對智慧財產權一無所知，若不是陳昭華教授過人的專業知識，再加上其獨有的愛心與耐心，一再地教導、修正吾人錯誤的認知與思考方向，吾人之拙著中凡涉及智慧財產權的部分將會漏洞百出。謹在此表達本人對專利法學權威陳昭華教授萬分之謝意。

生——《顛覆你的歷史觀：連歷史老師也不知道的史實》（謝宏仁，2017）。
這本書的誕生依然從洪鎌德教授的專著中獲益不少[5]。

參、《法律社會學》裡的藏寶圖

　　洪鎌德教授所撰寫的《法律社會學》是一本既深且廣的專書，是故，筆者僅能就自己能力所及之處，盡可能地陳述，希望還不致於落入以管窺天的困局。因此，在一開始進入主題時，筆者選擇不對該書作一般性的描繪，而僅僅挑出筆者近年來以《法律社會學》為上課主要參考書所得之較有啟發性的論述，亦即韋伯的法律社會學。並且，進一步將討論範圍限定在韋伯的「形式理性」法律化的相關議題上，特別是「英國的問題」的討論，因為這個懸而未決的問題正是藏寶圖裡祕徑之所在。

肆、韋伯形式理性法律之啟發

　　簡單說來，我們能在洪鎌德的《法律社會學》這片思想森林中，找出隱藏其間的通「天」祕徑。在那裡，一個真實的、美不勝收的「（東方）世界」等著我們去探索。事實上，洪鎌德教授書中所討論者，遠不止於上述幾位大家而已。就他淵博的學識，他還研究更多學者的精闢學說，並加以析評。在整學期的教課中，筆者也得花費幾個學期時間，才逐一討論像是帕森思[6]、屠布涅[7]、

5　本書欲回答吾人在《法律社會學》上課時所遇到的問題，但在解答的過程中，吾人亦得益於洪鎌德教授另一大作，《全球化下的國際關係新論》（洪鎌德，2011），特別是二分法的部分。在稍後的分析中，我們還會談到西方思想之基礎，即二分法、二元對立。

6　洪鎌德教授在《法律社會學》之第六章〈帕森思論法律與社會體系的關聯〉，請參見洪鎌德（2004: 213-50）。

7　洪鎌德教授在《法律社會學》之第十章〈屠布涅論對展、反思法與自生法〉，請參見洪鎌德（2004: 391-446）。

艾德曼[8]等人的學說。如前所述，洪教授滿腹經綸，其研究時巧思洞見可謂文思泉湧，單單是學習其學問即屬不易，遑論對其著作提出建設性的意見。在洪教授對眾多學者的討論中，筆者恐怕只能抱著受教學習的態度而已，不敢多提什麼膚淺的看法。

一言以蔽之，筆者謝某亦只能挑出全球社會（科）學界自百年以前，直至今日仍具最大影響力的德國學者韋伯來加以闡述。

在教授法律社會學的同時，一個在心裡許多年的問題是：為何韋伯在未深入研究中國傳統法律體系的同時，卻急於引出這樣的「結論」，那就是西方法律體系是進步的，中國傳統法律則是停滯不前的。並且，因為西方法律體系是進步的、可預測的（中國傳統法律是停滯的、不可預測的），所以，在西方社會經濟行為能夠受到法律的保護，於是能以順遂進行大規模的交易，資本主義於焉產生。但在未曾仔細研究非西方（包括中國）地區經濟活動的實際情形，便遽然下了這樣匪夷所思的結論——中國不可能產生資本主義，因為在那裡沒有形式合理的法律，充其量還只是停留在西方形式理性之前一階段（即實質理性），經濟行為無法受到妥善保護。換句話說，對韋伯來說，只有西方形式理性的法律才是「進步的」、「現代的」，與「可預測的」，中國法律體系則是「停滯的」、「傳統的」，與「不可預測的」。此種二元對立，似乎普遍存在於當今的社會（科）學各個領域之中，本文稍後會加以討論。

在社會科學方法論中，韋伯的理念（類）型（ideal type[9]）是學者經常引用、運用的概念性工具，用來理解錯綜複雜的社會現象，而法律（體系）是韋伯藉以比較東、西方歧異的重要發現。這說明，法律社會學是韋伯用來探索合理性與資本主義只出現在歐洲，而無法（也不會）出現在中國、印度等擁有古老文明的國家。

就法律而言，韋伯將其重點置於西方社會如何脫離迷信、魔咒等等之羈絆，透過官僚、法律專家、學者而發展出邏輯嚴密的法律體系，此即西方法律的理性化過程，韋伯認為這樣的理性化過程只能產生於西方社會。並且，他也為後世勾勒出法律形式的歷史變遷，依序是形式不理性、實質不理性、實質理

8　洪鎌德教授在《法律社會學》之第十一章〈艾德曼論影像的財產權〉，請參見洪鎌德（2004: 447-98）。

9　關於韋伯之理念（類）型的討論，請參照，例如，牟利成（2013）、顧忠華（2013）、葉仁昌（2015）等人之專書。

性、形式理性這四種的法律理念型（洪鎌德，2004）。對韋伯而言，這是他心目中理想的法律理性化過程。當然，這是歐洲的經驗，筆者認為，這種經驗未必能直接套用於東方的中國或其他非西方地區。

美國社會學家，也是著名的韋伯學說詮釋者George Ritzer對於韋伯之形式理性的法律有過這樣的說法：「儘管不同的社會與不同的時期存在著各式各樣的理性類型，但是只有現代西方社會發展出韋伯稱為形式理性（formal rationality）的理性類型」（Ritzer, 2012: 43）。然而，即使韋伯是如此宣稱，看起來似乎頗尊重其他文明，尊重相異於西方形式理性之法律體系，但從中卻不難看出，韋伯似乎有意從歐洲經驗中找到一種普世的、適合全人類的法律之理想類型，並且，對他而言，這種類型無法在其他社會中找到。於是，中國家長式的正義體系，雖然是「理性」的，因為韋伯認為係論辯式方法之採用，是由「傳統」（不移）之規範，經過辯論解釋而得到判斷的結果（前揭書）。

然而即使如此，東方社會僅處於形式理性的前一階段，也就是實質理性。中國無法像歐洲大陸那樣，主要原因是「因為中國傳統行政與法律制度不像是西方，主要是因為中國的行政人員是書生，而非行政專才，他們可能知書達禮，熟讀四書五經，但他們不會依照高度形式的法律做出行政決策」（黃維幸，2007：17）。那麼，對韋伯而言，什麼才是法律的形式理性化過程呢？黃宗智教授的論點或可幫助我們回答這個問題。他說：

> 正如韋伯指出的，西方現代法律和其他法律不同之處，主要是因為它的「形式理性」。他認為，西方現代大陸形式主義……要求所有的法庭判決都必須通過「法律的邏輯」，從權利原則推導出來。「每個具體的司法判決」都應當是「一個抽象的法律前提向一個具體的『事實情形』的適用」；而且，「借助於法律邏輯體系，任何具體案件的判決都必定可以從抽象的法律前提推導出來」（黃宗智，2009：12-13）。

總而言之，韋伯認為有四個面向，可以用來檢視法律的理性，包括法律由規則或原則加以規範、法秩序的體系化、法律意義的邏輯解釋，以及法律必須由智能加以控制等四端。此外，他認為用邏輯形式理性的法律，藉以排除政治力或經濟力介入法律，如此方可擔保個人的經濟活動順利完成，資本主義於焉產生。於是，韋伯留下了一個著名的問題，即「英國的問題」。

伍、英國的問題

　　很明顯地，依照韋伯的看法，資本主義必須有一套持續、可靠的，與客觀的法律制度，當然，還須加上可預測的法律和行政機關。在韋伯的心目中，歐洲大陸法系才可能雀屏中選，或許與他身處的德國，在當時物質生活環境十分優越有關吧？在這種情形下，中國法律體系自然不可能符合「理性」的法律之各項要件。不過，不要忘記洪鎌德教授指出：「韋伯坦承英國法律的理性相對歐陸法律的理性來講，顯得相當低（Weber, 1968: 890）。然而弔詭的是，英國卻是近世西方資本義的發源地」（洪鎌德，2004：204）。此一「英國的問題」正是筆者謝某所指之通天祕境。簡單說，筆者並非認爲英國普通法無內在邏輯可言，但英國普通法所在乎的是解決實際問題。更重要的是，即使沒有韋伯所言的形式理性化法律，英國依然能夠成爲資本主義最發達的國家。

　　換句語說，韋伯留下一個重要的、且懸而未決之「英國的問題」，因爲資本主義最發達的國家正是英國，然而英國的法律體系屬判例法，而非韋伯最欣賞的西方現代大陸形式主義。綜合前述，他認爲形式理性的法律是西方法律體系所獨有，更重要的是，資本主義發展必須要建立可預測的法律體系之上。這種可預測的法律體系，唯有在西方社會裡頭才能找到（Marsh, 2000）。但「英國的問題」卻否定了韋伯所堅稱「形式理性」的必要性；同時，也至少部分否定了缺乏形式理性的中國傳統法律，絕無可能成爲醞釀乃至產生資本主義成長的沃土。

　　接下來，我們花點時間，回頭檢視西方思想的基礎，或許這樣可以部分地回答，在歷史比較分析的研究中，對立的概念經常出現在西方學者（例如韋伯及其他學者）的論述中之原因。

陸、西方思想裡的二分法

　　二元對立[10]是西方（或西洋）思想的基礎。欲瞭解當代知識體系，非討論其二分法、二元對立不可，討論後現代主義與其主要理論家德希達（Jacques Derrida, 1930-2004）也為必要。後現代主義（亦稱為後結構主義），顧名思義不僅要超越現代，更進一步還要解構現代的語言文字與典章制度。首先，「解構……的是語言、文本、哲學思想中西洋人視為天經地義的範疇，或日常接受的觀念的解開、分解、甚至顛覆」（洪鎌德，2011：350-351）。在歷史上，非西方國家至遲自十九世紀中期之後，開始向西方社會（知識界）學習，當然，這與西方列強向外擴張，征服並占領那些「沒有歷史」的土地（Wolf, 1982），掠奪地上與地下資源，利用各種機會賺取貴重金屬、增強國力有關。其中，成癮性商品，像是蔗糖、咖啡、茶葉之外，還包括西方人不願意提起、卻是慘無人道的奴隸貿易，還包括與基督教倫理、精神相違逆的毒品（鴉片）等。在日益增加的「交流」（或稱為逐漸被美化的「全球化」語彙）之下，非西方國家知識分子──其中的學員（清）中國第一位留學生容閎──到達西方（已開發）國家習得對母國可能有用的知識[11]。於是，在西方建構下的知識體

---

[10] 在吾人的學術生涯中，獲益於先進洪鎌德老師的教誨實在難以用筆墨形容，「二分法（二元對立）」此西方思想之基礎可能是最重要的啟發了，在沉浸於洪老師的著作的閱讀當中，讀到此部分時，後知後覺的謝某本人，才猛然地頓悟了長久以來非西方學者（其中一大部分前往西方取經）在西方建構的知識體系下如何地進行思維活動，以及可能產生的誤解──包括對該學者本身所成長之社會的錯誤認知──是因何而產生？每思及此，吾人感謝洪教授之心，溢於言表。接下來的分析，吾人受益於洪老師之《全球化下的國際關係新論》一書（洪鎌德，2011）。附帶提及，對於洪鎌德教授，吾人最感佩的是：對於學術研究，洪老師自年輕至今，孜孜矻矻，幾乎年年有新作──例如，洪老師2016年新作《黑格爾哲學新解》，2017年《屠格涅夫作品的析賞》等──這在華文世界、甚至是全球都難以找到如此努力不懈之研究者。

[11] 容閎是廣東省香山縣人，出生於1828年，是中國近代史上第一位留學生。之後，容閎建議清政府派幼童前往美國留學，滿清接受其建議，自1872年起，分批派遣120名幼童前往美國，容閎亦被任命為留美學生監督。然而，於1881年時，留學之事出現了變數。李鴻章原本想要讓該批學生進入軍校就讀，但當時美國政府只允日人就讀軍校，再加上留美幼童習染西洋風氣，部分學生剪了辮子，也歸信了基督教，此導致滿清官員的不滿，因而上奏批評要求撤回留學生，於是，朝廷准奏，把幼童召回。

但該批留學生仍在不同領域中，為中國近代化的過程而努力，其中較為有名的是外交官唐紹儀、中

系之中求學，習得的知識，其基礎必然建構於西洋思想之上。但我們眞要全盤接受此種思想基礎？應該不是。

德希達指稱西洋的思想都建立在二分法（二元對立）之上，像是「在場／缺席；認同／歧異；神話／書寫；唯心／唯物；主體／客體[12]」等等。這種強調「在場」的西洋文化，可以溯源自希臘文邏格斯（*logos*），意涵邏輯性、理性、道、上帝的話等等。根據德希達的說法，「邏格斯主義」與在場的中心關係極爲密切。換句話說，「在場」的價值便是西洋思想的基礎，也就是「在場」時的「表現」、「透露」，或是「說清楚、講明白」。

進一步德希達說，正因爲二分法是人們理解世界的主要方式，是故，這種思想態度影響重大，然而也引發許多問題。由於「缺席」，才能呈現「在場」，只有藉著不同於「在場」的歧異（difference）之「缺席」，才會把「在場」這個認同體（identity）呈現出來。然而，這樣的對立字眼內所包含的「認同與歧異……有上下位階的垂直不平等之評價在內」，也就是人們對「在場」持正面的、良好的評價；反之，對「缺席」、「不參與」採取負面的、不佳的評價（Derrida 1998: 3；引自洪鎌德，2011：351）。筆者認爲，這就是問題的所在，因爲在西方知識體系的建構下，西方社會總是扮演著「在場」的角色，非西方（或東方、東方的中國等等）則是「缺席」，當西方「有」什麼的時候，東方總是「沒有」西方所「有」的。

在我們所關心的「東、西方歷史比較研究」上，運用西洋思想基礎的二分法探討，我們將會看到什麼對立組呢？就所謂的（國際）貿易、經濟模式、制度設計、人民心態、地緣政治，以及意識形態等面向來看待「西方」vs.「東方」（特別是中國）。學界數十年、甚至是百年來，我們看到的二元對立組，像是「自由的」vs.「管制的」；「開放的」vs.「封閉的」（封建的）；「現代的」vs.「傳統的」；「進步的」vs.「倒退的」；「大規模的」vs.「小農的」（自給自足的）；「效率的」vs.「停滯的」；「理性的」vs.「非理性的」；「喜歡貿易」vs.「鄙視（厭棄）貿易」；「對等的國與國關係」vs.「臣屬的宗藩關係」；「現代的條約關係」vs.「傳統的朝貢關係」。以上

國鐵路之父詹天佑等。容閎本人在1862年起投身於自強運動（洋務運動），1895中國在甲午戰爭中大敗，在失望之餘，容閎認識了康有爲、梁啟超二人，爲其政治改革帶來了另一個契機。

[12] 洪鎌德教授將二分法應用於國際關係上，像是國內／國際；強權／弱國，以及戰爭／和平之分等等（洪鎌德，2011）。

所有的二元對立組，西方社會總是站在「上下垂直不平等」（hierarchy）這梯子的上方，而東方（中國）則總是屈居下風；西方總是「在場」，東方（中國）則「缺席」；西方「有」某些優勢，東方（中國）則「無」。

同樣的例證再舉一次亦無妨。西方的形式法律的合理化過程，舉世無雙，即使東方（中國）處於「實質理性」的階段，但無論如何也無法發展出資本主義，因爲「沒有」西方才「有」的形式理性法律。這點豈非韋伯[13]──這位對中國傳統正義體系欠缺瞭解的社會學大師所告訴我們的？並且，全球──包括東方，特別是中國──的知識分子至今對此仍堅信不移（Xie, 2015）。

明顯得很，二分法（二元對立）所引起的問題，特別是非西方、東方（中國）所扮演的「缺席」角色應該予以摧陷廓清，並且重加審視經驗事實、重回歷史，才有可能將東方（中國）原來的模樣看清楚。換句話說，原來我們所看到的圖像，不過是西方知識體系下所建構出來的「東方」，其樣態並不眞實，色彩亦冷暗昏沉，必須先予以擯棄、重加建構。

居勒（Jonathan Culler）替德希達對「解構」作如下的說明：「把一個論述（discourse）加以解構是顛覆（挖掉其基礎）其背後的哲學，也是顛覆它（論述）所賴的對立體所形成的垂直性不平等（hierarchy）。目的在指認文本中語言操作所產生的論證基礎，揭穿其關鍵概念、關鍵假設」（Culler, 1983；引自洪鎌德，2011：352）。回到前述的二元對立組，簡單說，西方的「在場」、「有」對照著東方（中國）社會的「缺席」、「無」，這些二元對立的語彙非得除掉不可。接著，筆者有意說明，針對這一看法，前輩洪鎌德教授的卓越視界值得再加賞析，他說：「邏格斯（*logos*）中心解構的論述，不能單單指出是西方刻意推動的。反之，它是東方集團站在邊緣地帶的社會勢力與外頭輸進來的理念之互動，這些理念靠著國際媒體〔西方的話語權〕的大肆傳播而散開出來，而逐漸重構一個嶄新〔但不眞實〕的、屬於歐洲之東方〔中國〕社會的論述」（洪鎌德，2011：362）。這是學界向來忽略之處，也是深受洪老師啓發燭照。事實上，非西方（中國及其他國家）知識分子應該負大部分的

---

[13] 事實上，在社會（科）學界，不只是韋伯，美國最重要的漢學家費正清（John King Fairbank）對中國歷史的分期法亦是如此。具體而言，費正清將1842年之前的中國稱之爲「傳統」中國，1842年之後，西方人來到之後，帶來了「現代」的典章制度與科學技術之後，才有了「現代」中國。吾人以爲，此分期法亦是西方思想基礎「兩元對立（二元對立、二分法）」下的產物，與經驗事實不符。關於費正清對1842年分期之不當，請參照謝宏仁（2017）。

責任，因爲長久以來，在西方知識體系的「教化」之下，我們戴著有色眼鏡，所看到的「東方」是西方知識體系建構出來的，必須予以解構，並將這眼鏡摔掉敲碎。可惜的是，知識分子對西方知識體系本身早已欠缺批判能力，而這似乎是二元對立思維下難以避免的結果，但也許這也是應該解構西方論證基礎的時候了。

柒、結語

　　回顧過往，筆者深深覺得，在討論洪鎌德教授《法律社會學》一書的過程時，在他啓發下，可以說他爲我們發現一條祕徑，並且加以標明。當我們順著小徑向前行，東邊的天空逐漸明亮，而不再像原本那般晦暗。然而不能駐足於此，還須繼續前行。在西方知識體系下的社會（科）學領域中，西方最重要的學者與其論點，往往受到兩元對立這種西方思維基礎的影響，這似乎也是難以避免的。再者，偏頗的西方知識體系向來爲全球各地知識分子所信賴與推崇，這乃是因英、美霸權（政、經與學術界）向世界各地推銷其意識形態所導致。如今，「菁英」們全心擁抱著西方知識體系，不僅將其批判力用於輕視本國的種種事物，反過頭來全盤接受西方的知識體系，或者至多也僅在批評的時候點到爲止而已。若眞是如此，我們又該如何期待能養成重要的批判能力呢？如此看來，這能力即使還能養成，也會顯得相當困難。

　　法律社會學在社會學的主流中，似乎仍找不到適當的定位。在洪鎌德教授所描繪的學術地圖中，隱藏了一條通天祕徑，當繼續向前走在曾經隱藏在荒煙漫草的研究小路上，筆者相信，最終我們會看到一個全新的世界，迥異於西方知識體系所建構出的那個變色改調的地圖。期待學術界能早日看到這個新世界。

　　「淵博」彰顯在洪鎌德教授涵蓋廣袤的學術地圖之上，「創思」隱身在大道旁可能被忽略的不起眼之處。

　　《法律社會學》只占一個小平方格。

　　比例尺1：500,000……

參考文獻

牟利成，2013。《社會學視野中的法律：一種學科的穿越與融合》。北京：法律出版社。

洪鎌德，2004。《法律社會學》（二版）。台北：揚智。

洪鎌德，2011。《全球化下的國際關係新論》。台北：揚智。

洪鎌德，2016。《黑格爾哲學新解》。台北：五南。

洪鎌德，2017。《屠格涅夫作品的析賞》。台北：五南。

黃宗智，2009。〈中國法律的實踐歷史研究〉收於黃宗智、尤陳俊（編）《從訴訟檔案出發：中國的法律、社會與文化》，頁3-31。北京：法律出版社。

黃維幸，2007。《法律與社會理論的批判》（二版）。台北：新學林。

葉仁昌，2015。《儒家與韋伯的五個對話》。台北：聯經。

謝宏仁，2013，《發展研究的終結：廿一世紀大國崛起後的世界圖像》。台北：五南。

謝宏仁，2015，《社會學囧很大：看大師韋伯如何誤導人類思維》。台北：五南。

謝宏仁，2017，《顛覆你的歷史觀：連歷史老師也不知道的史實》。台北：五南。

顧忠華，2013。《韋伯學說當代新詮》。台北：開學文化事業。

Culler, Jonathan.1983. *On Deconstruction, Theory and Criticism after Structuralism.* London: Routledge & Kegan Paul.

Derrida, Jacques. 1998 (1974). *Of Grammatology*, trans. by GayatriSpivak. Baltimore: Johns Hopkins University Press.

Marsh, Robert M. 2000. "Weber's Misunderstanding of Traditional Chinese Law." *American Journal of Sociology*, Vol. 106, No. 2, September, pp. 281-302.

Ritzer, George Ritzer（林祐聖、葉欣怡譯），2000。《社會的麥當勞化》（*The McDonaldization of Society*）。台北：弘智。

Weber, Max. 1968. *Economy and Society: An Outline of Interpretative Sociology*, 3 Vols. New York: Bedminster Press.

Wolf, Eric R. 1982. *Europe and the People without History*. Berkeley: University of California Press.

Xie, Hongren (as Vincent H. Shie). 2015. "Restore the Truth: Traditional Chinese Law and Its Distortion by the Western Knowledge System." *International Critical Thought*, September, Vol. 5, No. 3, pp. 296-312.

6

政治與社會的辯證——洪鎌德教授與二十一世紀的台灣政治社會學[*]

胡正光

交通大學通識教育中心副教授

[*] 本文感謝交通大學土木工程研究所碩士班陳國禛同學在搜尋資料方面的協助。

6　政治與社會的辯證──洪鎌德教授與二十一世紀的台灣政治社會學

壹、前言

貳、五本政治社會學教科書的比較

參、洪鎌德教授的《當代政治社會學》與其他教科書的比較

肆、結語

壹、前言

　　從目前教科書的介紹來看，政治社會學的起源跟社會學是同步的[1]。從名稱來看，這門學科似乎涵蓋了政治學和社會學相互重疊的領域，但到底重疊多少，並不是很容易確定。這不是方法論角度不同的結果，而是應當涵蓋哪些內容並沒有很明確的共識。

　　學科範圍的曖昧不明，清楚反映在學系的課程架構中。根據本文統計（2016年12月），台灣大專校院（含軍警校院）共有12個政治學系（含政治經濟學系、政治法律學系）[2]，開設政治社會學課程的單位有7個；社會學系（含人文社會學系、客家語文暨社會科學學系、社會發展學系、社會科學系、社會暨政策科學學系、社會心理學系、社會與安全管理學系、應用社會學系、社會暨公共事務學系）共有20個[3]，開設政治社會學課程的單位有10個，大約半數而已。因此，至少就台灣目前的狀況而言，政治社會學看起來並不是政治學系或社會學系的重要科目。政治學系認為「政治社會學」偏向社會學的範疇，而社會學系也可能認為「政治社會學」偏向政治學的範疇，在自己的學系內不是非開不可的科目。

　　不知是否出於這樣的認知，台灣學界出版的政治社會學教科書寥寥無幾，而且正如本文結論要說明的，除了洪鎌德教授的《當代政治社會學》，其他台灣本地作者出版的教科書在品質上仍不是很能與時俱進。

　　本文的目的是將台灣本地的政治社會學教科書做一番檢視，並以若干國外作者的教科書做對照，比較雙方的優劣，並且或許可以稍微一窺二十一世紀的政治社會學樣貌。根據這個目的，本文選出目前市面上仍在流通的三部本土政治社會學教科書，以及三部英語作者的中譯本政治社會學。它們不論初版或再

---

[1]　請參閱本文要比較的幾本政治社會學教科書：洪鎌德（2013）、陳秉璋（2000）、歐魯姆（2001）。

[2]　此12校院分別是政治大學、台灣大學、成功大學、中山大學、中正大學、高雄大學、東海大學、東吳大學、淡江大學、文化大學、陸軍官校、國防大學。

[3]　此20校院分別是政治大學、清華大學、台灣大學、交通大學、中央大學、中山大學、台北大學、東華大學、台灣科技大學、屏東大學、空中大學、東海大學、輔仁大學、東吳大學、元智大學、世新大學、銘傳大學、南華大學、佛光大學、台北市立大學。

版，都仍流通於市面上[4]。三位本地作者分別是：陳秉璋（2000，《政治社會學》）、王皓昱（2008，《政治社會學》）、洪鎌德（2013，《當代政治社會學》）。三位外文作者分別是：歐魯姆（2001，《政治社會學導論》）、佛克（1999，《政治社會學：批判的導論》）、納絲（2000，《解讀當代政治社會學》）。當然，外文的教科書種類繁多，也有許多經典之作，但若已經年代久遠且未有新版，在台灣亦無中譯本的話，則不在比較之列。

貳、五本政治社會學教科書的比較

　　王振寰（1988：265）認為，政治社會學教科書可以有三種寫作方式：其一，從一個理論傳統出發，然後略述此一傳統認為重要的課題，例如Bottomore（1979）；其二，匯集多類單篇論文，以專題方式排列，例如Bendix（1973）和Held（1983）；第三，廣泛介紹、批判和涵蓋各個理論傳統，例如Alford與Friedland（1985）。這三個模式可謂寫作的結構，並無優劣之分，端視訴求的讀者群有何需求。本文的比較架構，除了描述寫作結構之外，也將針對內容主題的選擇、理論的涵蓋面做出評析。在順序方面，將先介紹兩本台灣作者的政治社會學教科書，然後是三本英語作者的政治社會學中譯本，洪鎌德教授的作品放在下一小節討論。

　　首先，第一部作品是陳秉璋（2000）的《政治社會學》，初版於1984年，2000年三刷。這部在1990年代全球大變革發生之前出版的教科書能在十六年內三刷，可見其在台灣的影響力。

　　作者在〈自序〉表示，這部著作包含了幾個目標：一、企圖比較出政治整合論與政治衝突論在瞭解與詮釋政治現象上的優劣；二、在科學的立場上，解開政治渲染文化的錯誤認知；三、從兩派（整合論和衝突論）的對照分析下，希望能夠喚起開發中國家知識分子的時代良知和歷史使命感。

　　從結構上來看（參見表6.1），陳秉璋採取上述的第三種模式，即區分主題，廣泛介紹、批判和涵蓋各個理論傳統。從主題來看，陳秉璋似乎試圖將他的著作成為一本廣泛的社會科學概論，但問題不小。

---

[4]　所謂流通於市面，指仍可購買者。若已經絕版未再刊行，只見於圖書館收藏，則不視為可流通。

表6.1 陳秉璋（2000）《政治社會學》一書目錄

緒論	第一章	政治社會學的歷史回顧
	第二章	政治社會學的出現與政治社會學的新趨勢
	第三章	政治社會學的範疇與問題
	第四章	政治社會學的方法論
	第五章	政治社會學的深度及其學派
第一篇 抽象層次之理論探討	第一章	政治社會學的理論方法論及其模式之問題
	第二章	建構政治社會學抽象理論所涉及的基礎哲學問題
	第三章	政治整合論的典範：體系分析學派
	第四章	政治整合論的範例之一：T. Parsons的「社會行動的一般理論」
	第五章	政治整合論的範例之二：David Easton的「政治理論」與其「部分模式」
	第六章	政治衝突論的典範：傳統馬克思對社會結構的一般理論
第二篇 事實層次的實證研究	第一章	政治發展的意義及其內涵
	第二章	經社發展對於政治發展的影響
	第三章	政治的自主性或依賴性
	第四章	當代政治發展理論的面面觀
	第五章	政治發展的類型
	第六章	經社發展之落後與政治權力超強之現象
	第七章	經社發展之超前與政治權力之衰微現象
	第八章	整體社會對後期工業發展的反應：社會事實之理論分析
第三篇 政治權力的社會分析	第一章	政治權力的意義及其淵源
	第二章	政治權力之取得及其合法性與合法化
	第三章	政治權力之維持
總結論篇 從政治權力結構與政治溝通之基礎理論，試探知識分子在社會變遷中所扮演的角色	第一章	政治溝通的理論基礎及其模式
	第二章	政治權力結構之基礎理論與知識分子在社會變遷中所扮演的角色

　　王振寰（1988：266）歸納這本教科書有四大問題：一、對政治社會學的現狀不瞭解，1970年代之後的政治社會學發展完全不提（可以從此書的參考書目印證）；二、討論方式不一致，雖然聲稱要討論「整合論」與「衝突論」，卻只呈現了「整合論」的說法；三、觀念錯誤[5]；四、價值判斷與經驗分析的錯置，以自己的價值觀評價經驗現象（王振寰，1988：277-78）。

　　基本上，王振寰對於這部著作的評析都算中肯。從表6.1就能發現，陳秉璋對於理論或方法有其獨特分類，他將理論分為兩大類：抽象演繹與經驗歸納（王振寰，1988：268），前者有兩類：整合論與衝突論，其餘都歸類於「事實層次的實證研究」，並可得出經驗性的理論。在這種分類之下，從經驗也無法歸納出抽象理論，似乎與一般對「理論」的認知有差距。就算是事實層次的實證研究，他也只選擇了三種：政治發展、政治權力、政治溝通，並且比重差距甚大，可以說重心放在政治發展，而政治溝通的內容也幾乎就是作者的價值宣揚，此種作法已經不符合對教科書的期望。

　　陳秉璋的《政治社會學》雖然在2000年繼續刊行，但初版時就已經無法跟上時代，也很難與其他的教科書一起比較。之所以能在惡評的情況下三刷，也正好顯示台灣政治社會學教科書供給的缺乏。

　　王皓昱的《政治社會學：政治學的宏觀視野》出版於2008年，從副標題可見作者希望從更多政治學的旨趣選擇內容。由於這本書是作者教學研究的融會心得和議題主觀取捨，偏重宏觀解析政治社會現象的基本理論導引，與一般社會學內容重疊的主題，就縮短了篇幅，也減少了若干政治學的主題[6]。

　　從結構上可以得知，這也是王振寰分類的第三種模式（請參見表6.2），主題選擇中規中矩，並且對世界政治社會潮流的變化有一定的關注。誠如作者在第一章〈導論〉所言，政治社會學要研究和解釋的是社會的政治現象，因此是總體社會學的政治篇（王皓昱，2008：1）。在這個前提之下，他關心社會基礎結構的演變，認為工業社會與後工業社會的政治社會現象有所不同，且對「新社會運動」與「後現代主義」引發的現象都納入內容。

5　例如宣稱政治社會學是一門科學，卻又認為柏拉圖時代就已存在；其次，將「內容」與「方法」錯置，將政治社會學方法論的改變當成內容的改變。另外，把「正當性」（legitimacy）與「合法性」（legality）當成同一概念（王振寰，1988：275-76）

6　請參見該書〈自序〉。

表6.2 王皓昱（2008）《政治社會學：政治學的宏觀視野》一書目錄

第一章	導論——政治社會學的視野
第二章	從人性論政治
第三章	論國家——政治社會之緣起及其演化
第四章	政治社會之運作——政治體系的結構功能分析
第五章	社會的矛盾與衝突——社會階級、層級與不平等
第六章	政治權力與政治菁英
第七章	工業社會的政治走向
第八章	對當今「後工業社會」之反思與批判

　　而作者更重要的企圖，或許在於將中國的政治社會思想融入政治社會學的討論，而其值得商榷的地方就在於是否有此必要？例如介紹理論之方法特性時，徵引了王充的《論衡》（王皓昱，2008：20），在社會階級與不平等（第五章）介紹荀子、墨子的社會思想（王皓昱，2008：122-24）。政治社會學是興起於工業化之後的學科之一，固然某些現象存在已久（例如社會層級、不平等），但從政治社會學的角度來說，分析當代社會的不平等可能要比封建社會的不平等現象來得更重要。且或許爲了加入中國的政治社會思想而討論人性的問題，第二章看來更像是政治哲學。然而，一旦提到經驗研究的成果，中國傳統思想的元素就完全消失了。台灣自從解嚴之後，社會科學開始有了本土化的趨勢，也累積了一定的研究成果，但是在王皓昱的書中並不占有份量，也更令人疑惑他將中國傳統思想放進政治社會學的本意。

　　另外值得評論的一點，是這本書的理論著墨不深，比較當代的理論蜻蜓點水，反倒是一些在政治學或社會學屬於「非現代」（二十世紀之前）的學說介紹不少，特別是在第二章和第三章，1980年代之後引領潮流的社會理論只有大略提及，這或許和他不想與社會學主要議題重疊過多有關，但就只有浮光掠影的效果，且某些政治學的議題也放棄[7]，實在有避重就輕之感。因此，總結來說，這部教科書可以作爲入門書，且這是其最大的優點，但重要主題的份量卻

---

[7] 作者認爲與社會學重疊而未大篇幅析論的主題有：社會階級、社會流動；省去原先計畫中的政治學主題有：政治文化、政治信仰和態度、意識形態（此單元建議讀者閱讀作者的另一本書）；政黨這個主題則散見於各章當中。以上請見此書的〈自序〉。

不夠。

　　歐魯姆的《政治社會學導論》最早出版於1978年，已經相當有歷史，但2001年發行了第四版，顯現願意跟上時代潮流的努力。他在第一章〈導言〉提出了寫作的背景：世界發生巨變，東歐集團瓦解，但西方民主仍然遭遇挑戰，政治社會學的任務就是找到政治制度與其他社會制度之間的關聯性（歐魯姆，2001：1）。

　　從編排的原則來看，歐魯姆（2001）採取了第三種，也就是依照主題收錄各式各樣的研究成果（參見表6.3）。他以權力、權威、制度、網絡、文化作為政治社會學的基礎概念，並介紹了這一門學科的四個理論傳統（第二至第四章）：馬克思、韋伯、涂爾幹和托克維爾，然後從第五章開始，分別以統治的形式、權力與平等、大都市的權力與政治、政黨與黨派意識、公民參與、國家建立等主題，用五個基本概念貫穿。若用陳秉璋的概念，歐魯姆（2001）的第一章到第五章或許可稱之為「抽象理論」，第六章到第十章可稱之為「經驗理論」。

表6.3　歐魯姆（2001）《政治社會學導論》一書目錄

第一章	導言
第二章	經濟與政治：馬克思與新馬克思主義者
第三章	國家與社會：韋伯與新韋伯主義者
第四章	公民社會與政治：涂爾幹和托克維爾
第五章	政治統治的基本形式：現代世界的民主政體、極權政體和威權政體
第六章	現代美國的權力與平等
第七章	現代大都市的權力與政治
第八章	政黨和政治黨派意識
第九章	公民政治參與：傳統形式與爭議形式
第十章	現代世界的民族國家建設

　　基本上，作者在後半部的介紹以美國的狀況為主（特別是第六章到第九章），只有第十章顧及到全球的政治社會現狀，但基本上並非以全球化的角度來看，而是民主制度在新興國家中的發展為重心，對於「新社會運動」的現象放在第九章的後半部（爭議政治）做討論。

　　歐魯姆這部政治社會學可以發行四版，可見其深受歡迎。不僅從核心概念出發，用四個古典理論做主題架構，延伸到經驗性的研究，而且對於各主題的研究成果與理論，相對於王皓昱（2008），都有更足夠的篇幅介紹，可說是相當稱職的一本教科書。

　　若論其缺憾，則是對於1990年代之後世界產生的巨變關注其實不多（雖然〈導言〉聲稱這是重要的課題），仍然從民族國家的觀點看美國以外的地區，關心新興國家的民主化與國家制度，缺乏打破疆界的全球性視野。也因此，所謂「後現代」的政治社會潮流幾乎沒有任何的份量[8]。往好處說，這是一部適合美國學生的教科書，而其清晰的架構則適合來自任何國家的學生，但對1990年代之後的世界社會發展無足夠的認識，可以說仍是傳統的（指著重在1980年代之前的）政治社會學。

　　佛克（1999：1）並不打算撰寫一本百科全書式的課本，他只在意政治社會學的「核心關懷」，追隨1970年代後期以來馬克思主義者對「國家」的重新重視，以「國家」與「市民社會」兩者的關係作為政治社會學的主軸，分析兩者所面臨的改變，以及兩者調整後的關係，由此這本書的結構可以分為四部分（參見表6.4）：第一篇從權力的角度批判行為主義，並且介紹國家與市民社會的古典理論；第二篇探討國家自1980年代以來面臨的挑戰：全球化、新自由主義、新社會運動；第三篇則從政治文化、公民身分、政治參與探討市民社會在變遷之下的古典假設（自由主義民主）是否仍成立；第四篇又重回到國家與市民社會的關係，討論在新的環境下如何「治理」？

表6.4　佛克（1999）《政治社會學：批判的導論》一書目錄

導論	
第一篇 政治社會學的基礎	第一章　政治社會學的途徑與基本觀念
	第二章　國家與市民社會的古典理論
第二篇 國家面臨的挑戰	第三章　全球化
	第四章　新自由主義
	第五章　新社會運動

---

[8] 歐魯姆另與戴爾（John G. Dale）合作出版了《政治社會學：當代世界的權力和參與》（本書台灣有中譯本，已絕版），不過看起來與本文介紹的這一本在內容上沒有太多改動。

第三篇 市民社會的挑戰	第六章　政治文化
	第七章　公民身分
	第八章　政治參與
第四篇 治理的再思考	第九章　當代國家與市民社會的理論
	第十章　全球治理
結論	

　　根據王振寰的三種分類，佛克（1999）應該屬於第一類，從一個理論傳統出發，然後略述此一傳統認為重要的課題。而佛克所要討論的，是馬克思主義傳統的批判國家立場，尋求「超越國家」的治理方式（佛克，1999：3）。因此他呈現的政治社會學面貌更單純，引用的研究成果及理論視野都比較狹小，目的不在呈現諸多政治社會學的課題，只是在說明國家治理（政治）與公民社會（社會）之間的辯證關係。

　　這樣的優點是，主題明瞭不複雜，對每種提到的理論都可以比較深入介紹，讓第一次接觸政治社會學的學生不會被龐雜的內容搞混。但優點即是缺點，因為政治社會學仍有許多理論傳統值得認識，例如這本政治社會學只提到一次涂爾幹，然而涂爾幹在政治社會學是一支重要的傳統。因此，這本政治社會學比較像是專論作品，不適合當作入門。

　　在寫作模式上，納絲（2000）和佛克（1999）比較相近，她提出了「新政治社會學」的觀念。她認為在全球化的轉變中，傳統的、將焦點放在國家制度的政治社會學研究已經過時，「文化政治」（cultural politics）是「新政治社會學」的核心，這乃是由於「後現代轉向」（the postmodern turn）思想運動所引發，後結構主義針對傳統左翼政治的不滿而轉向對「認同」的興趣，導致了「典範轉移」的結果。她認為，「新政治社會學」有兩大思想主流：後結構主義及後馬克思主義（納絲，2000：2-4），而現實上的社會結構轉變則為全球化對國族國家主權的挑戰（納絲，2000：49）。在這個前提下，她規劃的「新政治社會學」的藍圖也就是對傳統政治社會學的質疑。這些質疑從全球化開始，改寫權力與政治的傳統看法，要求更廣泛的定義；新社會運動（女性主義、反核武、反戰、反種族主義、環境主義、同志解放運動）對文化政治的關注；與公民身分相關的認同、生活風格、媒體再現與道德消費主義等等議題所引發的新社會運動主張；最後，這些新社會運動牽涉民主體制如何繼續在西方

社會運行（以上請見納絲，2000：49-51）。

表6.5　納絲（2000）《解讀當代政治社會學》一書目錄

第一章	緒論：政治社會學轉變中的政治與權力定義
第二章	世界村下的政治：全球化與主權國族國家的置換
第三章	邁向政治化的社會：社會運動與文化政治
第四章	權利的競奪：競奪的普世主義
第五章	民主與民主化

納絲的《解讀當代政治社會學》作為一本政治社會學的專書，目的不在於帶領初學者認識政治社會學，反而有如一篇改變政治社會學的宣言，如同作者在中文版序言所說，這本書提供了「西方社會裡一個新政治形式的概觀」（納絲，2000：iii）。

如同佛克（1999）提出「國家」與「社會」二者的關係作為政治社會學的主軸，納絲（2000）則是「權力」與「政治」關係的改變。她的論點如何本文不做評論，但她和佛克（1999）同樣關心的是「民主」現在的處境，未來如何維持？也就是說，這兩位作者的政治社會學只專注於西方民主所遭遇的挑戰，對於全球化時代其他不同的治理形式（例如後冷戰的第三世界，以及崛起中的中國）不感到興趣。因此，這兩部專論式的政治社會學教科書並非適當的入門作品，對於傳統的政治社會學著墨不多[9]，但很適合當作一個反省的對照，那就是「政治社會學」是否已經到了一個該轉變的時候？

參、洪鎌德教授的《當代政治社會學》與其他教科書的比較

洪鎌德教授的《當代政治社會學》初版於2006年，2013年第二版印行，考量其篇幅（18開，正文558頁）及定價（新台幣620元），銷售量超過可以預期

---

[9]　納絲（2000）甚至完全沒有涂爾幹的相關介紹。

的程度。在〈初版序〉中，作者希望達到的目標有：描繪政治社會學兩百多年來的歷史、介紹學科的哲學泉源、社會科學哲學（方法論）、當代的重要理論等等。因此，這部著作涵蓋的內容，超出了前述五部政治社會學。

　　在編排上，洪教授的《當代政治社會學》採取了混合的模式（參見表6.6），第一、二、四、五、十六章屬於概論式的，也就是第三種模式，每一章介紹這個學科中重要的議題；其餘各章以單篇論文集結，介紹理論家的學說，或是單一主題，屬於第二種模式，也有第一種，從一個理論傳統出發，然後略述此一傳統認為重要的課題（例如第十三章〈當代政治社會學家評歷史唯物主義〉）。在這麼龐大的架構中，如何去解讀這部《當代政治社會學》所透露的意義？

表6.6　洪鎌德（2013）《當代政治社會學》一書目錄

第一章	政治社會學的演變
第二章	政治社會學的淵源──理論與實踐之分合
第三章	比較馬克思與韋伯社會觀和民主觀
第四章	憲法與社會
第五章	當代政治社會學方法論上的爭議
第六章	諾錫克的政治哲學與政治社會學
第七章	杜赫尼論集體社會行動
第八章	帕森思論社會、政治與法律
第九章	哈伯瑪斯的社會體系論、法律觀與審議民主說
第十章	盧曼的體系論與政治學說
第十一章	紀登士論後傳統的社會與生活政治
第十二章	卜地峨的政治社會學簡介
第十三章	當代政治社會學家批評歷史唯物主義
第十四章	後現代社會理論與政治闡釋──包曼學說之析讀
第十五章	福科後現代的社會觀與政治論
第十六章	當代政治社會學的概況與前瞻

首先，關於「政治社會學課本該有什麼內容」的發問，在前述五本教科書的內容已經可見歧異很大，某些人介紹偏向「政治科學」感興趣的主題，其他人則偏向了社會學的興趣；有些人以手冊或百科全書方式，有人用專論方式撰寫。到底要採用哪一種寫作方式、主題選擇等並不是評價一本教科書最重要的標準。所謂「好的教科書」，應該是從學生的需求來評價，有時空條件的差異。

就所處的空間條件而言，台灣教科書市場很小，由本地作者編寫的教科書的選擇很少，無法像英語系市場這麼多元，可以做不同目的的發揮。因此，本地作者似乎背負了重大的任務，不僅要交代政治社會學的歷史，甚至還要介紹政治科學的基本原理（方法論）。相對來說，西方的政治社會學課本就不需要這麼做，非常專注在作者感興趣的研究主題上，任務單純。以英語教科書來說，不僅本文比較的三部中譯本沒有社會科學方法論之類的主題，而且在2000年之後出版的政治社會學入門課本，例如Dobratz等人（2003）、Glasberg與Shannon（2010）、Berberoglu（2013），以及Clemens（2016）等等（以上均為第一版），都沒有關於社會科學的基礎介紹，僅有Janoski等人（2005）與人合編的政治社會學手冊第一部分探討政治社會學的理論流派。

單以手冊型教科書做比較，陳秉璋（2000）的著作在編寫原則及分類上非常獨特，基本上並非學界可以接受的概念；王皓昱（2008）則花了力氣介紹中國的傳統政治社會思想，雖然未必不可，但也看不出與當今的政治社會學經驗研究有何關聯，使得這樣的嘗試變得多餘。《當代政治社會學》則沒有這個缺點，在各種政治社會學傳統的介紹部分，涵蓋了最多種類的學說。對學生而言，一部教科書不僅可以全盤認識目前政治社會學的發展，還可以明瞭西方近代社會哲學的演變，這是其他兩部著作無法達到的目標。

以時間性而言，作者必須體認時代環境的變化，加入最重要的議題。在這方面，陳秉璋（2000）雖已經第三次印行，但其收納的的材料卻是在1970年代以前，已成歷史的陳跡。王皓昱（2008）出版的時間最晚，觸及了「後工業社會」、「新社會運動」、「後現代主義」、「全球化」等等重要的議題（第八章），這些或許是全書最值得稱道的部分（一個重要的原因也是因為對其他議題的避重就輕，以致於作者對這些議題的介紹無法顯示特出之處）。

歐魯姆（2001）的第四版提到民主面臨世界巨變，如何維續的挑戰，這些在他第九章後半部爭議政治的部分，以及第十章的最後一部分做了介紹。不過，全球化幾乎不占任何份量，而「爭議政治」——也就是政治參與的爭議形

式——則絲毫沒有提到後現代作者，和來自英國的佛克和納絲從「全球化」、「新自由主義」、「新社會運動」、「文化政治」來開展他們的政治社會學是不同的。洪鎌德教授的《當代政治社會學》並沒有做出這樣的宣言，也沒有以獨立的章節特別討論，是否代表他的作品跟不上時代？這個問題要從內容的涵蓋面來評析一番。

假如說，洪教授的《當代政治社會學》是百科全書式的寫作方式，和專論式的寫作架構無法比較的話，那又不盡然。佛克和納絲很明顯都把新社會運動、後現代、全球化當作目前政治社會學最需面對的挑戰，由此去闡釋他們的論點，自然呈現不同的效果。不過，在他們的論述中，不見得兼顧社會學理論的新發展，而他們所採取的角度，卻又都是社會學重於政治學（所謂的政治科學也很少去注意這些觀點），所以對於這些新興理論的忽略可以對照出洪鎌德教授的作品內容其實比較完整，就算他沒把「後工業社會」、「新社會運動」、「後現代主義」、「全球化」等等重要的議題列成專章，他所介紹的個別理論家其實涵蓋了這些領域。

例如，本文舉出的三位英文作者不約而同忽視了二十世紀最後二十年最重要的法國社會學家卜地峨（Pierre Bourdieu）。雖然要收錄何種理論有其架構的考量，但作為教科書，有時候不收錄重要的理論不能不說是缺憾。例如佛克（1999: 10）定義政治社會學為國家與市民社會互相依賴的權力關係，而他主張對權力的分析應該是多元的（佛克，1999：17），不再從經濟決定論出發。如此一來，忽視卜地峨在權力理論方面的貢獻非常令人遺憾，因為卜地峨提供了一套結構性的權力及不平等學說，而且融合了馬克思和韋伯的傳統[10]。

同樣地，納絲（2000）也遺漏了卜地峨。她和佛克不約而同引用了不少杜赫尼（Alain Touraine），顯然這和杜赫尼在歐美的聲響有關（洪鎌德，2013：189），但沒提到卜地峨，因為她把焦點放在社會運動。然而納絲主張政治社會學的重心已經從國家與階級轉移到所謂「文化政治」的層面（納絲，2000：2-3）。卜地峨雖不屬於我們所認知的「後現代理論家」，但他那一套象徵性資本、文化資本與不平等的分析在一本探討文化政治的教科書中被忽視，卻又令人不解了。

同樣的，他們也都忽視了德國非常重要的系統理論學者盧曼（Niklas Luhmann）。雖然盧曼獨樹一幟的理論脈絡難以融合到佛克與納絲的討論，但

---

[10] 有關卜地峨關於權力理論的貢獻，除了可參考洪鎌德（2013），還可以參考Swartz（1999）。

漏過「當代社會學界中的黑格爾」（Horst Baier對盧曼的弔詞，引自洪鎌德，2013：267）及其對政治系統的分析，殊爲可惜。可見專論式的著作作爲教科書雖有論題清晰的優點，對於入門者是否合適，眞的要斟酌一番了。

反過來，佛克引用許多的紀登士（Anthony Giddens）、納絲引用了不少的包曼（Zygmunt Bauman）和福科（Michel Foucault）、還有兩人都倚重的杜赫尼，在洪教授的《當代政治社會學》都有專篇介紹，理論系譜更爲完整。

肆、結語

本文對台灣本地的政治社會學教科書比較結果有兩個一般性的發現。首先，台灣的作者似乎承擔了過重的責任，希望將政治社會學的教科書變成社會科學的入門書，範圍涵蓋很廣，特別是想將社會科學的基礎方法論也包含進來，成爲一部百科全書型的作品，這可以視爲本土教科書缺乏的一個結果。雖然這是作者的選擇，無關教科書的品質，不過對於教科書的編寫來說，難度更高，將更影響出版的意願，有時還會讓人更不能清楚政治社會學的旨趣。

第二個本地教科書的特點，就是未能多採用本土的學術研究成果，例如近年頗有進展的族群政治研究非常具有本地的特色，卻無人注意，這是最遺憾的一點。在理論的廣度和時代性上，台灣的學界對吸收新知一向不遺餘力，但卻很少承認本土研究的成果，非常值得深思。

但整體來說，洪鎌德教授的《當代政治社會學》與本土作者的教科書比較，優越的地位無可置疑，自第一版問世至今尚無人能及，且依目前政治社會學的開課情況，也很難期待近期內有新的本土教科書出版[11]。因此，甚至可以預言，洪教授的《當代政治社會學》在未來一段時間內仍會保持無人匹敵的狀態。這部著作不僅代表二十一世紀迄今、本土政治社會學教科書的最高峰，也足以代表台灣本土學者撰寫的、至今最好的政治社會學課本，在目前台灣流通的教科書當中（包含中譯本）屬最上乘，就算和近期出版的英語系作品（例

---

[11] 本地作者撰寫的政治社會學教科書，除本文列入比較的三冊之外，其實另有馬起華（1981）的《政治社會學》，但已絕版不再流通。因此，自1980年代迄今，台灣只出現過四部本地作者撰寫的教科書。

如Glasberg & Shannon, 2010; Berberoglu, 2013; Clemens, 2016）比較，也猶勝一籌[12]。其內容的深度與廣度，只有Janoski（2005）集合眾人之力編寫的《政治社會學手冊：國家、市民社會與全球化》（*The Handbook of Political Sociology: States, Civil Societies, and Globalization*）可加以比較，但後者是一部七百頁的鉅著，作者群足足超過四十人。與此相較，洪鎌德教授舉一人之力而獲得的學術成果，就顯得更不可思議了。

---

[12] 限於篇幅及設定的目的，本文無法將這些未翻譯的作品也納入比較，但其內容大約是簡單的入門導論，或與佛克（1999）及納絲（2000）類同的作品。

參考文獻

王振寰，1988。〈評陳秉璋著《政治社會學》〉《台灣社會研究季刊》1卷4期，頁265-80。

王皓昱，2008。《政治社會學：政治學的宏觀視野》。台北：三民。

佛克（Faulks, Keith）（包淳亮、張國城譯），1999，《政治社會學：批判的導論》（*Political Sociology: A Critical Introduction*）（修訂版）。台北：巨流。

馬起華，1981。《政治社會學》。台北：正中。

洪鎌德，2013。《當代政治社會學》（二版）。台北：五南。

納絲（Nash, Kate）（林庭瑤譯），2000。《解讀當代政治社會學》（*Contemporary Political Sociology: Globalization, Politics, and Power*）（修訂版）。新北：韋伯文化。

陳秉璋，2000。《政治社會學》。台北：三民。

歐魯姆（Orum, Anthony M.）（張華青、何俊志、孫嘉明譯），2001。《政治社會學導論》（*Introduction to Political Sociology*）（四版）。上海：上海人民出版社。

Alford, Robert, and Roger Friedland. 1985. *Powers of Theory: Capitalism, the State, and Democracy*. Cambridge: Cambridge University Press.

Bendix, Reinhard. 1973. *State and Society*. Berkele: University of California Press.

Berberoglu, Berch. 2013. *Political Sociology in a Global Era: An Introduction to the State and Society*. New York: Routledge.

Bottomore, Tom. 1979. *Political Sociology*. New York: Harper & Row.

Clemens, Elisabeth S. 2016. *What is Political Sociology*? Malden, Mass.: Polity Press.

Dobratz, Betty, L. K. Waldner, and T. Buzzell, eds. 2003. *Political Sociology for the 21st Century*. Bingley, N.Y.: Emerald Group Publishing Limited.

Glasberg, Devita Silfen, and Deric Shannon. 2010. *Political Sociology: Oppression, Resistance, and the State*. Thousand Oaks: Sage Publications.

Held, David, ed. 1983. *States and Societies*. New York: New York University Press.

Janoski, Thomas, Robert R. Alford, Alexander M. Hicks, and Mildred A. Schwartz, eds. 2005. *The Handbook of Political Sociology: States, Civil Societies, and Globalization*. Cambridge: Cambridge University Press.

Orum, Anthony M., and John G. Dale. 2008. *Political Sociology: Power and Participation in the Modern World*, 5th ed. New York: Oxford University Press.

Swartz, David. 1997. *Culture and Power: The Sociology of Pierre Borudieu*. Chicago: University of Chicago Press.

7

從慕尼黑、新加坡到台灣，從馬克思主義到全球化的反思——洪鎌德教授著《全球化下的國際關係新論》讀後記

陳文賢

政治大學台灣史研究所教授

台灣歐洲聯盟研究協會理事長

7　從慕尼黑、新加坡到台灣，從馬克思主義到全球化的反思——洪鎌德教授著《全球化下的國際關係新論》讀後記

壹、前言

　　洪鎌德教授將其學術生涯中以馬克思主義及政治經濟理論爲主的二十餘本專著的研究心得，大概也都適時貫穿於這一本出版於2011年的《全球化下的國際關係新論》的著作之中。西方政治哲學或政治思想，是洪鎌德教授的專長，在他諸多的專著中已有相當的貢獻，出版於2012年二版的《當代政治社會學》[1]，即是洪教授在論述康德以降到福科（Michel Foucault）[2]等重要政治學家及社會學家的一本重要著作。國際關係理論的基礎立論來自於西方政治哲學或政治思想，以洪教授在西方政治哲學的素養，加上洪教授從維也納大學畢業後進入慕尼黑國際政治研究所教學研究，其後並至哈佛大學進修的這一段學術生涯中得以與許多當代國際關係學的大師相識請益。又《全球化下的國際關係新論》引用了洪鎌德教授本人從1977年到2010年二十餘本以上的專門著作，更可看出洪教授在論述國際關係理論的洞察力及其個人思想的豐富底蘊。

　　《全球化下的國際關係新論》涵蓋了各種國際關係理論之介紹及論述，讀來仍有在洪教授最爲專長之馬克思主義研究源流中的感覺。洪教授回台灣之前長期在新加坡大學及新加坡南洋大學任教，新加坡這個也曾爲殖民地卻在脫離殖民地後於經濟發展上有非常亮麗的表現。台灣也經常被國際關係學者視爲是由邊陲國家進入半邊陲國家的例子，在國際政治經濟的領域內經常與新加坡一同被視爲所謂的「亞洲四小虎」之一。從後馬克思主義「解放」的意涵中，台灣外受強權霸凌、內受黨國殖民體制的持續束縛，對畢生鑽研馬克思主義及政經理論的洪教授而言，都是在馬克思主義學術論述上難得的切身觀察的實證對象。

　　本文筆者因礙於個人所學疏淺及篇幅之限，無法一一評論洪教授在《全球化下的國際關係新論》中所論述的各項重要國際關係理論，因此筆者只能試圖從各項國際關係理論中幾乎都相當強調的權力及權力關係（體系）這兩項基本的觀念架構來寫這本《全球化下的國際關係新論》之讀後記，也希望以此作爲

1　洪鎌德教授著的《當代政治社會學》，台北：五南，第一版出版於2006年。
2　Michel Foucault在洪教授的著作中譯爲福科，台灣的學術界似多譯爲傅柯。之所以譯爲福科，據洪氏解釋係使用台語發音忠實反映Foucault之法名。

祝賀洪鎌德教授八十大壽的祝壽文集之一，疏漏之處尚祈各方先進指正。

貳、國際關係理論研究的目的為何？

《全球化下的國際關係新論》介紹及論述了許多的國際關係理論，我們可能會有的第一個問題就是到底國際關係理論有何作用？一般而言，具有通則性的理論當能用來解釋國際體系及在國際體系內主要行為者的行為及彼此的互動關係，以及因這些行為而影響到國際體系權力分配及因之而導致的國際衝突與和平的現象。洪教授認為國際關係理論的功能就是將複雜的國際關係化繁為簡，以系統性的論述讓我們能對此複雜的現象有系統性的瞭解，同時也能對直接或間接影響我們日常生活的國際關係提供一個實用的觀察（洪鎌德，2011：3）。他並強調一個好的理論不單有助於解釋及評估時局，而且也能提升研究者因邁向未知新境界的知識成長（洪鎌德，2011：9）。

洪教授在演繹國際關係理論的引人之處，即因為其論述中有理論性及實用性的兼顧而且與時俱進，例如二戰後的冷戰時期，冷戰結束後迄今的又另一段時期。從近代著名的哲學家及理論家如黑格爾、馬克思、韋伯等定論社會的價值到追求社會的價值，而國際關係理論同樣也旨在從希望能改變現狀追求一個良善的國際社會及預測它的未來。誠如洪教授說：「馬克思盼望哲學家不只是在解釋世界，而且還要改變世界」（洪鎌德，2011：8）。

權力毫無疑問的是國際關係理論從現實主義、自由主義到馬克思主義所探討的概念核心。權力一詞在國際關係中也常被以無形的影響力（influence）及有形的能力（capacity）來加以詮釋，一個國家對另一個國家之影響力的展現，包括了受影響的國家在沒有此一影響力下可能選擇做或不做之行為的決定。無形的影響力當然包括一個國家的政治與經濟意識形態、民族主義、國家意志、外交甚至宗教等相關，有時這一方面的能力被稱為軟實力（soft power）；而有形的能力則與國家的幅員和人口的大小、地理位置及經濟和軍事力量等的強弱有關（Goldstein & Pevehouse, 2013: 38-40）。本文試圖將討論的中心聚焦在主要國際關係理論對權力、權力關係及權力支配之重要論述的討論。

馬克思主義者也視權力為一種能力，雖然認為這些施行的能力是受到社

會關係結構的影響，馬克思主義者說明資本與勞動的互賴關係的本質，同時也指出權力掌控者力求確保這種關係的維持（洪鎌德，2012：471-72）。對於現實主義者主張經由各種手段擴大國家在權力的獲得以求自保，或維持一個不容易被加以改變的國際秩序，就馬克思主義理論的權力目地而言，勞資社會關係秩序的維持與現實主義理論論述的國際政治秩序的穩定似有相當程度意涵的相通。

　　國際關係的幾個核心議題一直是關於權力、理念（觀念）及制度，而普勞（過去中國譯為「普羅」未能盡意，普羅汽車、普羅牙科的街頭廣告到處可見，乃專業professional之意。反之；普勞為普遍勞動、尤其是以勞力為主的無產階級，見洪鎌德2014：17n）群眾大眾的常識則被提出來挑戰菁英觀點所建構之以前述三項核心議題為主的國際關係理論架構。回到現實全球政治下的世界體系，即便包括所謂「金磚四國」的中國、俄羅斯、印度及巴西的菁英分子傾向對於自己國家邁向核心國家趨向的支持及解讀，而沒有去注意到普勞大眾的常識，此種新自由主義計畫在實踐上會遭遇經常性的抵抗則被認為幾乎是可以預見的（Hopf, 2013）。以俄羅斯為例，俄羅斯的菁英階層希望俄羅斯能從半邊陲國家躋身進入核心國家，但俄羅斯的普勞大眾並沒有與菁英階層同程度般的想望。俄羅斯普勞大眾習以為常的卻是如俄羅斯內部的官僚貪污、犯罪、閉塞的威權政治傳統等現象，這些均成為俄羅斯邁向核心國家的阻礙（Hopf, 2013）。

參、從建構主義到後建構主義[3]

　　崛起於1980年代的建構主義一直被視為是除了現實主義及自由主義外的第三個替代途徑用來觀察及解釋國際關係。洪教授認為建構主義雖沒有偏左或偏右的哲學取向，但「建構主義屬於觀念論派、唯心主義的傾向，而非理性主義

---

[3] 後現代主義也被稱為後建構主義。洪鎌德教授並在《全球化下的國際關係新論》的著作中，認為若以福科在哲學、歷史學、人類學、社會學、政治、文化研究或精神分析等各種學科學術精華地的表現，將福科思想學說視為後建構主義及後現代主義的同義詞都不為過（洪鎌德，2011：346，350）。

的物質觀點、唯物主義」（洪鎌德，2011：307-308）。

政治現實主義以唯物主義及理性選擇理論視國際的無政府狀態及國家利益等為既存及給定的概念和規範等，建構主義則有別於此，強調社會關係及認同等非物質因素及其所形塑出來的現實狀態。建構主義認為現實的狀況是被建構出來，而且是基於觀察者的立場及觀點所建構而成的。建構主義學者阿德勒（Emanuel Alder）認為建構主義是一種關於「瞭解在建構社會實狀之知識及具有知識之行動者（agent）之角色的社會理論」。建構理論兼具了國際關係理論及實證的觀點，也因之阿德勒強調國際關係理論及研究必須建立在穩固的社會本體論、知識論及方法的基礎上（Alder, 2002: 96）。

建構主義的共同基礎包括知識的社會建構及社會現實狀態的建構，這些都被認為應該透過跨學術領域的努力給予更清楚的論述。常被建構主義者用來比喻的通俗例子就是主人及奴隸關係（master-slave relationship；主奴關係的哲學論述最早的是黑格爾，參考洪鎌德，2016：126-130）。建構主義者認為如果沒有主人及奴隸這兩者之間所構成的關係，則「主人」及「奴隸」這兩個名詞分別存在時就不會有在具有兩者關係時所顯示的意義。易言之，吾人所認知的主人及奴隸的意義是由兩者之間交相互動的關係所建構起來的。主人及奴隸的意涵是受因果關係意義下之分享觀念的影響而成。而這一項因果關係則是指經由他們所創造及維持的認同（identity）及利益（Fearon & Wendt, 2002: 58）。

此外，國際關係領域內經常被建構主義者作為例子的就是現代國際社會對人道救援的重視及介入。以傳統政治現實主義所論述的權力及國家利益而言，這些都不一定是符合介入者的國家利益，例如美國及歐盟成員介入衣索比亞因內戰所引起的政治混亂及飢荒等人道救援的問題。又對歐盟而言，很難想像現在已是歐盟會員國的法國及德國之間會像第二次世界大戰時一樣的處在戰爭的情況。這也就是建構主義所論的國際規範及社會互動關係所逐漸形成的認同，透過這樣的途徑去解釋為何國家會投入國際社會的人道救援及為何歐盟國家會邁向共同和平，較之現實主義的解釋來得具說服力（Goldstein & Pevehouse, 2013: 86-89）。而這也正是洪教授提出對傳統國際關係理論無法引導世界走向長期的和平及難以開創一個解放之新局面的批判（洪鎌德，2011：36）。

反建制一直是對現狀無法達成「想望」境界的一種挑戰，甚至是一種「反動」。國際關係理論的發展似乎也可作如是觀。書中認為建構主義在冷戰結束後的崛起，是「西方國際政治理論裡頭界線流動不定的脈絡下之理念產物」（洪鎌德，2011：304），或許也可說是冷戰結束之後，對於到底國際社會是

會成為由一個超強主導的國際體系，還是會成為諸多強權所希冀看到的多極國際體系的疑惑，以及傳統的國際關係理論無法提供一個具說服力的發展方向，如同洪教授所言，「對於世局這種革命性的改變，理性主義與現實主義不但事先無法預測，事後也無從理解」（洪鎌德，2011：321）。因此促使建構主義更加成為替代的第三研究途徑。

建構主義雖論及「權力」及「權力支配」這樣的核心概念，也不輕忽物質性權力的重要性，但卻強調「理念的、論述的權力」對國際關係演變之瞭解的重要性（洪鎌德，2011：314）。建構主義雖認為物質因素和心理因素一樣的重要，但往往論述中卻只見聚焦於理念（觀念）因素而少碰觸物質因素。舉例而言，權力的概念如果是經由社會建構而來，則應透過歷史及當代體系進一步去探索追蹤這樣的建構。換言之，在建構主義理論中，權力是如何被概念化及權力如何在建構主義理論內運作，這些問題是長期的被建構主義理論者所忽略（Rae, 2007: 132）

建構主義者要探索價值中立的知識結構，建構主義並沒有提出對國際秩序應然面預期的主張，也沒有追求「如何」讓國際政治秩序本身趨於穩定之實然面的改進。但建構主義者強調建構主義透過行為者（特別是國家）對國家所製造出來而不利於世界和平發展的狀態，例如無政府狀態，如果透過行為者反覆的實踐就有可能提供改變的可能性（洪鎌德，2011：314-17）。後建構主義則並非對建構主義的反彈而產生，後建構主義（或後現代主義）論者認為，後建構主義不必一定要被視為國際關係理論的一種，最好就是以它作為觀察世界本身的批判及分析途徑（Edkins, 2007: 98）。後建構主義認為即便事物是建構而成，但這並不意味是憑空而來。

福科就指出一條論述權力的新思維，也就是福科論述的不是權力本身而是權力關係。權力不是已經存在的實體所擁有的東西，而是從關係中所創造出來的東西。要瞭解權力的運作，而瞭解權力的運作也正是瞭解全球政治的基本，也就必須瞭解權力關係的微體運作。對福科而言。權力與知識是不可分割的。權力關係的體系就決定了建構終極「真理」（truth）的運作效能。每一個權力關係的體系就建構了特別的主體及賦予這主體的看法（知識）。例如犯罪司法體系就建構了每一個犯人的紀錄，而這一些紀錄的總和就建構了犯罪者作為的主體（Edkins, 2007: 92）。此外，在後建構主義的理論下，國家主權與人民的關係也逐漸轉移到政府治理的形式與人民的關係，換言之，國家透過例如學校、軍隊、監獄等各種政府的治理來說明國家與整體人民的關係，而非像過去

以國家主權與個人關係的直接呈現（Edkins, 2007: 88-98）。福科將權力與知識視爲連體嬰般，一生的著作中喜談權力／知識（洪鎌德，2011：345-50）。因此關於國際關係理論的論述，引進被認爲二十世紀最具影響力的社會理論家福科的相關理論，當然更有助於國際關係理論的辯證及探索。

建構主義理論中相當強調的「認同」，在個人相對於國家的角色中，認同是重要的因素。個人的傾向或國家的政策都取決於個人的認同（例如是男性或女性，國家的自我定位），個人與其他角色的互動及社會關係。個人在社會所處的地位及所扮演的角色，是學習而來並非命定或給與。晚近興起的女性主義的國際關係理論，重點自然是以女性的思維去看待國際關係及其理論，以性別來看，女性一直是處在國際政治的弱勢，而這個基本上是以男性爲主的歷史甚至是國際關係史，這種因性別引導出來的差異是否也是一種建構出來的現象當然值得探究。誠如洪教授所言：「很遺憾的是傳統國際關係學門，主要的理論家都是男性，也把這個科學男性化，這當然與環球政治與經濟核心絕大多數是男性菁英在操盤有關」（洪鎌德，2011：275）。

也因此要從這種以男性觀點爲中心的國際關係來探究在不同性別的情況下，到底國際關係會呈現什麼樣的樣貌；易言之，要論述國際關係學說中的女性主義，或許也必須對建構主義、結構主義等作同步的理解與探討，才能進一步有助於超越對女性既定觀點圍限下的國際關係的論述。例如，「性向」很可能就是文化所形塑出來的產物，而既定的父權制及家長制下的文化思維就會以此來塑造女性所能從事甚至「專長」的職業領域等（洪鎌德，2011：273-74）。據統計，二十世紀末期平民及女性在戰爭中所受的禍害遠大於男性及軍人。即便在民主社會的國際關係中也可觀察到認同在形塑觀點及政策上的重要性，例如，因爲認同及社會關係的原因讓美國對北韓發展核武感到關切甚至威脅，但對於軍事力量更勝於北韓的英國一樣擁有核武，美國卻未感到威脅（Goldstein & Pevehouse, 2010: 121-22）。此外，蘇聯共產政權的瓦解也說明了對於認同、地位及功能等集體瞭解之體系的崩潰和政權合法性的喪失，這也造成槍砲及坦克所代表之武力變得沒有用處（Alder, 2002: 103）。

肆、全球化下的（後）馬克思主義

　　洪教授認為不少後建構主義的論點乃從馬克思主義或後馬克思主義的理念中找尋新觀點而來（洪鎌德，2011：393）。後建構主義對國際關係理論中建構出的主權，再由主權演繹出認同等概念的不以為然，並批判這種想像共同體的國家概念以及植基於此的概念延伸。因此全球化下國家主權可能遭逢的變化可以說是構成後結構主義的論述核心。這或許也是冷戰結束後，影響後建構主義思維的馬克思主義本將從國際關係理論的大舞台謝幕之際的反轉。

　　「追求人類解放的心思正是馬克思學說的核心，也是法蘭克福學派批判精神的源泉」（洪鎌德，2011：246）。「解放」就回到「人」為主體的立論及目的，人不僅是從階級的剝削中解放，亦是從國家政府、宗教及族群等的壓迫中解放出來。每一個人都可以得到自由發展或至少不受到壓迫，「其中每一個人的自由發展成為眾人共同發展的基礎」（洪鎌德，2011：257）。準此，雖然《全球化下的國際關係新論》介紹了幾乎涵蓋國際關係的主流理論，但在這裡讀者仍舊可以試著就馬克思主義的遺緒來看待這一本著作。

　　洪教授認為造成對國際關係學中對「權力、反抗、知識、記憶和歷史之重新思考」，不啻是「把傳統馬派的概念再度概念化、活用化與實踐化」（洪鎌德，2011：419）。從這個角度來看，雖說東西方陣營冷戰的結束，西方陣營資本主義及民主政治所代表的政治意識形態及制度的勝出。共產蘇聯的瓦解，馬克思主義的理論似乎也跟著飄零。但是在全球化下所呈現的國際現象，又讓後馬克思主義作為觀察國際現象的一種批判理論又變成有相當的應用性及理論性（Dougherty & Pfaltzgraff, 2001: 477-78）。洪教授更舉印度學者史匹娃珂（Gayatri Chakravorty Spivak）女士的立論為例。

　　出生在印度獨立前之加爾各達的史匹娃珂，走出主流國際關係理論所關切的國家、主權、領土等議題，轉而對第三世界中受壓迫者如女性、貧苦的農民及工人等的關懷，史匹娃珂認為更悲慘的是在殖民地本土上長期處在被歧視及受壓迫的弱勢，例如印度的女性或下階層的種姓被視為「附屬者」／「另類者」（Subaltern），史匹娃珂為這樣的弱勢發聲。這可以說是沿著馬克思理論對社會人文歷史變遷的觀察，進一步去審視經濟低度開發或未開發國家及人民的處境。洪教授也以此反思國民政府占領台灣的情況，駭異於一個流亡政府竟

以殖民方式對多數的本土族群展開長期殘酷的鎮壓及迫害的白色恐怖（洪鎌德，2011：420）。

　　觀察此一馬克思主義理論的源流似不難發現，馬克思主義者也一直以馬克思主義的核心理論爲本，提出在不同國際環境下的不同觀察及理論。例如，1960年代，一些馬克思主義者進一步延續馬克思主義對工業化後剝削的論述，觀察經濟發展落後國家的狀況，並提出這些國家繼續受殖民母國剝削之主因的論述，集大成者之一可說是美籍德國移民符蘭克（Andre Gunder Frank）[4]，對依賴理論及發展理論提出更進一步的闡述，並以世界資本主義體系理論予以系統化，進一步觀察當代社會主義國家例如古巴及北朝鮮的發展。但冷戰結束後，世界經濟邁向全球化的潮流中，符蘭克所言世界資本主義體系的核心及邊陲的基本體系態勢似有逐漸改變的現象，而巴西更是符蘭克倚賴理論觀察研究的重點國家。所謂「金磚五國」中巴西、印度等過去的殖民地在獨立後長期陷於經濟發展的困頓，當今儘管兩國國內的貧富差距仍問題嚴重，終能在全球化的過程中崛起。

　　洪教授認爲包括史匹娃珂所闡釋的後殖民主義，可以說是持續基於依賴理論、發展理論及資本主義世界體系的理論來論述殖民地發展歷史中所呈現的現象。洪教授特別引述指出這個「後殖民主義」的「後」字所代表的意思絕對不能單從殖民時代結束這樣的時間及概念來看，而應是從殖民地雖脫離殖民統治，但卻進入新殖民化的情況來看（洪鎌德，2011：409）。因爲殖民主義與帝國主義是雙生體，雖然殖民時代的結束，帝國主義卻仍能以不同政經優勢或霸權的面貌在世界資本主義體系下持續對以前殖民地無形的控制，更何況在殖民主義下所所造成對殖民地人民心理及文化的影響就更非表象的殖民主義時代的結束所可說明。新加坡雖然過去也是殖民地，但因新加坡幅員及地理的呈現通常被稱爲城市國家，因此在社會結構及經濟發展的基礎均迥異於一般所認知的殖民地，但就從新加坡擺脫邊陲的「宿命」此一發展來看，對依賴理論及發展理論的衝擊及挑戰應是在全球化下國際關係理論仍可引用作爲理論或實證的例子。這一方面洪教授或可以他在新加坡教學研究及生活上長期觀察的經驗，有進一步理論及實證的論述。

　　馬克思主義也影響了後結構主義（poststructuralism）者在國際關係理論領域的發展。後結構主義強調的是國際關係理論不是自外於眞實的世界，而是它

4　台灣學界多譯爲法蘭克。

本身就是眞實世界的一部分。任何的觀察及所有理論系統都是這個眞實世界的一部分，而這個世界也正是理論所要來描述及解釋的，當然理論也會對整個它所要解釋的世界產生影響。認知、主體觀（subjectivism）及權力就是後結構主義的主要概念。後結構主義的理論家並不認爲後結構主義是一種反馬克思主義的形式，相反的他們有些自認爲是馬克思主義者，或至少是以馬克思主義的遺緒作爲基礎來觀察及論述全球化下的國際政治。

後結構主義可說是源於法蘭克福學派批判的學說，也就是法蘭克福學派的批判理論包括了對於自主及自由受制於意識形態之人類的發掘或解放。對於福科而言，即使將人類視爲主體的歷史，也並非每一個歷史階段的人類的意義都一樣，因爲人作爲主體在不同的歷史模式被不同的界定。因此沒有所謂的「普世之人」（universal person）也沒有所謂的「人的本質」（human nature），因爲人是在不同歷史模式中由不同的權力架構所界定。福科的後結構主義對於人及社會及政治秩序賴以建構的基礎提出了最爲基本的質疑，也就是對於主體論的關心，例如政治的主體爲何？又關於男女、西方及東方、國際政治中的南北、已開發及未開發、理性及不理性等這些認同是如何在不同的時代和不同的地方被建構出來（Campbell, 2013: 233）？

伍、結語

當全球化持續的擴展及深化，資本豐富但非技術性勞力缺乏的已開發國家，勞動階級的利益就會受到更大的傷害；反之在資本缺乏但非技術性勞力卻豐沛的經濟未開發或低度開發國家，則資產階級的利益就相對的會受到較多的傷害。因此「衝突」沿著資本及勞工的「階級」劃分線就被認爲會變得愈來愈明顯（Frieden, et al., 2013: 561-62）。後冷戰時代，一般所稱的第三世界還在努力但仍無能擺脫後殖民時代延續自殖民時代諸多枷鎖的束縛時，加以又受到經濟全球化腳步加快的挑戰。後殖民主義強調的文化及認同，以及關懷貧窮的及經濟低度發展的國家，自是與將重點擺置在權力與權力變局的傳統主流國際關係理論有截然不同的觀察點及研究計畫的導向。

馬克思主義的論點經常被後殖民主義理論引用來批判殖民主義與帝國主義，包括批判全球化下各種面貌的「帝國主義」，例如經濟帝國主義、文化帝

國主義等。就此點而言,馬克思主義的論點並沒有因為蘇聯共產主義的瓦解或中國雖仍維持政治上的共產主義但卻走向資本主義市場經濟的情況下而潰散。而這也是洪鎌德教授在論述及評介全球化下的國際關係理論時,仍展現其長年鑽研馬克思主義的心得所在。在世界上一些主要國家的執政黨似又偏向右派保守的2017年,洪教授《全球化下的國際關係新論》的這本著作更提供了吾人對未來世局變化之觀察及研究的途徑及理論。未來若希望國際關係理論朝向有利於和平的建構及人文關懷提升方向的發展,恐仍需記取「馬克思所言:實踐是批判(適時發現與缺失糾正)與革命(把事實情況轉化為理想的境界)的合致、是離不開理論的行動」(洪鎌德,2011:436)。

最後,本書亦可用做全球化下之國際關係理論的工具書,舉凡各種有關觀察及解釋全球化下之國際關係的主要理論,都可以在本書中找到包括理論本身的主要論點及批判的簡明論述,對於該等理論的重要理論家或學派也有頗為詳細的介紹。書中除附有相當詳盡的參考書目外,又備有中英文索引。圖表也是本書優點之一,無論是先閱讀文本中的論述再來看表列的簡約整理或反之而行,都可以加深對各該理論的認識。

參考文獻

洪鎌德，1996。《新加坡學》（二版）。台北：揚智。

洪鎌德，2011。《全球化下的國際關係新論》。台北：揚智。

洪鎌德，2013。《當代政治社會學》（二版）。台北：五南。

洪鎌德，2014。《個人與社會——馬克思人性論和社群觀的析評》。台北：五南。

洪鎌德，2016。《黑格爾哲學新解》。台北：五南。

Alder, Emanuel. 2002. "Constructivism and International Relations," in Walter Carlsnaes, Thomas Risse, and Beth A. Simmons, eds. *Handbook of International Relation*, pp. 95-118. London: Sage Publication Ltd.

Campbell, David. 2013. "Poststructuralism," in Tim Dunne, Milja Kurki, and Steve Smith, eds. *International Relations Theories: Discipline and Diversity*, 3rd ed. pp. 223-46. Oxford: Oxford University Press.

Dougherty, James E., and Robert L. Pfaltzgraff, Jr. 2001. *Contending Theories of International Relations: A Comprehensive Survey.* New York: Addison Wesley Longman, Inc.

Edkins, Jenny. 2007. "Poststructuralism," in Martin Griffiths, ed. *International Relations Theory for the Twenty-First Century: An Introduction*, pp. 88-98. New York, N.Y.: Routledge.

Fearon, James, and Alexander Wendt. 2002. "Rationalism v. Constructivism: A Skeptical View," in Walter Carlsnaes, Thomas Risse and Beth A. Simmons, eds. *Handbook of International Relation*, pp. 52-72. London: Sage Publication Ltd.

Frieden, Jeffry A., David A. Lake, and Kenneth A Schultz. 2013. *World Politics: Interests, Interactions, Institutions*, 2nd ed. New York: W.W. Norton & Co.

Goldstein, Joshua S., and Jon C. Pevehouse. 2013. *International Relations*, 6th ed. Boston: Peason.

Hopf, Ted. 2013. "Common-sense Constructivism and Hegemony in World Politics." *International Organization*, Vol. 67, No. 2, pp. 317-54.

Rae, Heather. 2007. "Theories of State Formation," in Martin Griffiths, ed.

International Relations Theory for the Twenty-first Century: An Introduction, pp. 123-34. London: Routledge.

8
十九世紀的俄國社會 —— 屠格涅夫與馬克思的觀察

魏百谷

政治大學俄羅斯研究所副教授兼所長

8 十九世紀的俄國社會
──屠格涅夫與馬克思的觀察

壹、前言

貳、十九世紀的俄國

參、屠格涅夫的觀察

肆、馬克思的觀察

伍、結語

壹、前言

　　洪鎌德教授與俄國研究的淵源甚深，洪教授於1992年返台，除了在台大三研所（後改名為國家發展研究所）擔任教職，講授馬克思學說析評等科目，同時亦在淡江大學俄羅斯研究所，開設俄國政治思想等專業課程，嘉惠學子（洪鎌德，2017b：55）；除此之外，並指導多位碩博班的研究生，撰寫俄國研究相關課題的學位論文。洪教授關於俄國研究的著作，成果豐碩。洪教授為了研讀原典，分析俄語的文獻資料，持續精進俄文[1]，以期不假翻譯，直接閱讀俄文原著，這充分展現其優異的語言才能，更彰顯出洪教授紮實為學的大師風範。

　　洪教授多年來，除了鑽研哲學（特別是政治、法律與社會哲學）以及社會科學之餘，也對文學抱有極大的興趣。因為洪教授認為，文學、藝術及宗教，皆屬精神最高表現之認知，亦能直透人心與世情。亦即唯有掌握一國一族的靈魂及其文化表現，才能瞭解該國族在某一時期，渠人民之思維言行。循此邏輯脈絡，洪教授主張，倘若要明白十九世紀中葉和下葉，沙皇統治下俄國廣大民眾生活實狀，單靠歷史的回顧、社會的剖析以及政經的追蹤，仍是不夠。如能再佐以文學和藝術，將會獲得更鮮活的民情世俗之圖像。因之，閱讀屠格涅夫、杜思托耶夫斯基、托爾斯泰等人的文學著作是必要的[2]，正如聆聽柴可夫斯基、林姆斯基和拉赫曼尼諾夫的音樂，以及欣賞艾瓦佐夫斯基、費多拖夫、衣瓦諾夫和柯連多夫斯基等人的繪畫，是掌握該時代俄國民族性格和時代精神，最直接的捷徑。

　　本文嘗試從洪教授對於俄國文豪屠格涅夫以及德國思想家馬克思的研究成果，勾勒出屠格涅夫與馬克思對十九世紀俄國社會的看法，本文主要分成兩大面向，加以闡述。首先是，從屠格涅夫的文學作品，探尋屠格涅夫對於時局的觀察。其次是，探索馬克思針對俄國問題的看法，尤其是俄國農村公社的發

---

[1] 洪教授當初在台大就學時，先念法律系，後轉至政治系，四年的大學生涯，除了關注於專業課程的專精之外，特重外國語文（英、德、俄、日、義、法）的修習（洪鎌德，2017b：55）。

[2] 屠格涅夫、杜思托耶夫斯基和托爾斯泰，並稱十九世紀以來俄國三大文豪。

展[3]。本文的資料，主要根據洪鎌德教授的專著「屠格涅夫作品的析賞」[4]以及「個人與社會──馬克思人性論與社群觀的析評」的內容[5]，加以闡述。

貳、十九世紀的俄國

　　十九世紀俄國的政治局勢，可說是該專制落後的國度，處於轉型階段，俄國文化體系的一環。長久以來，俄國係由專制的沙皇政體、東正教會以及廣大不識字的農民（大多數是農奴）所組成「群島式」（孤立無援的群體所形成）的社會。經過十九世紀上半葉，沙皇尼古拉一世的高壓統治，在有識之士的貴族呼籲下，農地改革和農奴解放的主張，已逐漸浮出檯面；及至亞歷山大二世繼位沙皇之後，經濟的衰敗和社會的紊亂，再加上文化的落後，在在使得當時的俄國知識階層，深感憂慮與心急（洪鎌德，2017a：104）。

　　俄國在政治和經濟上的變化，國內革命運動快速擴展，農民和工人的起義行動，此起彼落，據資料顯示，僅1858年至1860年期間，全俄發生近三百次的

---

[3] 俄國農村公社從九世紀末就存在了，村社一直保持到1920年代，歷經一千多年，維爾福是最早建立的農村公社形式，後來到十三世紀，又形成米爾的組織形式。到十七世紀，則出現土地重分型公社，公社爲每個成員分配生活最低保障的必需土地，然後按照農戶擁有的勞力和耕畜交納捐稅，由此產生了内部農民的階級分化，加之資本主義的發展，破壞了農村公社，階級分化也加速了。到了1840年代，德國巴伐利亞男爵哈克斯特豪森在俄國旅行發現了俄國的古老村社，發表了《俄國人民生活的内部關係，特別是農村結構的調查報告》，使得俄國的農村公社，再次受到關注。此外，藉由赫爾岑的廣泛傳播，他撰寫了諸多關於俄國村社的文章，如《古老的米爾與俄羅斯》等，赫爾岑的文章表達一個中心思想，亦即俄國的農村公社制度是社會主義土地制度的良好條件（曹建萍，2014：219）。

[4] 洪鎌德教授的《屠格涅夫作品的析賞》，甫於今（2017）年元月出版，洪鎌德教授不但仔細念過屠格涅夫的六大長篇與大多數中短篇小說，更把《獵人筆記》和《散文詩》做了深入的剖析。在洪教授的最新著作中，不但以傳記筆法詳述俄國大文豪屠格涅夫的生平與著作，並討論其時代之俄國與西歐局勢的演變。再以歷史社會學和心理分析的角度，評析其隨筆、書信、詩詞、戲劇以及小說，勾勒其作品中，自然景觀對人物角色心態之形塑與衝擊；最重要的是，探索屠格涅夫心靈與哲思的世界，剖析其天道觀、社會觀和人生觀；最後則評估其文學成就與影響（洪鎌德，2017a：58）。

[5] 本書的前身是洪鎌德教授於2000年出版的專書《人的解放：21世紀馬克思學說新探》。《人的解放》一書的討論主題是馬克思的人本主義、人文思想以及人道精神；亦涉及馬克思對人的個體性和社群性的檢討與關懷。

農民起義，以及數十次的工人起義行動（馬逸若等譯校，1987：1；洪鎌德，2017a：104）。而1860年代初，正是俄國政治、經濟、社會、文化歷經空前大轉變、大危機的時刻，一方面有地主與剛解放的農奴之階級對抗；另一方面，則有自由改革派和偏激革命派的爭執；此外，還夾雜數十年來，西化派和親俄派的吵鬧不休，導致俄國知識界的混亂（洪鎌德，2017a：102）。

參、屠格涅夫的觀察

屠格涅夫的重要作品《獵人筆記》，被譽為推翻俄國農奴制度的旗手，也吹響了解放農奴的號角（洪鎌德，2017a：241）。農奴制度成為俄國人屈辱的標記，上自沙皇，下至奴隸，莫不從農奴存在的鏡像中看到自身的醜陋。《獵人筆記》是俄國文學史上，抨擊農奴制度最具影響力的作品，不僅開明的地主、貴族、知識分子和平民，讀後感觸良深，就連登基不久的沙皇亞歷山大二世，也在感動之餘，決心廢除農奴制度的惡政。在這部作品中，屠格涅夫並沒有譴責西化派人士對俄國農民的困苦，居然沒提出解救的辦法，但也沒有原諒他們的疏失。西化派社會政治的理想，既抽象又遙遠，完全沒有考慮到俄國的現實。他描述現存勢力的強大，使個人改革的努力都化為烏有。由於殘酷的鎮壓，使個人企圖改變的想像，都變成無影無蹤。屠格涅夫在書中所刻劃的人物，都被現狀的價值所蠱惑，而不思反抗，也無從反抗（洪鎌德，2017a：252）。

屠格涅夫於1862年出版的小說《父輩與孩輩》，[6]無疑是一部瞭解屠格涅夫對當時俄國社會之觀察的重要作品。該小說主要在描述俄國農奴解放後，社會爆發的危機，也就是俄國社會瀕臨崩潰的危機，呈現出各式各樣的問題，以及解決方式的不妥，而非僅僅涉及年老與年輕兩代之間的摩擦和爭執而已（洪

---

[6] 洪鎌德教授認為，先前該小說的書名，漢譯為《父與子》，不夠精確，應譯為《父輩與孩輩》。此本小說的構思、布局、內容和角色的刻劃，蘊含了某種政治立場，可說是向來避談政治的屠格涅夫，所做的一大轉變。這是1861年農奴解放政策推動不力、沙皇改革步調的遲緩、貴族地主的抗拒、農民選擇的猶豫所引發的經濟衰退和社會動盪。然而，更令屠格涅夫不安的是，當時的政局趨向保守、甚至反動。

鎌德，2017a：104）。這本小說被視爲屠格涅夫最偉大，也是引發俄人爭論最多、最大的作品。其中，針對親俄派的短視，提出批評。[7]此一作品對十九世紀俄國的讀者而言，最大的衝擊不在文藝境界的高超，或是故事的寫實，而在政治意識的激發（洪鎌德，2017a：102-3）。屠格涅夫的政治理念可說是俄國十九世紀自由主義和激進主義的交叉點，也是這兩種意識形態的分水嶺。他藉人物的刻劃和形塑，把小說中的主配角歸類爲各種光譜的人物，再從他（她）們的舉止言談，展示各種不同政治理念的競爭與磨合。此部作品引發了十九世紀俄國社會對政治立場的爭辯（洪鎌德，2017a：103）。

　　一般認爲《父輩與孩輩》是屠格涅夫表達其政治理念最多的作品。在此書中，保守觀念與自由主義對峙，還突顯自由主義和虛無主義的角力。虛無主義是屠格涅夫發明的字眼，係從拉丁文nihil（虛無）引伸而得。虛無主義者視世上的權威、建制、傳統、典章制度爲無物，代表人物巴札洛夫，不但看清家庭、婚姻、宗教，連文學、哲學、藝術也視爲「浪漫主義的垃圾」，而加以棄置；只有數理、科學、醫學、農學、工學等實用的學問受到推崇。基本上，他是一位物質主義者、實證主義者、極端主義者、偏激主義者。屠格涅夫倡用此字的意思，是在區隔俄國1840年代打倒偶像，和1860年代不滿現狀的憤怒青年，對改變俄國政局的不同看法和態度。而1860年代不滿現狀的青年，其代表人物就是巴札洛夫，巴札洛夫代表的是平民知識分子，因農奴解放後平民沒有獲得實際好處，反而眼見會更加動盪不安，由之產生反抗權威、藐視制度、踐踏傳統的心態。這些出身平民、接近群眾的知識分子，當年被稱爲「新人」，在屠格涅夫心目中的「虛無主義者」。他們要對抗的不只是既得利益的舊制度、舊勢力，也包括1840年代要求改革崇尚自由主義的開明派貴族，如同阿卡季的父親和伯父在內的父執輩。然而，這些父執輩過的是安適慵懶的鄉紳生活，羨慕的是英國憲政體制，享受的是文學藝術。在政治上偏向英國的議會民主，是由於英國的政治制度能夠保存貴族的尊嚴、自由和生活方式。對巴札洛夫和初期的阿卡季來說，也就是對這些後輩之虛無主義者而言，俄國之知識分子之前輩多少沉溺於貴族的虛矯造作裡，其改良式的理念尤其被青年一代的人所厭惡。虛無主義者心目中科學，是合乎理性的認知體系，是孔德氏的實證主義，把學問從數理、化學、生物學發展到以觀察和實驗爲基礎的科學。另一方

---

[7] 雖然西化派，特別是激進和革命分子，認爲屠格涅夫對小說中男主角早逝的安排，有違時代的要求。

面虛無主義者也推崇合乎理性利己觀念的功利主義（洪鎌德，2017a：315）。

　　此外，俄國的國家認同之不確定性，所引發的疑慮和困惑，也造成對屠格涅夫的作品，產生不同的評價。在很大程度上，屠格涅夫本身的身分認同是俄國文人爭議的焦點。到底他是愛護國族、認同鄉土的俄國人？還是神迷於德、法、英先進文明的歐洲人？屠格涅夫之所以被視爲歐洲人，正是因爲他大半生生活在西方世界，又沉浸在在德、法、英、義和西班牙以及古典希臘和古羅馬的文化中。這些文化的特徵便是溫和與節制。正因爲他是歐洲文化薰陶下「溫恭禮讓的野蠻人」，他拒絕把俄國當成韃靼人和拜占庭融合的專制體制來看待，取而代之的是歐洲人的溝通與融合（洪鎌德，2017a：324）。

　　另外，以往在俄國，勉強還有「國家」或「祖國」的觀念，而幾乎沒有「社會」的想法。就像十八世紀蘇格蘭啓蒙運動的思想家亞當斯密和費居遜，主張市場對抗政府以民民間社會對抗政治國家一樣，慢了一個世紀才覺醒的俄國思想界、輿論界，也開始浮現「社會」此一理念。這一「社會」或「社群」的理念，把不同信念的左、右派知識分子聯合起來對抗腐敗專制的政權。無疑地，受到歐陸和英國思想薰陶的屠格涅夫，也是最先注意和倡導「社會」概念的先鋒之一。他雖對此概念缺乏系統性、明確性的析述，但在其小說中卻激發讀者去想像社會是什麼？社會要往哪裡走？什麼是公平合理的社會？屠格涅夫的天才在於轉化其所處的時代和情境，成爲男女主配角的日常生活和談話舉止（洪鎌德，2017a：104）。

肆、馬克思的觀察

　　從馬克思關於俄國問題的論著、演說以及馬克思與俄國學者、政治活動家的通信，可試著歸納出，馬克思對於俄國問題的看法，可劃分爲兩個階段。第一個階段，大約始於1848年歐洲資產階級革命，《新萊茵報》時期，一直到1870年。該階段，馬克思視俄國爲歐洲反動統治的支柱。第二個階段，約從1870年代開始，直到馬克思辭世。馬克思在此階段，對於俄國問題，有了更深一層的研究（李超，2013：6）。

　　此外，洪鎌德教授認爲，馬克思在晚年，亦即自1872年至1882年之十年間，馬氏關注的焦點是圍繞著俄國的實際狀況、俄國的革命運動（此時之革

命運動爲1917年列寧布爾塞維克奪權之共產主義運動開路），以及對俄國情勢發展之剖析（洪鎌德，2014：325）。另外，馬克思曾在致俄國「祖國記事報」編輯的信，以及與俄國女革命家查蘇莉琪四易其稿的通信中[8]，透露他認爲歐美之外的國度，走向共產主義的路途，可有其他的選擇（洪鎌德，2014：70）。

換言之，晚年馬克思對全球社會型態之多采多姿、變化之活力充沛與各種社會彼此依存度之增強，有了更爲廣泛、更爲務實的看法。此爲馬克思對「資本論」第一卷出版後的反思，也是對1870年代圍繞在歐洲與俄國情勢變化所作的反省。導致馬克思觀念改變的四件重大事故爲：一、巴黎公社的遽起與暴落；二、古代史的發現與社會科學之猛進；三、對鄉村社會知識之擴大；四、俄國社會所提供的發展途徑，特別是農村公社的演變與民粹主義的革命運動（洪鎌德，2000：376）。

馬克思在1870年至1871年間，自修俄文，俾能直接閱讀俄國作家的作品，其學習認眞的程度，由其妻子致恩格斯信上所提的話得到證實：「他開始學習俄文，把這種學習當成生死大事來看待」（洪鎌德，2000：377）。晚年時期的馬克思，已能體會俄國官方的反動（他斥之爲「歐洲反動派的憲兵」），和俄國知識分子與農民的活躍激進，兩者之間的強烈對比。「資本論」的第一種外文翻譯居然是俄文，比英文版足足早了十年（洪鎌德，2014：326）。

馬克思對幾位俄國思想家極爲讚賞，例如曾分析俄國勞動階級的傅列羅夫斯基和哲學家車爾尼雪夫斯基[9]。而1881年馬克思有關俄國農村公社的思考與討論便是由於同俄國女革命家查蘇莉琪通訊所引起的（馬逸若等譯校，1987：377-9）。查蘇莉琪屬於俄國激進的黑色遣返難民組織──社會主義民眾黨的革命團體[10]，同馬克思所佩服的人民意志黨不和，她在來信中請教馬克思對俄國農村公社有何看法？革命者是否應該繼續支持俄國這個古老傳統遺留下來的

8　「給維‧伊‧查蘇莉琪的覆信」是馬克思論述俄國農村公社的歷史命運和俄國資本主義發展前景的重要著作（馬克思恩格斯選集，2012：111-12）。

9　車爾尼雪夫斯基（Nikolay Chernyshevsky, 1828-89），俄國革命民主主義者、作家和文藝評論家、經濟學家以及哲學家（馬克思恩格斯選集，2012：797）。

10　俄國女革命家查蘇莉琪曾近距離持槍企圖殺害聖彼得堡檢查總長，但並未得逞。查女士之所以企圖謀殺總長，其原因同情探監人竟因沒有向檢察總長脫帽致敬而遭鞭打處罰，所引起的查女士之義憤。爲尋求報復，查蘇莉琪遂偽裝成政治犯之家屬，於探監時開槍射殺總長，當陪審員以欠缺犯案證據而宣布查女士無罪時，傾向自由派的俄國人士無不歡呼振奮，包括屠格涅夫在內（洪鎌德，2017：172）。

農村組織，還是提早結束公社的生命。

　　馬克思也指出俄國農村公社矛盾的雙重性，一方面是集體的、團隊的精神；另一方面也受到時代潮流特別是西方資本主義的影響，有走上個體化、私有化的趨勢。要根據歷史環境的變化，其中存有邁向社會主義的可能。馬克思提到，「俄國『鄉村公社』所處的歷史情境是獨一無二……它一方面共同擁有土地，而爲集體的享用提供『自然的』基礎；另一方面由於歷史環境的緣故（與西方資本主義的生產處於同一時期）擁有大規模共同勞動的物質條件（科技及其應用）。因之，它能夠把資本主義體制正面的成就加以吸收而不須付出資本主義體制慘痛的代價……於是它可以變成現代會邁向的經濟體制之起點」（洪鎌德，2014：328）。當前公社中的社會關係有助於公社轉型爲社會主義。其原因爲「農民熟悉組合與耕作的集體形式，這是他們向來爲照顧其一般的利益而在草原上耕作實踐的」。馬克思的回函要點如下：

　　一、農村公社在俄羅斯幾乎是到處可見，是一種全國性延續下來的制度；

　　二、俄國農村公社的特徵爲：（一）對土地的公共擁有爲俄國的公社提供自然的基礎，俾能集體耕作與集體收成；（二）俄國農民對Artel之熟悉[11]，農業上便利了個人耕作轉換爲集體耕作（洪鎌德，2000：379）。

　　三、「歷史環境」：（一）在農業上個人的經營到集體的勞動之轉變是拯救俄國農業危機的捷徑，造成轉變的另一因素爲資本主義所倡導的科技，以及其引入使用；（二）「俄國的公共領域」是指俄國社會中受過良好的教育、擁有特殊權益的一小群人而言，他們長期以來倚靠廣大農民的犧牲奮鬥而生活。這些代表俄國公共領域的少數特權者引進西方的科技，特別是有關農作機械化、電氣化；（三）農村公社發展的途徑正符合時代的潮流，這也印證歐美資本主義體制的生產，碰上了「致命的危機」（洪鎌德，2014：329）。

　　再者，在回函的草稿中，馬克思同時指出，俄國農村公社的缺點爲地方化和格局的狹小，他稱之爲「地方化的小世界」。要消除公社此一弱點只有把官署設置的行政區制度取消，代之以由公社農民推選組織而成的「農民代表大會」。蓋農民代表大會能更有效地照顧公社成員的利益，而成爲一個經濟兼行政的組織（洪鎌德，2014：329）。馬克思在回函草稿的結論表示，反對消滅公社來解決當時的危機；反之；只有革命的事實爆發，才能使公社轉型爲社會

---

[11] Artel是普遍流行俄國農民的耕作組合之方式，例如共同圍獵，此字的原詞並非斯拉夫語，而爲韃靼族用語（洪鎌德，2000：378-79）。

主義。馬克思提及，「假使革命適時發生，假使革命能集中力量……保證農村公社自由的成長，那麼後者（公社）在不久之後，便會發展爲俄國社會更生的元素，這比起受資本主義奴役的其他民族而言，是一大優點」（洪鎌德，2014：330）。

伍、結語

在政治哲學方面，出身貴族的知識分子屠格涅夫，屬於開明的自由派人士，但卻擁抱類似西方保守的布爾喬亞之政治觀點，蘊含多多少少歐洲菁英主義的色彩。他像一般出身貴族兼地主的知識分子一樣，憎恨沙皇專制政府和東正教的愚民作法，企圖讓廣大農民從封建主義的控制下獲得解放。但就解放方式而言，屠格涅夫有異於偏激的左派分子，反對暴力革命的方式，而主張在憲政主義貫徹下，由上而下的緩步改革。他的改革自由主義雖然獲取部分西化派俄國人士之支持，但過分強調英、法的議會民主，以及歐美的科技文明，造成親俄派知識分子的反彈。與馬克思相反，屠格涅夫不以爲社會主義可以爲廣大俄國農民所接受，更不認爲專制落後的俄國農業社會，能夠產生流血暴力的無產（工人、普勞）階級。連對西方資產社會頗有好感的屠格涅夫，有關法國大革命都不加讚揚，更遑論對西歐革命表示認可。這一切來自暴力殺人的非法作爲，是他所反對的。不過到了晚年，他目睹俄國內外局勢的變化，因而更傾向於革命分子的言行，也對他們表示同情（洪鎌德，2017a：314）。

另外，在馬克思晚年的十年間（1872-82），由於同俄國革命家討論俄國農村公社之性質，而更改了馬克思社會單線演化觀。他認爲在西方資本主義衝擊下，傳統的俄國農村公社，有可能吸收西方資本主義的正面成就，提高生產力，而不必付出資本主義剝削勞工的負面效果。他曾經樂觀地期待村社成爲俄國社會「更生的元素」。要之，俄國農村公社（也就是馬克思企圖理解的、非資本主義的、或稱是資本主義邊陲）之社會組織方式，構成馬克思社群觀的一環（洪鎌德，2014：332）。

今（2017）年適逢洪鎌德教授八十大壽，謹於文末，表達由衷的賀忱與敬

意。洪教授講學至今，已將近半個世紀[12]，諄諄教誨，作育無數英才。五十年來的教研生涯，發表的論文多達三百餘篇，德、英、華文著作四十七本（洪鎌德，2017b：55），可謂著述等身。雖然，洪教授已取得如此卓越的成就，做出此番令人讚嘆的非凡貢獻，但洪教授仍不斷地自我反省和惕勵。尤其令人感佩的是，洪教授知行合一，在不畏老、不憂老之下，奉行「繼續學習，時刻思考，不停寫作，不斷教研」。就此，洪教授全然實踐其所倡言的「我學、我思、我寫和我教，故我在」的主張（洪鎌德，2017b：56）。

---

[12] 洪教授於1968年應聘德國慕尼黑大學，教授國際政治和社會科學。1973年前往新加坡講授比較政府與政治、社會科學方法論和星國大學空前也是絕後的「馬克思主義批判」課程。其間藉星國與中國學制和假期之不同，前後三、四次在中山、廈門、北京、南開、復旦等大學講解西方馬克思主義、新馬克思主義等課。1992年返台，先在台大開講馬克思學說析評、法律社會學、政治社會學和政治經濟學等科目，同時分別在東海、淡江、東吳、輔仁等大學講授社會科學、西馬、新馬、舊馬，俄國政治思想等科目。2012年台大國發所退休後，被交通大學延攬為不占缺的兼任（講座）教授至今（洪鎌德，2017b：55）。

參考文獻

中共中央馬克思恩格斯列寧斯大林著作編譯局（編譯），2012。《馬克思恩格斯選集》第三卷。北京：人民出版社。

中共中央馬克思恩格斯列寧斯大林著作編譯局（編譯）， 2012。《馬克思恩格斯選集》第四卷。北京：人民出版社。

李超，2013。〈馬克思與俄國問題——跨越理論的形成軌跡與理論意義〉《前沿》8 期（總334期），頁6-9。

洪鎌德，2014。《個人與社會——馬克思人性論與社群觀的析評》。台北：五南。

洪鎌德，2000。《人的解放：21世紀馬克思學說新探》。台北：揚智。

洪鎌德，2017a。《屠格涅夫作品的析賞》。台北：五南。

洪鎌德，2017b。〈我學、我思、我寫和我教，故我在〉《通識在線》69期，頁55-59。

馬逸若等（譯校），1987。《馬克思恩格斯與俄國政治活動家通信集》。北京：人民出版社。

曹建萍，2014。〈俄國民粹主義及其辯證分析——馬克思對俄國農村公社的解讀〉《哲學文稿》總444期，頁218-20。

9

批判種族理論的批判性反思──從批判種族理論邁向經驗批判種族理論[*]

黃之棟
國立空中大學公共行政學系副教授

[*] 本文曾以〈批判種族理論的批判性反思〉為題，發表在《政治與社會哲學評論》58期，頁53-128。
作者感謝《政治與社會哲學評論》同意本文的轉載，讓本文得以收入恩師洪鎌德教授的祝壽論文
集。為符合本論文集的篇幅規定，作者對文章作了大幅度的刪節與一定程度的修正，在文獻上也
做了相當的精簡。此外，為了使本文更加聚焦，作者也對文章的題目做了修正。

9 批判種族理論的批判性反思——從批判種族理論邁向經驗批判種族理論

壹、緒論

「批判種族理論」一詞，主要泛指學界、實務界，以及運動界對種族（race）及種族主義（racism）的一系列探索與反省。三十餘年來，在黑人法政學者（Political/Legal Scholarship）與民權運動者的領軍下，論者嘗試對各式權力體制予以批判，進而對深植美國社會的種族爭議，給予深層的反思。具體來說，CRT的基本論題集中在美國「後民權運動」（Post-Civil Rights Movement）時期的一項悖論（paradox），即：民權運動後，種族主義已成為主流社會強力譴責與政府極力導正的對象，那為何種族主義依然普遍存在於美國社會的各個角落？（Harris, 2012）對此，批判種族論者強烈排拒自由主義者把種族問題視為個人程度、教化不彰、或過往種族歧視暗黑年代歷史遺緒的看法，轉而主張種族問題其實遠比一般人的想像還要更為深層且更加根深蒂固。有鑑於法律經常是各種制度的載體，因此各種法律條文、法學推理，以及法理原則，也都成為批判與檢討的對象。

除了美國學界，CRT近來也在世界各地產生了重大影響。各國學界都不乏採取CRT視角的研究或與其相關的評介論文。三十餘年來，不管是在視角、觀點、方法還是論證上，CRT都對學界產生了深遠的影響。以下的討論將分為四大部分：首先，本文針對CRT的理論演進與理論的內涵給予爬梳與檢討。在此基礎之上，本文第二部分轉而討論來自CRT理論內部的批評，並旁及該學派的回應、修正以及反省。第三部分則從理論外部出發，探討不同立場的學者提出的挑戰，以及CRT陣營的回應。最後，本文在上述內外部挑戰及回應的基礎上，提出批判種族理論的前景在於與社會科學經驗研究的進一步結合，以便能在理論爭辯與命題檢證上更臻完備。對此，本文並提出「經驗批判種族主義」（Empirical Critical Race Theory, EmpiriCrit）以及相關討論作為結論。

貳、批判種族理論的來歷與內涵

一、理論演進：從批判法學研究到批判種族理論的興起

　　就理論的演進來看，CRT源自於1950、60年代美國黑人民權運動，並在1970年代前後逐漸在美國法學界興起，隨後在1980年代站穩步伐。這個「後民權運動」時期的學說，標示著美國民權運動與左翼法學者對當時保守政治浪潮的反省，也是論者對當時美國社會建制的新一波反思（Brooks & Newborn, 1994; Crenshaw, 2001, 2010; Delgado, 1984, 1987, 1988, 1992a; Mutua, 2006）。

　　就其知識背景來看，雖然CRT在理論建構上受到民權運動、女性主義等多重影響，但由於其理論成立之初主要參與者多是法學者、律師，因此一般認為批判種族理論從「批判法學研究」（Critical Legal Studies, CLS）中獲得了最多的啟發。CLS理論對CRT影響最大的部分，是它提出「法律不確定性」（legal indeterminacy）的概念（Delgado & Stefancic, 2001: 5）。自此，論者開始質疑傳統學說中「法律」與「政治」的界線，並認為各種法律的規範與原則其實都是「不確定的」（indeterminate）。換言之，同樣一宗案件如果改以不同視角來觀察（如黑人視角），就可能得出截然不同的結論。既然如此，學者進而主張應該積極拋棄既有的法律教條（legal doctrine），以便有效揭露並重新認識傳統法律思維中所隱含的宰制性格。

　　批判法學開啓了批判先河之後，學者也開始致力挖掘法律中關於種族及性別排除的隱藏規範。進入1980年代之後，幾位以非裔美國人為首的學者開始致力於種族與法學的研究，並展開了法律與社會制度的改革。至此，CRT正式躍上檯面，成為法學理論中的新秀（Mutua, 2006）。

二、批判種族理論的主要論題

（一）對自由主義種族觀的反省

　　批判種族理論從法政理論的視角出發，對美國憲法所揭示的「平等對待原則」（特別是所謂的色盲原則）予以批判。對此，CRT理論家從1954年著名的

「布朗對教育局」（*Brown v. Board of Education, 1954*）案，一路回溯到布朗案之前1890年路易斯安那州「隔離但平等」（separate but equal）法案所引發的 *Plessy v. Ferguson*（1896）官司。他們嘗試從判決背後所揭示的原理原則（即前述色盲原則）來對法律與政策進行反思（Bell, 1979; Delgado & Stefancic, 1989, 2001; Gotanda, 1991; Lawrence, 1995）。

對於這項合憲判決，當時的哈藍大法官（Justice Harlan）提出了一項著名的不同意見書，藉此闡釋所謂的色盲原則（*Plessy v. Ferguson, 1896*）[1]：

> 在憲法的觀點以及法律的眼中，這個國家的公民裡沒有優勢、宰制、或是統治階級。這裡沒有種姓制度。我們的憲法是色盲的，既不知道亦不容許市民間的階級。就公民權來說，所有公民在法律之前一律平等。最卑微的人和最有權勢的人都是同等的。當他的公民權被這塊土地上最高的法律所確保之時，法律把人都當成人，而不去考慮他的周邊環境或是膚色。

自此，美國法院逐漸從色盲原則中架構出「色盲憲政主義」（color-blind constitutionalism）（Gotanda, 1991）。也因爲如此，各種關於種族或種族歧視的討論開始逐漸往個人（individual）層次的探索上集中。具體來說，色盲原則之所以會使討論往個人層次集中，是因爲它合理化了某些因素（如市場動力、文化因素）所導致的不平等。

總之，在以色盲原則爲基礎的自由主義種族觀下，討論很容易就會集中在個人，論者鮮少針對制度性或結構性的問題進行討論。當我們假設問題都出在個人的層次時，可以想見這時論者對國家的責任也會採取保守的解釋，認爲國家無需針對制度性的問題採取行動。這樣的看法反覆操作的結果，會使討論過度集中在行爲人身上，而忽略了受害者所處的制度情境與模式。

（二）種族議題的社會建構論

批判種族理論興起之後，論者轉而把焦點放在制度、結構、意識形態等背景因素之上。以批判種族主義對「種族」概念的看法爲例。CRT採取了社會

1　頁559，譯文部分參考了蔡懷卿（2005：298），但經本文作者改寫。

建構論（social constructivism）的觀點，主張某些看似一望即知的生物分類特徵（如：黑／白），其實也是特定社會結構與人群互動下的產物，而不具有本當如此、不得不然的絕對性（Haney-Lopez, 1994; 2006; Bridges, 2013）。比方說，歐巴馬總統就是一個「種族化」（racialised）的案例。

如眾所知，歐巴馬的父親是來自肯亞的黑人，母親則是美國白人。父系社會習慣以父親方來決定親族秩序，加上美國黑奴時代盛行「一滴血政策」（one-drop rule），任何一點黑人血統都會被認為是「非白人」（Scales-Trent, 1995）。加上外觀上歐巴馬的皮膚也確實較黑，人們自然而然就會把他認定為黑人。但由於歐巴馬的扶養與成長主要落在母親這一方，對黑人群體來說，他又經常被覺得在文化或認同上「不夠黑」（Crenshaw, 2010: 1320; Love & Tosolt, 2010）。從這裡就可以看出，分類架構、內涵會隨著時間演進而改變，而且會透過官方的人口統計、登記制度、法院判決等方式而被制度性的定義（Delgado & Stefancic, 2001: 77）。對此，CRT論者轉而主張任何有關制度的討論，都必須從弱勢和邊緣的角度出發，才能突破既有框架，開創新局。

（三）多元關注範疇

就關注的範疇來看，批判種族理論重視揭露各種圍繞在種族及種族主義背後的論述（discourse）、意識形態（ideology），以及社會結構，並採取了後設（meta-）層次的深層批判。除此之外，多數CRT論者也主張「知識行動主義」（intellectual activism），強調知識分子肩負了主動發現問題和改變現狀的社會責任。由於這樣的緣故，眾多「學界運動家」（scholar-activists）、律師、實務工作者也都致力對當代種族形構進行系統的揭露、批判與分析，並嘗試從各種可能的視角來尋求對抗種族主義的新的可能（Hatch, 2007）。

經過長達三十餘年的發展，批判種族理論接續延伸出白人批判（WhiteCrit）、拉丁（裔）批判（Latino/a，常簡稱為LatCrit）、亞裔批判、原住民批判（又稱部落批判論tribal critical race theory，簡稱TribalCrit）、女性主義等不同的分支。其知識的演進脈絡圖如下：

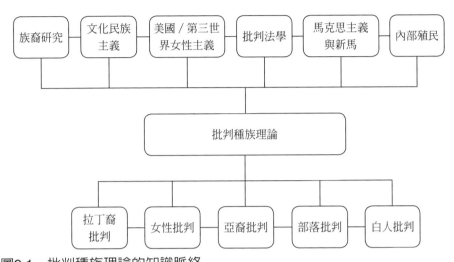

圖9.1 批判種族理論的知識脈絡

資料來源：Yosso與Solorzano（2005：120）。

（四）批判種族理論的信條

由於批判種族理論的主張者涵蓋學門甚廣，橫跨了法學界、社會科學界、教育界、實務界、社運界等領域，想要清楚劃定主張者的歸屬並不容易。但總體來看，它的信條（tenets）大致有以下幾項（Delgado & Stefancic, 2001；Matsuda, et al., 1993: 6；廖元豪，2007）：

1. 批判種族論者認為種族歧視與種族考量無所不在且難以根除。既然種族問題不是個案、特例，而是隱含在各式規章制度下的體系性問題，論者主張我們關注的焦點應該從單一、個別的行為，移轉到制度性、結構性的問題上。

2. 對主流價值所強調的客觀、中立、色盲原則、功績制（meritocracy）表示存疑並予以批判。他們認為法律、制度一般多具有價值中立、一體適用的平等外觀，實際上卻經常存在著有意或無意的歧視意圖與後果。

3. 相對於主流立場所提出的抽象（abstracted）、非歷史（ahistorical）解釋，批判種族論者主張對法律及各項制度，應該從脈絡（contextual）、歷史的分析出發。換言之，現下的不平等與各式社會、制度實踐，經常與過往的文化意涵和社會脈絡有關。因此，回顧過往有助於釐清現下的各種不平等。

　　4. 主張從少數、弱勢的觀點出發，在方法上則特別強調活生生的經驗（lived experience）的重要，也特別重視科技整合以及理論與解釋上的彈性與折衷（eclecticism）。

　　5. 雖然批判種族論者以種族為主要探討標的，但他們也意識到種族問題經常伴隨著性別、階級等各種其他形式的壓迫。對此，理論倡議者強調我們必須超越法律與政策的細節，跳脫既有社會科層（established hierarchies）的細部調整，而應該挑戰該制度本身。換言之，論者強調社會根本變革（fundamental social transformation）的重要性。

三、小結

　　總體來看，CRT的研究向度呈現出多元、流動（fluid）以及動態（dynamic）的特徵。即便如此，絕大多數批判種族論者的核心關懷，還是圍繞在「種族」及「種族主義」的核心議題，並嘗試從社會結構（如特權或壓迫體系，privilege or oppression system）或集體的層次（如受壓迫的群體，oppressed group）來尋求改變。由於關心的主題鎖定在集體與結構，因此論者多半不將種族問題視為個人層次的歧視來處理。此外，批判種族理論挑戰學界既有的認識論，轉而嘗試從更廣泛的社會脈絡來討論種族議題，而不採取傳統上「就法論法」的途徑。是故，在實際議題分析上，CRT大量導入社會理論（特別是批判理論）、歷史、後現代、後殖民的分析模式至傳統的法制與政策分析之中。這也使得CRT文獻的表述方式與既有的法律文獻截然不同。由於分析途徑與論述方式與傳統法學與社會大相逕庭，批判種族理論提出之後，立刻引發多方論戰。

參、批判種族理論的重構：來自內部的挑戰

　　就理論的內部來看，批判種族理論受到最多批評的部分，集中在三個相互關聯的命題，即：「本質主義」（essentialism）以及隨之而來的「排除效果」（exclusion）以及「交錯性」（intersectionality）（Cho, et al., 2013; Crenshaw, 1991; Grillo, 1995; Harris, 1990; Hutchinson, 2003）。近來的討論則集中在積極

的種族色盲與後種族理論。

一、本質與反本質主義之爭

　　本質主義與反本質主義（anti-essentialism）的爭論，主要來自對受壓迫者之間的共通性探尋（Delgado & Stefancic, 2001: 56-58）。也就是說，論者對受壓迫的人們之間是否存在共通之處，存在了不同的看法。就表面上來看，這個問題似乎相當單純，單純到有點像是套套邏輯。因為所有受壓迫人們的共同點，就在於他們都受到了「壓迫」。當然，壓迫的種類、來源、程度等等，可能不同。既然壓迫存在了各種形式，那麼社會變革的目標設定、動員策略、政治操作、乃至提出的矯治政策也必須有所不同，如此才能收到對症下藥之效。這種對問題根源的探求，是本質主義者的主要任務所在。

　　然而，本質主義很容易就會陷入論理上的兩難。不少CRT論者認為，對美國這樣一個有著根深蒂固種族問題的國家來說，如果沒有全面性、一次性的大改變，問題無從根本解決。因此主張全面變革論的學者認為，社會中的弱勢與少數應該設法妥協並往求同的方向靠攏。唯有團結起來，弱勢與少數才能共同對抗種族主義（Delgado & Stefancic, 2001: 56-58）。當然，這種忽視差異的本質主義看法，往往會造成某些特定的少數與弱勢獲益，特別是某些「雙重弱勢（少數）」者（double minorities，如黑人女性等少數中的少數）受到排除，進而落入更不利的待遇之中。也因為如此，本質主義受到來自理論內部的強烈批判。

二、交錯性的提出與雙元結構的打破

　　誠如前節所述，批判種族主義源自於美國黑白衝突的社會情境。因此，它的論述中存在著鮮明的「黑白男性典範」（black/white-men paradigm）。這使得相關論證經常忽視印地安原住民、亞裔、拉丁裔的問題；同樣的，以男性、種族為主的分析框架也沒有注意到性別（gender）、性向（sexuality）、階級（class）等議題。為此，論者開始檢討黑白雙元的種族概念所產生的影響（Hutchinson, 2001; Robinson, 2000）。黑白的分類使得黑人難以和其他少數族裔結成聯盟，並站在同一陣線。除此之外，更大的問題在於雙元的結構使得族群正義成為爭取優勢族群（也就是白人）注意的零和遊戲。

　　爲了打破上述雙元結構，CRT學者進一步提出了「交錯性」的概念。這個概念的提出使得批判種族理論超越了原本的本質主義「種族」分析，旁及到性別、性向、階級、出身國等各類議題，進而探討各子題如何在現實生活中交織出各式各樣的多元認知與意識（Cho, et al., 2013; Crenshaw, 1991; Grillo, 1995）。因此我們應該以一種聯盟（coalition）的方式來給予相關議題總體的認識，進而深化討論（Matsuda, 1990: 1188-89）。

　　總之，跳脫了雙元架構之後，我們發現每個個人其實都處在不同的交錯點上，無時無刻都在感受、經驗著世界在其周圍相交。值得注意的是，交錯性不僅止於提供性別、階級等不同的視角，其意義更在於它把多元性（multiplicity）視爲普遍的概念（Hutchinson, 2003）。

三、從積極的種族色盲到後種族理論

（一）積極的種族色盲理論

　　有鑑於批判種族論述歷來太過重視種族議題，不少論者遂提出徹底拋開種族意識的構想。換言之，既然我們已經知道「種族」是社會建構出來的概念。也許根本解決此問題的辦法，是徹底拋棄種族這個詞。因爲使用這個概念本身，不但無助於理解人們的認同，反而會使人更加落入種族概念所隱藏的受害、無助、從屬等優劣排比邏輯之中。

　　當然，並非所有人都贊成把種族討論從批判種族理論中剔除的論調。因爲如果連討論某個社會問題的詞或概念都沒有，我們不但無法闡述自身經驗，也無法藉此號召或組織起具有相同經歷的同志，一同爲問題的解決而打拼。誠如CRT最初在闡釋局外人法學時所言，局外人的聲音之所以寶貴，是因爲反覆的討論與持續的發聲，主流社會所無法想像的問題才得以被「命名」。一旦問題獲得命名（naming the problem/injure），議題才得以界定，後續的研究也才得以展開（Yosso, et al., 2004; Yosso & Solorzano, 2005）。換言之，對於拋開種族意識的看法，不但無從解決已經長久存在的種族問題，反而會使批判種族理論多年來爭取種族平等的努力遭到架空。

（二）後種族理論

2008年歐巴馬當選總統之後，不少學者主張美國已經正式進入「後種族（主義）」時期（post-racialism, post-racial racism），應該認真思考過去各種以種族爲基礎的優惠性差別待遇（affirmative action），是否應該繼續存在（Cho, 2009; Cooper, 2010; Haney-Lopez, 2010a, 2010b; Tesler & Sears, 2010; Wise, 2013）。這類學者認爲在後種族時期，種族的問題就成爲次要，甚至是可以不被列入考慮的問題；既然如此，倘若還有人強調要追求種族平等，這時後者反過來會被認爲是在透過「打種族牌」（playing the race card），來爭取個人的特權（Cho, 2009; Cooper, 2010; Haney-Lopez, 2010a, 2010b; Tesler & Sears, 2010; Wise, 2013）。後種族理論的提出，被認爲是晚近CRT面臨的最大挑戰。

就上面的論點，大致可以看出後種族理論與色盲原則之間具有相當的共通性，這使得它非常像是色盲原則的翻版。比方說，Haney-Lopez（2010a）就認爲後種族理論其實是一種較爲緩和的「自由主義色盲原則」（liberal colorblindness），因爲它至少已經意識到過去的種族主義可能會帶來歧視的問題。只不過，在實際論述上，後種族主義把歧視解釋爲已經過去的歷史問題。既然問題已經過去，就可以不用再提這個問題。換言之，色盲原則和後種族理論都要求我們自種族的討論中撤退，他們不同的地方是在於：後者強調種族問題的進步與改善，讓我們可以超越（transcendence）種族議題；至於前者，基本上還是一種規範（normative）層次的訴求，認爲我們不應該在種族議題上打轉（Cho, 2009）。

當然，歐巴馬執政後發生的一連串種族衝突或爭議事件，都在在顯示出種族衝突其實沒有過去。比方說，2009年哈佛大學教授Gates與警察發生爭執而被逮捕的事件、2014年密蘇里州佛格森鎭（Ferguson）黑人少年遭警察射殺所引發的衝突以及大規模示威，以及2015年南卡羅萊納州查爾斯頓鎭（Charleston）的教堂屠殺事件等。換言之，即便到了今天，種族依然是個需要嚴肅面對的問題。不論如何，我們可以看出後種族理論已經開啓了CRT內外部新一波的討論與對話。

四、小結

　　經過上述的討論與深化，我們發現批判種族理論跨出了原本的討論範疇與框架，進入更為多元、交錯、自反（reflective）的分析領域。其理論的深度與廣度也隨之加深、闊寬，並超越了原始的意涵。此處我們可以用Moran教授的一段話，來為歷經內部反省過後的批判種族理論做出註解（Moran, 2003: 2381）：

　　一個年輕的領域總是會歡迎各種研究途徑，因為它需要試探自己學門所許諾的界線何在。然而，最後的時候這個〔學門〕大棚架之下卻變得像三環馬戲團一樣，有著使人眼花撩亂的危險。

肆、傳統派的反擊：來自外部的批判

　　「種族」是長久以來困擾美國社會的難題。可以想見，任何有關種族的討論，爭議都相當大。另外，由於CRT的方法論與傳統法學或社會科學界通用的方法大相逕庭，因此不管是學界還是實務界，各領域對CRT的批判始終不斷。這些批評大致集中在三個相互關聯的主題，分別是：反敘事方法（counter-storytelling）、虛無主義（nihilism）、非中立性（non-neutrality）（Farber & Sherry, 1997; Harris, 1994; Hutchinson, 2003; Singer, 1984）。

一、敘事的方法論爭

　　批判種族理論在方法上首重「敘事分析」與「反敘事方法」。在敘事分析的框架下，CRT的主張者特別強調通過具體的經驗，來對主流價值進行批判。事實上，敘事分析可以說是批判種族理論者與傳統社會科學或法學分析最為不同，也最足以標示其特徵的所在（Abel, 2008; Austin, 1995; Delgado, 1989, 1990; Polletta, et al., 2011; Solorzano & Yosso, 2002）。一反傳統就法論法、就政策論政策的分析模式，反敘事方法主張從「情境脈絡」（context-specific）出發，

也就是改由受害者的角度和日常生活經驗出發，提出一套不同於主流的敘事版本。CRT理論家有時甚至會以虛構、科幻的故事或人物來突出問題。

總之，批判種族論者通過各種反敘事版本，來對主流敘事進行後設分析，進而揭露並突顯隱藏在主流敘事背後的各種假設與推理模式等。可以想見，批判種族理論與重視就法論法的傳統法學或是重視實證的社會科學方法截然不同。也因爲如此，論者經常批評CRT的文章其實只能說是一些故事和迭文軼事（anecdotes）的集結，根本稱不上是「論文」（Culp, 1996; Farber & Sherry, 1993）。

對於上述的非難，批判種族主義論者也提出反擊。首先，他們指出反敘事方法只是批判種族理論重要分析工具中的一種而已，並非所有CRT論文都採取此方法。事實上，有更多CRT論文用的是傳統法學、政策分析的論述方式與邏輯。其次，CRT學者更指出，敘事的方法其實在西方學術傳統中存在已久，根本不是批判種族理論所獨創。這點我們從CRT成長茁壯的法學領域就可以看出端倪。在英美法系的陪審團制度裡，立場各異的辯檢雙方本來就是透過各種證詞、陳述來爭取法官支持。就連法官的判決本身，也都是透過某種特定的敘事，來形構出所謂的「事實」。換言之，所謂的法庭，其實就是一個各方都在述說著不同故事的場域。既然如此，對於敘事方法的批評，或是認爲以說故事爲主體的敘事和法學傳統格格不入的說法，其實並不成立（Hutchinson, 2003）。

二、種族主義長存論中的虛無主義

對於批判種族理論的虛無主義批評，主要來自CRT論者常有意無意就會在字裡行間流露出他們對種族主義消弭的悲觀乃至於絕望（Hutchinson, 2003）。CRT的批評者認爲這種深層的絕望，使得CRT經常會呈現出憤世嫉俗（cynical）或是某種虛無的論調。既然種族平等在美國不可能有達成的一天，那麼種族間的理解乃至和解（racial reconciliation），當然也就是緣木求魚了。

就某種程度來說，種族主義長存論中確實存在了虛無主義，或至少是較爲悲觀的論調。但批判種族理論卻不盡然像是表面上如此悲觀。誠如前節所述，就理論發展來看，最初CRT之所以和批判法學分道揚鑣，就是因爲不滿某些批判法學者的「權利無用論」（rights-trashing approach）（Hutchinson, 2003）。換言之，批判種族主義論者從黑人的民權運動史中認識到法律以及權利依然

是促成社會變革的有效工具。也就是說，批判種族理論一方面對法律的形構與邏輯給予批判，另一方面又嘗試在現行法律及其邏輯的框架下進行改變。質言之，CRT還是預設了希望未來能朝向更好的方向改變，而不是虛無的放任不管，或任由事情更加惡化。誠如廖元豪（2007）所言，同時兼顧「顛覆」與「實用」乃是CRT學者的最大特色。

三、價值中立性論戰

　　有關CRT的最後一項批評，集中在中立與否的問題上。由於受到後現代學說的影響，不少批判種族理論的學者對法學論述和當代社會科學中所強調的價值中立、客觀等概念都提出質疑（Coleman & Leiter, 1993; Hayman, 1995; Hayman & Levit, 1996; Parker & Lynn, 2002; Powell, 2008）。誠如上述，批判種族理論者認為各種概念、分析方法其實都受到歷史、政治、社會、文化等價值因素的影響。這麼一來，所謂的事實、真理等說法，其實根本沒有想像中的「客觀」，而是某種社會建構出來的東西。

　　面對上述的批評，批判種族主義者從不同的視角來加以反擊。比方說，Harris（1994: 759-65）指出，CRT確實受到後現代思潮的影響，但她認為即便是後現代主義，其實也只是現代理性的批判者而已，因此根本不存在CRT必須全盤接受哪一種學說的問題。換言之，我們需要的不是拋棄這些現代性的代表價值，而是根據事實重新檢視這些概念與框架。唯有如此，才有進一步達成這些目標的可能。同樣的，Hayman（1995: 63-64）也採取了類似的觀點，主張論者應該拋開這些表面上的爭執，CRT應該透過新的歷史、敘事、反迷思（counter-myth）來和主流理論進行對話。

　　當然，主張應當拋棄大敘事，並不意味著理性的放棄，也不代表法律或政策頓時失去了價值，CRT希望表達的其實是我們應該在情境中分析法律，而不是一開始就把各種法和規則視為百世不磨的真理。也正因為如此，批判種族主義在面對女性主義等人的批評時，才會積極把交錯性等概念納入其中，使之成為理論的一環。總之，主張真理其實也是社會建構下的產物，並不意味著對理性的全面棄守，而是希望能從更微觀的角度，去發掘理性與真理（Hutchinson, 2003）。

伍、邁向經驗批判種族理論

在系統地檢討批判種族理論的知識脈絡，以及理論發展至今所引發的內外部論戰，其理論方案的內涵已經相當鮮明。多年下來，CRT甚至還發展出了自己獨特的「信條」。這些都顯示出批判種族理論在歷經多年發展之後，已經提出一套與主流法學及社會科學截然不同的觀點與方法。惟二十多年來，學派內外部都深切期待CRT在理論與方法上能有進一步開展。是故CRT學派近來在歡慶研究成果之餘，也不忘大力疾呼展望未來的重要性，以尋求進一步的跨界（interdisciplinary）與交錯（intersectional），俾使方法論上能有再突破的可能（Adams & Salter, 2010; Sarat & Gómez, 2004; Hancock, 2013; Obasogie, 2013, 2015; Paul-Emile, 2014; Quintanilla, 2013; Salter & Adams, 2013）。以下，本文分別對於敘事的理解以及經驗科學的解釋予以進一步的闡釋，並提出「經驗批判種族主義」的概念。

一、敘事方法論的再認識

誠如前述的分析，傳統派對CRT方法論上的最大抨擊，集中在敘事方法論。對我們而言，以說故事的方式來闡釋法學問題或突顯爭議，在理論開創之初確實在學界投下了相當的震撼。但若干年過去，採取個人經驗闡述的敘事分析論文依然眾多，內容也大同小異地圍繞在生活周遭的各式歧視。但由於各種故事欠缺體系性，這也使得種族問題的進一步闡明，受到很大的限制。

誠如Polletta等人（2011）所言，敘事與說故事的兩大功能，在於它的模稜兩可（ambiguity）以及引發別人也開始說故事的渴望和共鳴。曖昧，有時可以是溝通的資源。對此，范雲（2010）的本土實證研究就發現，故事說服機制的模糊性使得討論無需立即陷入敵我二分的對立。透過陳述與聆聽，人們反而更能進行反思，並對自身態度或立場的改變帶來新的可能。同樣的，相較於議題的抽象討論或是理性邏輯的論證，說故事其實是一種門檻較低的論述方式。因此，敘事的方法使得不同背景的人（特別是CRT所關注的弱勢族群）也都能簡單參與，並透過個人生命經驗的陳述與分享來進行平等的對話。對此，范雲（2010）也強調，說故事會使人產生參與的渴望，並在參與者間建立起信任關

係。一旦開始陳述故事，往往也會促使聽者開始述說自己的故事。總之，故事的分享與共同性的建立，強化了雙方的同理心和連帶感。這些都是敘事的功用。

　　從CRT的理論演進來看，這種以「活生生經驗」出發的論旨固然重要，但迂迴處理種族主義的作法畢竟較不系統。倘若每位作者對各自經歷的闡述無法彰顯問題的所在，而只是各自述說類似的遭遇，那麼敘事本身很容易就會流於瑣碎，也會使得論文出現理論密度失衡困擾。此外，研究陪審制度的學者（Bennett & Feldman, 2014）早就指出，曖昧與模稜兩可會減損故事的可靠性，也經常讓人感覺陳述的一方有所動搖或無法確定。這些都使得敘事分析的理論射程大幅受到限制。

　　面對上述的限制，這時社會科學的分析方法就能夠起到檢證的功能，讓理論與實證資料得以相互驗證。經驗批判種族理論正是在這樣的想法下，嘗試在方法上積極尋求批判種族理論與社會科學經驗研究的整合，讓我們能通過實證資料和社會科學方法來對故事的各種情節假設進行檢測。

二、批判種族理論與經驗研究在方法上的整合

　　批判種族理論與經驗研究在方法上的進一步整合，大致涉及兩個層次的問題。首先，誠如Somers與Gibson（1993）所言，社會科學界中有不少人認為敘事分析與強調因果解釋的社會科學是一種「認識論上的他者」（epistemological other）。事實上，就當前學術發展的進程來看，我們會發現實際的情況遠非如此。兩者其實是愈走愈近，而非愈離愈遠。誠如公共政策學者Majone（1989: 1）所言（譯文參考丘昌泰，2004：205）：

　　　政客知之甚詳，但社會科學家卻經常忘記，公共政策是語言所構成的，無論是書寫的或口語的，在所有政策過程的各階段中，辯論是其核心。

有鑑於社會行動者經常透過各種方式來進行說服（persuasion）與證成（justification），因此近來社會科學界也積極嘗試導入語言學方法，以便釐清論述、表述方式（modes of representation）、修辭（rhetoric）、語境（context）等議題。這些研究的成果不但與敘事分析直接相關，更可以直接作

爲批判種族理論進一步開展的寶貴資源。

　　CRT敘事分析與社會科學的另一關聯，涉及到對故事情節的經驗檢證（柯志明，2005）。在文學作品中，情節精采本身就是關鍵所在；但在學術研究的範疇裡，精采與否往往不是重點，研究者眞正的工作其實是在對情節進行梳理，同時對每個環節進行檢核與銜接（柯志明，2005：164-65）：

> 故事進行當中，講者隨時等候深思熟慮的聽眾發出「爲什麼」、「可是……」這類的問題。如果過不了關，故事的進展就會被阻斷，「卡住了」。正如檢察官對嫌犯的說詞發出質疑，並使用證據與科學的分析技巧去推翻其意圖脫罪的說詞，社會科學的分析與檢證在這裡扮演了重要的功能性角色。社會科學幫故事解決懸而不決的問題，排除了繼續進展的障礙，而可以繼續跟隨下去；當然同時也排除了一些過不了關的故事。

對敘事的檢證，正好是CRT最薄弱、也最常受到抨擊的部分。CRT論文經常出現故事說完了，論文也就結束了的弊病。至於故事中所夾雜的制度批判，也經常因爲欠缺實證資料的支持，而被認爲過於主觀。舉例而言，CRT的旗手Delgado（1984, 1992a）教授曾經提出「學界朋黨」（imperial scholar）的經典論述。根據他的觀察，美國民權研究裡存在著一個以白人爲主的「隱形社群」。但通讀全篇就會發現，Delgado所有的論證都是立基在自己的閱讀和經歷之上。即便他在文章中已經節盡可能地旁徵博引，但這些被引用到的文獻在浩瀚的法學論著中畢竟只占了極小的一部分。事實上，相關經驗證據可以透過社會科學的「引用網絡分析」（citation network analysis）來提供（陳世榮，2007；蘇國賢，2004）。質言之，CRT與後種族理論的爭辯缺乏了實證資料的支持，很容易就會陷入過於概化（over-generalization）的誤區。

　　經驗研究所累積的寶貴成果，其實是批判種族理論進一步發展的資源，而非限制。事實上，不少CRT論者也贊成和社會科學進一步整合。誠如批判種族理論大將Crenshaw（2010）在一篇回顧與前瞻的文章裡提到，她認爲：CRT需要一個更爲寬廣的定義，也必須思考如何在法學領域之外吸納更多的學門（如社會科學），以便邁入下一個十年。總之，本文認爲社會科學的研究成果，可以讓CRT所提出的故事成爲「受到經驗研究檢證過的故事」（柯志明，2005）。

三、邁向經驗批判種族理論的幾點提醒

　　值得注意的是，雖然本文基於敘事分析與社會科學經驗研究互補的角度，指出未來CRT與社會科學可以進一步結合，以便能在理論爭辯與命題檢證上更臻完備[2]。但這絕不意味著批判種族理論應該不假思索地接受社會科學的邏輯。我們認為，批判種族理論應該發揮其「批判的」本質，以更加「自反」（reflective）的態度來看待兩者的結合。具體來說，社會科學中存在了實證、解釋和批判三大傳統（黃瑞祺，2007）。CRT在引入經驗研究來對社會事實進行解釋及分析之時，絕對不能拋棄自身所長（也就是「批判的傳統」），而應該更為批判地看待自己與社會科學之間的關係。

　　質言之，社會科學的研究者過去經常把偏離主流常規的個人或人群，定義為「他者」甚至是「離經叛道者」（deviants）。在這樣的脈絡下，社會科學其實經常被援引為各種種族社會階層（racial stratification）或社會建制，如其所是且本當如此的證據。換言之，社會科學經常被用來作為證成既有社會形構的證據。這使得它往往成了主流論述的辯護者（Zuberi, 2010）。比方說，如果在研究之前就先預設了同化政策的優先性，那麼原住民族的自主與自決就會被認為是國族形塑時的障礙；同樣的，當槍枝管制被認為是理所當然的常規，原住民的狩獵就會變成一種社會問題，甚至淪為犯罪問題。

　　上述的論題看似簡單且相當容易辨識，但事實卻遠非如此。特別是在以數字分析為主的經驗研究裡，論者很容易就會陷入「數字會說話」的迷思，而忽略了數字也可能被有意無意地扭曲、甚至遭到操弄（Bonilla-Silva & Baiocchi, 2001; Lyman, 1995; McKee, 1993; Zuberi, 2001）。對此，Bonilla-Silva與Baiocchi（2001）就曾經對主流社會科學如何透過數字來鞏固現狀，以及維持優勢族群的既有優勢進行過深入的分析。比較直觀的來看，當我們從數字上看到黑人的犯罪率是白人的三倍時，任何人都很難不直覺地認為，這些黑人一定是在哪方面有問題，才讓他們的犯罪率這麼高。比較難想到的是，黑人入獄（incarceration）的比例之所以高，也可能是來自制度設計時就已經夾帶了某種針對性（targeting）（Bonilla-Silva & Baiocchi, 2001; Haney-Lopez, 2010b）。換言之，數字不一定說的都是實話。當然，後者就需要更進一步的分析與檢

---

[2] 類似的觀點可以參考Brown（2004）、Carbado與Roithmayr（2014）、Sarat與Gómez（2004）、Parks（2007）。

視，才能看出當中端倪。因此，CRT在引進經驗分析作爲檢證時，必須更謹慎且批判地看待相關研究。

　　總之，正如柯志明（2005：164）在探討社會科學與歷史敘事相結合的問題時所言：「解釋愈多，理解愈深」。當然，未來如何超越社會科學與CRT的既有傳統，以便開創出新的融合（synthesis），相信會是CRT下一個十年必須面對的挑戰。

陸、結論

　　本文從批判種族理論的演進過程以及主要論題的分析出發，系統地對該理論的來歷、內涵等議題進行了爬梳。接著再對來自學派內、外部的批判以及當前的進展給予全面性的檢討，以便釐清其理論方案和晚近的發展狀況。通過這樣多層次的知識脈絡反省，我們發現二十多年來批判種族理論已在理論建構上趨向成熟，並從原本的法學領域逐漸擴展到教育、媒體、社會政策、公共行政等學門，影響範圍也從原本以美國爲主的知識社群，拓展至全球的範圍。總體來看，批判種族理論已經取得了相當程度的知識進展。

　　即便如此，該理論發展至今，不管是學派的內部、還是外部，都已經意識到該學說的整體進展，面臨到了瓶頸。因此，近來CRT的相關研討會，都不約而同地把重心放在如何透過進一步跨界、交錯，進而走出一條新路的問題上。面對CRT對於未來展望的迫切，本研究也提出「經驗批判種族主義」的概念作爲回應。我們認爲，在歷經語言學的轉向之後，社會科學與敘事方法論之間已經取得相當的共通性。這部分的研究成果可以直接援引並互爲支援。其次，敘事分析最常受到批評的部分，在於它所述說的故事雖然精采，卻經常因爲欠缺經驗證據的支持，以致過於主觀。本文認爲，社會科學正好可以彌補CRT這方面的缺點。有了經驗證據的支持，批判種族理論的論證就可以成爲「受到經驗研究檢證過的故事」。

　　值得注意的是，雖然本文認爲CRT未來應該和經驗研究進一步結合，如此才能在理論爭辯與命題檢證上更臻完備。但本文也特別指出，兩者之間的整合存在著不少可能的誤區。有鑑於此，CRT必須發揮其「批判」的特徵，並且更加謹慎的面對經驗研究所提供的材料和證據。具體來說，社會科學對我群與他

者的研究，可能早就已經預藏了某種價值於其中。這些被嵌入的價值，表面上極難辨別，也非常容易就會被淹沒在高深的算式和看似客觀的數字裡。正因爲如此，本文也進一步主張，社會科學所提供的各種論據應該被視爲公共議題討論的起點，而不是終點。本文認爲，唯有在這個意義下，社會科學與CRT才能開創出新的視野與方法，並正確地朝向追求種族平等的方向邁進。

後記：我的恐慌與惶恐

　　還記得2004年，洪老師六十六歲大壽論文集出版當時，我正好在日本交換學生。大雪紛飛的北海道宿舍裡，老師捎來了祝福與勉勵。還記得，當時我把老師的信，夾在日本馬學權威宇野弘藏所著的恐慌論裡。現在想想，當時不經意的動作，其實有著深意。對我來說，洪老師帶給我的就是恐慌，知識上的恐慌，以及學如逆水行舟的惶恐。轉眼間，十四個年頭過去，老師同樣的精神厥碩，同樣的勤於筆耕，更有著有增無減的學術熱誠。

　　這幾年，自己開始教書與研究之後，才發現四、五十年的持續耕耘，有多麼不簡單。生活中實在有太多事情，會讓自己耽擱。停下腳步的藉口，總有千百種。但裹足不前的結果，往往帶來更多的恐慌。還好，身爲「洪門」的一員，老師始終走在我的前方，微笑著引領方向。這篇論文，其實就是老師十幾年前，在我赴英留學時的恐慌中，給我的指引。

　　記得當時老師告訴我，介在法律與政治之間的批判法學，也許是我這種既不法律、也不政治的人的一條新路。還記得當時我因爲初踏進「科技與社會」的領域，進入了新一波的惶恐與不知所措。好一段時間，自己其實一直忘了老師的建議。返國服務後才發現，老師實在看得太遠，知道恐慌過後，我還是會走向這條路。

　　拿這篇文章來獻給老師，我想是再適合也不過的了。只是，老師鑽得太深、走得太遠，而我能拿出來的成果，也就只有這樣了。正要邁入四十的我，更加焦慮了。不論如何，且以此文，來讓我恐慌的爲恩師祝壽。

參考文獻

丘昌泰，2004。《公共政策──基礎篇》（二版）。台北：巨流。

柯志明，2005。〈歷史的轉向──社會科學與歷史敘事的結合〉《台灣社會學》10期，頁149-70。

范雲，2010。〈說故事與民主討論──一個公民社會內部族群對話論壇的分析〉《台灣民主季刊》7卷1期，頁65-105。

陳世榮，2007。〈探究環境治理中的知識溝通：台灣氣候變遷研究的網絡分析〉《公共行政學報》25期，頁1-30。

黃瑞祺，2007。《批判社會學》。台北：三民。

蔡懷卿，2005。〈美國批判法學研究運動與種族、女性主義法學互動之淺論〉《玄奘法律學報》4期，頁287-314。

廖元豪，2007。〈Virginia v. Black與種族仇恨言論之管制：批判種族論的評論觀點〉收於焦興鎧（編）《美國最高法院重要判決之研究：2000～2003》，頁105-50。台北：中央研究院歐美研究所。

蘇國賢，2004。〈社會學知識的社會生產──台灣社會學者的隱形學群〉《台灣社會學》8期，頁133-92。

Abel, Troy D.. 2008. "Skewed Riskscapes and Environmental Injustice: A Case Study of Metropolitan St. Louis." *Environmental Management*, Vol. 42, No. 2, pp. 232-48.

Adams, Glen, and Phia S. Salter. 2010. "A Critical Race Psychology Is Not Yet Born." *Connnecticut Law Review*, Vol. 43, No. 5, pp. 1355-77.

Austin, Arthur. 1995. "Evaluating storytelling as a Type of Nontraditional Scholarship." *Nebraska Law Review*, Vol. 74, No. 3, pp. 479-528.

Bell, Derrick A., Jr. 1979. "Brown v. Board of Education and the Interest-convergence Dilemma." *Harvard Law Review*, Vol. 93, pp. 518-33.

Bennett, W. Lance, and Martha S. Feldman. 2014. *Reconstructing Reality in the Courtroom: Justice and Judgment in American Culture*. New Orleans: Quid Pro Books.

Bonilla-Silva, Eduardo, and Gianpaolo Baiocchi. 2001. "Anything But Racism: How

Sociologists Limit the Significance of Racism." *Race and Society*, Vol. 4, No. 2, pp. 117-31.

Bridges, Khiara M. 2013. "The Dangerous Law of Biological Race." *Fordham Law Review*, Vol. 82, No. 1, pp. 21-80.

Brooks, Roy L., and Mary Jo Newborn. 1994. "Critical Race Theory and Classical-Liberal Civil Rights Scholarship: A Distinction Without a Difference?" *California Law Review*, Vol. 82, No. 4, pp. 787-845.

Brown, Dorothy A. 2004. "Fighting Racism in the Twenty-First Century." *Washington and Lee Law Review*, Vol. 61, No. 4, pp. 1485-99.

Brown v. Board of Education, 347 U.S. 483 (1954).

Carbado, Devon W., and Daria Roithmayr. 2014. "Critical Race Theory Meets Social Science." *Annual Review of Law and Social Science*, Vol. 10, pp. 149-67.

Cho, Sumi8. 2009Cho. "Post-racialism." *Iowa Law Review*, Vol. 94, No. 5, pp. 1589-1649.

Cho, Sumi, Kimberlé Williams Crenshaw, and Leslie McCall. 2013. "Toward a Field of Intersectionality Studies: Theory, Applications, and Praxis." *Signs*, Vol. 38, No. 4, pp. 785-810.

Coleman, Jules L., and Brian Leiter. 1993. "Determinacy, Objectivity, and Authority." *University of Pennsylvania Law Review*, Vol. 142, No. 2, pp. 549-637.

Cooper, Frank Rudy. 2010. "Masculinities, Post-Racialism and the Gates Controversy: The False Equivalence Between Officer and Civilian." *Nevada Law Journal*, Vol. 11, pp. 1-43.

Crenshaw, Williams Kimberle. 1991. "Mapping the Margins: Intersectionality, Identity Politics, and Violence Against Women of Color." *Stanford Law Review*, Vol. 43, No. 6, pp. 1241-99.

Crenshaw, Williams Kimberle. 2001. "The First Decade: Critical Reflections, or s Foot in the Closing Door." *UCLA Law Review*, Vol. 49, pp. 1343-94.

Crenshaw, Williams Kimberle. 2010. "Twenty Years of Critical Race Theory: Looking Back to Move Forward." *Connecticy Law Review*, Vol. 43, pp. 1253-1352.

Culp, Jerome McCristal, Jr. 1996. "Telling a Black Legal Story: Privilege, Authenticity, 'Blunders,' and Transformation in Outsider Narratives." *Virginia Law Review*, Vol. 82, No. 1, pp. 69-93.

Delgado, Richard. 1984. "The Imperial Scholar: Reflections on a Review of Civil Rights Literature." *University of Pennsylvania Law Review*, Vol. 132, No. 3, pp. 561-78.

Delgado, Richard. 1987. "The Ethereal Scholar: Does Critical Legal Studies Have What Minorities Want?" *Harvard Civil Rights-Civil Liberties Law Review*, Vol. 22, pp. 301-22.

Delgado, Richard. 1988. "Critical Legal Studies and the Realities of Race: Does the Fundamental Contradiction Have a Corollary." *Harvard Civil Rights-Civil Liberties Law Review*, Vol. 23, No. 2, pp. 407-13.

Delgado, Richard. 1989. "Storytelling for Oppositionists and Others: A Plea for Narrative." *Michigan Law Review*, Vol. 87, No. 8, pp. 2411-41.

Delgado, Richard. 1990. "When a Story Is Just a Story: Does Voice Really Matter?" *Virginia Law Review*, Vol. 76, No. 1, pp. 95-111.

Delgado, Richard. 1992a. "The Imperial Scholar Revisited: How to Marginalize Outsider Writing, Ten Years Later." *University of Pennsylvania Law Review*, Vol. 140, No. 4, pp. 1349-72.

Delgado, Richard, and Jean Stefancic. 1989. "Why do We Tell the Same Stories?: Law Reform, Critical Librarianship, and the Triple Helix Dilemma." *Stanford Law Review*, Vol. 42, No. 1, pp. 207-25.

Delgado, Richard, and Jean Stefancic. 2001. *Critical Race Theory: An Introduction*. New York: New York University Press.

Farber, Daniel A., and Suzanna Sherry. 1993. "Telling Stories Out of School: An Essay on Legal Narratives." *Stanford Law Review*, Vol. 45, No. 4, pp. 807-55.

Farber, Daniel A., and Suzanna Sherry. 1997. *Beyond All Reason*. New York: Oxford University Press.

Gotanda, Neil. 1991. "A Critique of 'Our Constitution Is Color-Blind'." *Stanford Law Review*, Vol. 44, No. 1, pp. 1-68.

Grillo, T. 1995. "Anti-essentialism and Intersectionality: Tools to Dismantle the Master's House." *Berkeley Women's Law Journal*, Vol. 10, No. 1, pp. 16-30.

Hancock, Ange-Marie. 2013. "Empirical Intersectionality: A Tale of Two Approaches." *UC Irvine Law Review*, Vol. 3, pp. 259-296.

Haney-Lopez, Ian F. 1994. "The Social Construction of Race: Some Observations on Illusion, Fabrication, and Choice." *Harvard Civil Rights-Civil Liberties Law Review*, Vol. 29, pp. 1-62.

Haney-Lopez, Ian F. 2006. *White by Law: The Legal Construction of Race.* New York: New York University Press.

Haney-Lopez, Ian F. 2010a. "Is the "Post" in Post-Racial the "Blind" in Colorblind." *Cardozo Law Review*, Vol. 32, pp. 807-31.

Haney-Lopez, Ian F. 2010b. "Post-racial Racism: Racial Stratification and Mass Incarceration in the Age of Obama." *California Law Review*, Vol. 98, No. 3, pp. 1023-74.

Harris, Angela P. 1990. "Race and Essentialism in Feminist Legal Theory." *Stanford Law Review*, Vol. 42, No. 3, pp. 581-616.

Harris, Angela P. 1994. "Foreword: The Jurisprudence of Reconstruction." *California Law Review*, Vol. 82, No. 4, pp. 741-85.

Harris, Angela P. 2012. "Critical Race Theory." (http://works.bepress.com/cgi/viewcontent.cgi?article=1030&context=angela_harris&sei-redir=1&referer=http%3A%2F%2Fscholar.google.com.tw%2Fscholar%3Fstart%3D30%26q%3D%2522critical%2Brace%2Btheory%2522%2Bangela%2Bharris%26hl%3Dzh-TW%26as_sdt%3D0%2C5#search=%22critical%20race%20theory%20angela%20harris%22)

Hatch, Angela R. 2007. "Critical Race Theory." *Blackwell Encyclopedia of Sociology Online* (http://www.blackwellreference.com/public/tocnode?id=g9781405124331_chunk_g97814051243319_ss1-207)

Hayman, Robert L., Jr. 1995. "The Color of Tradition: Critical Race Theory and Postmodern Constitutional Traditionalism." *Harvard Civil Rights-Civil Liberties Law Review*, Vol. 30, No. 1, pp. 57-108.

Hayman, Robert. L., Jr., and Nancy Levit 1996. "The Tales of White Folk: Doctrine, Narrative, and the Reconstruction of Racial Reality." *California Law Review*, Vol. 84, No. 2, pp. 377-440.

Hutchinson, Darren Lenard. 2001. "Progressive Race Blindness: Individual Identity, Group Politics, and Reform." *UCLA Law Review*, Vol. 49, No. 5, pp. 1455-80.

Hutchinson, Darren Lenard. 2003. "Critical Race Histories: In and Out." *American University Law Review*, Vol. 53, No. 6, pp. 1187-1215.

Lawrence, Charles R. 1995. "The Epidemiology of Color-Blindness: Learning to Think and Talk about Race, Again." *Boston College Third World Law Journal*, Vol. 15, No. 1, pp. 1-18.

Love, Bettina L., and Brandelyn Tosolt. 2010. "Reality or Rhetoric? Barack Obama and Post-Racial America." *Race, Gender and Class*, Vol. 17, Nos. 3-4, pp. 19-37.

Lyman, Stanford M. 1995. *Color, Culture, Civilization: Race and Minority Issues in American Society.* Urbana: University of Illinois Press.

Majone, Giandomenico. 1989. *Evidence, Argument, and Persuasion in the Policy Process.* New Haven: Yale University Press.

Matsuda, Mari J. 1990. "Beside My Sister, Facing the Enemy: Legal Theory Out of Coalition." *Stanford Law Review*, Vol. 43, No. 6, pp. 1183-92.

Matsuda, Mari J., Charles R. Lawrence, Richard Delgado, and Kimberle Willimas Crenshaw. 1993. *Words That Wound: Critical Race Theory, Assaultive Speech, and The First Amendment.* Boulder, Colo.: Westview Press.

McKee, James B. 1993. *Sociology and The Race Problem: The Failure of a Perspective.* Urbana: University of Illinois Press.

Moran, Rachel F. 2003. Book review on *The Elusive Nature of Discrimination* by Ian Ayres (Chicago, University of Chicago Press, 2001), *Stanford Law Review*, Vol. 55, No. 6, pp. 2365-2418.

Mutua, Athena. 2006. "The Rise, Development, and Future Directions of Critical Race Theory." *Denver University Law Review*, Vol. 84, No. 2, pp. 329-94.

Obasogie, Osagie K. 2013. "Foreword: Critical Race Theory and Empirical Methods." *UC Irvine Law Review*, Vol. 3, pp. 183-86.

Obasogie, Osagie K. 2015. "The Constitution of Identity," in Austin Sarat, and Patricia Ewick, eds., *The Handbook of Law and Society*, pp. 339-50. Chichester: John Wiley & Sons.

Parker, Lawrence, and Marvin Lynn. 2002. "What's Race Got to Do With It? Critical Race Theory's Conflicts with and Connections to Qualitative Research Methodology and Epistemology." *Qualitative Inquiry*, Vol. 8, No. 1, pp. 7-22.

Parks, Gregory S. 2007. "Critical Race Realism: Towards an Integrative Model of Critical Race Theory, Empirical Social Science, and Public Policy." *Cornell Law*

School Working Papers (http://scholarship.law.cornell.edu/clsops_papers/23) (2017/3/6)

Paul-Emile, Kimani. 2014. "Forward: Critical Race Theory and Empirical Methods Conference." *Fordham Law Review*, Vol. 83, pp. 2953-60.

Plessy v. Ferguson, 163 U.S. 537 (1896).

Polletta, Francesca, Polletta, Pang Ching Bobby Chen, Beth Gharrity Gardner, and Alice Motes. 2011. "The Sociology of Storytelling." *Annual Review of Sociology*, Vol. 37, pp. 109-30.

Powell, Cedric Merlin. 2008. "Rhetorical Neutrality: Colorblindness, Frederick Douglass, and Inverted Critical Race Theory." *Cleveland State Law Review*, Vol. 56, No. 4, pp. 1-72.

Quintanilla, Victor D. 2013. "Critical Race Empiricism: A New Means to Measure Civil Procedure." *UC Irvine Law Review*, Vol. 3, pp. 187-216.

Robinson, Reginald Leamon. 2000. "The Shifting Race-Consciousness Matrix and the Multiracial Category Movement: A Critical Reply to Professor Hernandez." *BC Third World Law Journal*, Vol. 20, No. 2, pp. 231-89.

Salter, Phia, and Glenn Adams. 2013. "Toward a Critical Race Psychology." *Social and Personality Psychology Compass*, Vol. 7, No. 11, pp. 781-93.

Sarat, Austin, and Laura E. Gómez. 2004. "A Tale of Two Genres: On the Real and Ideal Links between Law and Society and Critical Race Theory," in Austin Sarat, ed. *Blackwell Companion to Law and Society*, pp. 454-70. New York: Blackwell.

Scales-Trent, Judy. 1995. *Notes of a White Black Woman: Race, Color, Community*. University Park: Pennsylvania State Press.

Singer, Joseph William. 1984. "The Player and the Cards: Nihilism and Legal Theory." *Yale Law Journal*, Vol. 94, No. 1, pp. 1-70.

Solorzano, Daniel G., and Tara J. Yosso. 2002. "Critical Race Methodology: Counter-Storytelling as an Analytical Framework For Education Research." *Qualitative inquiry*, Vol. 8, No. 1, pp. 23-44.

Somers, Margaret R., and Gloria D. Gibson. 1993. "Reclaiming the Epistemological Other: Narrative and the Social Constitution of Identity," in Craig Calhoun, ed., *Social Theory and the Politics of Identity*, pp. 37-99. Cambridge, Mass.: Blackwell.

Tesler, Michael, and Dvid O. Sears. 2010. *Obama's Race: The 2008 Election and the Dream of a Post-racial America.* Chicago: University of Chicago Press.

Wise, Tim. 2013. *Colorblind: The Rise of Post-racial Politics and The Retreat from Racial Equity.* San Francisco: City Lights Books.

Yosso, Tara J., Laurence Parker, Daniel G. Solórzano, and Marvin Lynn. 2004. "From Jim Crow to Affirmative Action and Back Again: A Critical Race Discussion of Racialized Rationales and Access to Higher Education." *Review of Research in Education*, Vol. 28, pp. 1-25.

Yosso, Tara J., and Daniel G. Solorzano. 2005. "Conceptualizing a Critical Race Theory in Sociology," in Mary Romero, and Eric Margolis, eds., *The Blackwell Companion to Social Inequalities*, pp. 117-46. Oxford: Blackwell,

Zuberi, Tukufu. 2001. *Thicker Than Blood: How Racial Statistics Lie.* Minneapolis: University of Minnesota Press.

Zuberi, Tukufu. 2010. "Critical Race Theory of Society." *Connecticut Law Review*, Vol. 43, No. 5, pp. 1573-92.

10
從《新加坡學》一書看新加坡社會的發展道路

利亮時
國立高雄師範大學客家文化研究所所長

10　從《新加坡學》一書看新加坡社會的發展道路

壹、前言

貳、從英殖民統治到日本的南侵

參、英殖統治走向日夕時暮

肆、風起雲湧的1960年代

伍、荊棘滿途的建國之路

陸、結語

壹、前言

　　《新加坡學》一書是洪鎌德老師於1994年完成的著作，該書就新加坡的種族問題、政治與國家認同、領導階層、外交策略、領導人李光耀、福利政策、東亞式民主與人權共七個部分進行論述。書中對新加坡的觀察雖然已經走過逾二十年的時間，但是其中不少觀點仍深具意義。

　　新加坡這個小島是華人移民東南亞區域的縮影，自十九世紀以來，華人離鄉背井，前來東南亞謀生，至1937年止，馬來亞（馬來半島與新加坡）華人達210餘萬人，占總人口的41.4%，其中華人占新加坡人口的76.5%，而在馬來半島的21個重要城鎮中，華人人口數超過居民總數50%的就有17個（蕭新煌等人，2005：191）。

　　早期的華人移民大多扮演中間人的角色從事轉口貿易，華商負責將當地土著的產品和其他地區生產的商品進行交換，提供一個交易的管道。此外，華人也在當地進行錫礦的開採和種植業。自馬六甲王朝開始，錫就成為主要的出口商品，後來的西方殖民者也是大力的開採錫礦，尤其英國殖民時期塑造出一個良好的投資環境，以便將來英國進行大量的投資，同時馬來半島的馬來王族們為擴張勢力征戰不已，因此需要爭取大量移民增加稅收以及更多的財富來源。

　　從中國南來的華人與當時中國的局勢和外在誘因有密切的關係。從十九世紀上半葉開始，中國在西方列強堅船利炮的侵略下，導致整個社會發生了急劇的變化。另一方面，自清朝康雍乾（康熙、雍正、乾隆）三代，超過百年的昇平，也使人口快速的飆升。然而清代長期的閉關自守，卻使得國內的生產技術嚴重落後西方諸國。這也導致人口眾多的優勢不僅沒有轉變為生產力，反而在西方的資本、技術東來後成為了清政府的負擔。農村經濟的破產和巨大的人口壓力，令整個清政府的經濟面臨崩潰的邊緣，而眾多的人口亦在痛苦的邊緣裡掙扎求存。廣東是當時人口壓力最大的地區之一，境內的嘉應州山多田少，平原面積狹小，過去的農業社會人口生存是依賴土地農業生產力來維持，人口增長，相對的耕地面積和稻米產量並沒有增加，單位面積土地負載力超過負荷，人口壓力形成，將人口擠壓出原居地。當時離開自己的家鄉，出外謀生幾乎成為唯一的選擇。

　　擁有海洋文明優勢的大英帝國，在十九世紀不斷擴張其殖民版圖。這股勢

力逐步到達了東方的世界，在印度建立據點並成立東印度公司，該公司的主要業務是與中國進行貿易。從古至今，馬六甲海峽（Malacca Straits）是中國與印度互通的重要航道。當時的荷蘭占有馬六甲和爪哇島，使它在控制馬六甲海峽方面占有更大的優勢。在這條航道上，英國只擁有馬六甲海峽北端的檳城，以及蘇門答臘（Sumatra）的明古連（Bencoolen）。此兩處都不是控制馬六甲海峽的理想據點，因為檳城太偏北，而明古連則是不在馬六甲海峽的航道內。因此在馬六甲航道取得一個重要據點成為當時殖民政府的首要任務。

位處中國與印度之間的新加坡島成為了英方的首選，占有新加坡，不但能突破荷蘭對馬六甲海峽的控制，而且可確保英國東印度公司駛往中國的商船，可在新加坡進行食水與供應品的補給和維修服務。更重要的是可利用新加坡之便與馬來亞、印尼和中南半島進行貿易，使新加坡成為中國和東南亞產物的集散中心，以及發展其成為一個繁盛的轉口貿易商港。上述的誘因，促使東印度公司來新加坡設立商站，而明古連副總督萊佛士（Thomas Stamford Raffles, 1781-1826），受委到新加坡勘察。1819年1月29日，萊佛士登陸新加坡，當時的新加坡只是一個小漁村，人口據說只有150人（其中華人只有30名）。為了儘快落實英國東印度公司的計畫，萊佛士於1月30日就與治理當地的天猛公（Temenggong，馬來酋長）阿都拉曼（Abdul Rahmen）簽訂臨時合約，讓東印度公司在新加坡設立商站。2月6日則與柔佛州蘇丹胡先（Sultan Hussein）[1]正式簽約租用新加坡。英國東印度公司亦正式在馬來甲海峽占有了一個重要的據點。

1824年是關鍵的一年，因為該年的3月17日英國和荷蘭達成協議，重新劃分兩個國家在東南亞的勢力範圍。英人讓出東印度群島和明古連，而荷人則退出馬來亞。這也奠定英國在馬來亞的勢力，逐步實行對馬來亞的殖民統治。解除了後顧之憂，英殖民政府自然全力的發展馬來亞。在發展的同時，面臨了人力資源不足的問題。因為以當時新馬的人口，根本無法提供殖民政府足夠的人力資源來發展，這導致必須引進外來的人力資源。擁有龐大人口的中國，自然成為殖民政府招攬的目標（Chiang, 1978: 8-9）。當時的中國內部則是混亂不堪，人民生活陷入困境，出洋謀生成為了求生的途徑。中國內部生存條件惡劣，形成內部過多的勞動力。這種情況呈現一種「推力」（push）將過剩的人口推出；新馬地區地廣人稀，急需人力進行開發的工作，因而產生一種「拉

---

[1] 當時的新加坡屬於柔佛州的領土。

力」（pull）。在這兩力的相互拉扯下，大量的中國移民進入了新馬地區。

　　1876年以前，在中國通商口岸至少有六家苦力機構為新加坡提供勞動力，除了商人設立的洋行，亦有中國人開設的合記（音譯）、元興行（音譯）、地常（音譯）等公司，前兩家設在汕頭，後一家設在廈門（王省吾，1978：355-60）。南來新加坡的華人除了契約勞工，還有大量以親屬和同鄉關係為基礎的牽引型移民，這包括了早期移民的妻子、兒女、兄弟、家族成員，以及移民在海外開設公司所需的幫手、員工等等。這些南來的華人，主要來自中國南方的沿海省分，族群方面主要有廣府人、福建人、潮州人、客家人和海南人。新加坡這個小島在英國人的建設下，在不到一個世紀的時間，人口從昔日開埠前的一百五十餘人，增至將近百萬人的數量，而華人是其中的最大族群。從二十世紀初期至今，華人一直是新加坡的最大族群。華人的大量南下，改變了新加坡原本的面貌，華人把原鄉的文化、風俗帶來了這個異地，其中包括了廟宇、會館與風俗文化等。

貳、從英殖民統治到日本的南侵

　　新加坡華人與世界其他地方華人一樣，歷經落葉歸根至落地生根的認同轉變。在獨立建國之前，這些華人移民都是心向祖國（清朝或後來的民國），中國抗戰的消息，傳到東南亞各地的華人社會。在馬來半島的麻坡（Muar）、柔佛（Johor）、吉隆坡（Kuala Lumpur）、怡保（Ipoh）、檳城（Penang）、阿羅士打（Alor Setar）等地華人對抗戰的反應最迅速，他們紛紛組織籌賑會（楊進發，1999：226）。新加坡則是在8月15日由華人社會118個公共團體共派出了700名代表，出席了當日舉行的僑民大會。大會催生了「星華籌賑會」，並由華人社會各幫派出的31名代表所組成。8月17日，籌賑會在怡和軒召開了首次會議，出席的代表公推陳嘉庚為執委會主席（楊進發，1999：228）。陳氏一直肩負族群的重擔，直至二次大戰的前夕。抗戰令新加坡華人社會熱血沸騰，也令社會的動能發揮至高點，誠如研究新馬的著名學者楊進發（1999：229）所言：

　　中日戰爭年代，也是他們（華人社會）採取各種形式投身救國抗戰的

年代。這裡有抵制日貨運動，有公眾集會、政治大會，也有文娛表演及報章上、學堂內的宣傳，從而提高人們的民族覺悟性。技工與專業華人也興起回到重慶為國民黨政府效勞的熱潮。也有動員華人捐款濟難，使中國抗戰立場更加堅定。這也是一個充滿動員群眾技巧、鍛鍊組織技能以及落實心理宣傳戰術的年代。這也是政治煽動家，募捐組織家如魚得水的年代，因為久受壓抑的華僑此時更易於響應捐款號召。也是在這一個政治氣氛濃郁年代裡，一些相互競爭的組織如陳嘉庚領導之星華籌賑會及共黨與它的外圍組織等，皆乘機充實它們的組織技巧以增進募捐籌款成效。通過在籌款成績與施加政治影響方面的角逐，這些政治健兒們將星馬華人社會推向一場來勢迅猛的政治運動中，論規模之大，影響之深，乃是當地華人歷史中罕見的。

東南亞華人社會抗日運動進行的同時，日本開始發動太平洋戰爭。1941年12月8日，日軍軍機投落在新加坡的炸彈，令英國殖民政府不知所措。新馬的駐軍都是缺乏良好訓練的「雜牌軍」，亦沒有把握可以抗擋日軍的南侵。當兩艘英國主力艦──擊退號（Repulse）與威爾斯太子號（Prince of Wales）遭到日本軍機擊沉後，整個殖民政府的信心已經崩潰。當時南侵的日軍統帥山下奉文（Tomoyuki Yamashita），從馬來半島北端的哥打峇魯（Kota Bahru）登陸，一路勢如破竹，在短短的兩個月時間就將馬來半島攻陷，大軍兵臨新加坡（李玉梅，1998：28）。新加坡軍民力抗了一個星期，最終在水供遭日軍切斷的威脅下，統帥白思華將軍（A. E. Percival）於1942年2月15日（華人農曆正月初一）決定向日軍投降。日軍進入新加坡之後，將這個島嶼易名為昭南島（南方之光的意思）。另一方面，日軍為了報復抗日活動而開始對華人進行逼害，而於1942年2月18日，開始進行大檢證，以肅清華人社會的反日分子。據新加坡內閣資政李光耀的回憶中清楚描述日軍進入新加坡後的暴行（李光耀，1998：66）：

1942年2月18日，日本人張貼布告，並派遣士兵到市區各個角落通過揚聲器通知華人，凡是年齡十八到五十歲者，必須到五個集中地點接受檢證。令人膽戰心驚的憲兵還揮舞刺刀，挨家挨戶地把不聽命的華人趕到上述地點，連婦孺和老翁也不放過。在理論上，日本皇軍可以藉恢復法律和秩序以及鎮壓抗日分子的名堂，對自己的行動進行辯

護。但是實際上，他們這麼做純粹是一種報復，因為他們不是在激烈
的戰鬥中採取檢證行動，而是在新加坡投降後才秋後算帳的。即使在
這項行動過後，日本軍隊還在鄉村地區，特別是在新加坡東部進行掃
蕩，殺死幾百名華人。這些人都年輕力壯，在日本人眼中是可能鬧事
的一群。

日本軍隊進入了新加坡，確實對當地華人社會造成了極大的傷害。當時抗日籌
賑會的主要領袖陳嘉庚自然成為日軍侵占新加坡首要對付的目標之一。陳嘉庚
在旁人的勸告下，於日軍攻陷新加坡的前夕乘坐小電船逃往印尼。當時同鄉後
輩的陳六使擔心陳嘉庚一路上無人照顧，囑咐其子陳永義陪同前往印尼避禍
（陳厥祥，1963：122）。若陳嘉庚沒有離開新加坡，他可能也和許多華人一
樣遭到日軍的虐待或屠殺。

　　戰爭的後期，日本政府在東南亞地區印刷的香蕉鈔票，毫無價值可言，因
為當時候根本就沒有足夠的商品來扶持幣值。另一方面，日本戰事的失利，令
日本不斷向東南亞的占領區索取物資，使得包括新加坡在內的區域面對食品、
油和其他貨品價格的猛漲（李玉梅，1998：32）。1945年，第二次世界大戰已
接近尾聲。德國於該年的5月8日無條件投降。7月26日，中國、美國和英國發
表了《波茨坦公告》，敦促日本迅速無條件投降，但日本政府置之不理。為了
盡早結束戰事，1945年8月6日，美國空軍在日本的廣島（Hiroshima）投下了
第一顆原子彈。巨大衝擊波的作用下，廣島市的建築全部倒塌，全市24.5萬人
口中有78,150人死亡，死傷總人數達20餘萬人。8月9日，美軍再次出動轟炸機
向日本長崎市（Nagasaki）投下原子彈，長崎市約六成的建築物被毀，傷亡人
數達8.6萬人，占全市總人口的37%。原子彈的威力，震撼了日本軍方，也使
日本方面於8月15日宣布無條件投降，9月2日簽署投降書，第二次世界大戰至
此結束。美國用原子彈轟炸廣島和長崎，也使日本人民遭受到軍國主義者發動
侵略戰爭帶來的嚴重災難。日本人戰敗離開了新加坡，而英國人則重新回到這
塊土地上來進行統治。戰後的新加坡是繼續接受殖民統治，還是產生了哪些影
響，這將在下一節來分析之。

參、英殖統治走向日夕時暮

英國殖民政府重新回到新加坡，除了面對共產黨的威脅外，日本能夠擊敗這個昔日雄霸世界的強國，亦令當地人民對英國人能夠給予保衛這片土地的信心，完全的破滅。新加坡人民的反殖力量日漸壯大，要求自決、自治的聲音愈來愈大。在這種情況下，殖民政府開始在政策上進行調整。從1948年至1959年間，殖民政府在政治採取漸進式的開放，1948年新加坡舉行了有史以來的第一次選舉，但只限於立法議院（Legislative Council）22席中的6席。1955年殖民政府落實立法議院民選制度，並舉行第一次大選（選出25席的立法議員，尚有近半數的立法議員是由官委的），讓新加坡步向半自治的狀態，當時的勞工陣線（Labour Front）贏得了10席，遂與馬來半島的聯盟[2]及官委議員組成聯合政府，而勞工陣線領袖馬紹爾（David Marshall）成為新加坡首任首席部長。1958年5月，自治協定簽署。隔年（1959年）新加坡舉行了第一次的普選，在該年5月的選舉中，人民行動黨（People's Action Party）贏得了51席中的43席[3]。行動黨祕書長李光耀出任總理，同年底尤索伊薩（Yusof bin Ishak）成為這個殖民地自治邦的元首。

戰後的新加坡，除了政治的變動之外，社會也出現了微妙的變化。1950年代工潮與學潮都相當的激烈，當時在新加坡職工總會（Singapore Federation of Trade Unions）的策劃下，各業的工人發動了罷工的行動。1950年代的福利巴士員工大罷工，更引發了暴動的事件。工人與學生的示威事件，令社會處於動

---

2 由巫統、馬華公會和印度國大黨組成的聯盟政府。巫統，全名為全國巫人統一機構（United Malays National Organisation，簡稱UMNO）。創始人是柔佛州貴族拿督翁惹化（Datuk Onn Jaafar）。該黨於1946年5月11日，由馬來亞數十個馬來團體為反對馬來亞聯邦計畫，共同組織而成的。該黨是聯盟的第一大黨，亦是馬來西亞最有影響力的政黨；馬華公會（Malayan Chinese Association，簡稱MCA），中文全稱馬來亞華人公會（1963年之後改稱為馬來西亞華人公會），是馬來西亞華人的政治組織。該黨於1949年順應緊急狀態的形勢，在英殖民地政府的鼓勵下成立，主要創黨人為陳禎祿。初期只是福利機構，1951年才正式改章程成為名符其實的政黨；印度國大黨（Malayan Indian Congress）是代表馬來西亞印度人的政黨，創立於1946年。1954年10月該黨加入巫統與馬華的聯盟後，一直都是執政黨的成員之一。

3 人民行動黨的候選人中，34位是華人，10位是馬來人，6位印度人和1位歐亞裔（李光耀，1998a：352）。

盪不安的局面。

在此同時，1950年代南洋大學的成立，成為了新加坡華人社會，甚至東南亞華人社會的一件大事。當時福建會館主席陳六使深感華文教育的困境，[4]而在福建會館第十屆第三次執監委員聯席會議（1953年1月16日），提出華人自辦大學的建議（中華總商會，1953）：

> ……吾人欲使馬華永遠存在，必須自行創立馬華大學，容納每年在華校畢業之學生。……二年前餘有此倡議，二年內辦不成，五年內一定要辦成功，五年內再辦不成功，則馬華文化之程度日趨低落矣！……社會人士如能響應，踴躍輸將，倘能捐至300萬元或500萬元，余必捐獻同等數目。論及辦理大學經費，是無從確實數目，但吾人可學國內大學，先辦數院，然視經濟力量，而逐漸擴充。吾僑子弟便可由小學而中學，進至大學，此為挽救華僑教育根本方針。……興辦馬華大學，二年前餘已提出此議，不幸膠廠被人放火焚毀，不然，則可實現。此次再事提倡，並非表示余為富裕之人，社會人士咸認辦馬華大學是必須創辦，余當傾餘之財產與僑眾合作，完成吾中華文化在海外繼往開來之使命。

籌辦中的大學，在1953年2月20日經各幫派領袖會商，正式命名為「南洋大學」（簡稱南大）（《星洲日報》1953/2/21）。新加坡許多主要的華人團體也紛紛表態支持。中華總商會正會長陳錫九和副會長高德根，率先回應陳六使自辦大學的倡議（《星洲日報》1953/1/20）。中華總商會在1953年1月21日第二十六屆第十一次董事會議上，立刻通過決議案，響應陳六使倡辦大學的號召，同時決定在1月25日召開的馬華商聯會，提出新馬華人全力支持創辦大學的議案（中華總商會，1953）。南大的創辦，雖然是教育問題，但是在當時東西方冷戰與新加坡社會環境中，這是涉及到了族群關係、政治的矛盾與國際力量的介入。

4　新加坡的華文教育，只有小學至高中的課程，欲升大學的學子都要到中國深造。1950年代共產主義的擴張，令西方陣營採取圍堵的政策，新加坡的人民也不被允許到中國深造，這令華文教育的高中面對升學無門的困境。

肆、風起雲湧的1960年代

　　踏入了1960年代，新加坡經歷了兩件大事：1963年9月16日，新加坡加入了馬來西亞成為一州；1965年8月9日，馬來西亞中央政府宣布新加坡不再是馬來西亞的州屬，新加坡被逼獨立。這種變化令新加坡政府與人民，猶如洗「三溫暖」，前者讓新加坡擁有廣大的腹地，前景充滿希望，而後者則是令新加坡陷入困境，未來的前途充滿著不可預知的未來。這段時間內，左右派的鬥爭、族群之間的衝突、各種政治力量的角力都令新加坡面對內憂外患的困境。

　　馬來西亞合併的道路，並非一條康莊大道，內中有著新馬存在的族群矛盾，新加坡與婆羅州領導層之間就未來合併之後，在施政方針上的歧見、新馬內部左派力量的干擾、外國勢力的介入等等，這些問題都令整個合併的過程充滿了變數。從1961年至1963年，英國方面與東姑阿都拉曼、李光耀等領導人，進行了多方的協商。在這兩年的協商過程中，新馬領袖仍有許多歧異的地方，這些問題最終在妥協與退讓的情形下完成，而1963年9月16日，馬來西亞終於成立。

　　新馬的領導人，在馬來西亞成立之前存在著許多的爭議的課題。這包括了新加坡方面要求刑事法臨時條款規定不必經過審判便能拘留私會黨歹徒的權力下放給新加坡；為了防止新加坡公民中的共產黨人成為馬來西亞公民，中央方面要求修改憲法，限制新加坡公民進入馬來西亞，而新加坡方面要求雙方應該一樣，即新加坡的州政府也可以禁止馬來西亞公民前來新加坡；為了防止貪污事件的發生，新加坡爭取保留州總檢察長，可根據新加坡防止貪污法令進行起訴的權力。以東姑阿都拉曼為首的中央政權，相當不願意答應新加坡州政府的上述要求。透過新加坡李光耀的策略，令英國這個宗主國支持新加坡爭取的事項（李光耀，1998：569）。這種方式雖然換取了新加坡在談判桌上的大勝利，但是卻帶來了負面的效果。這次的政治角力，以東姑阿都拉曼領導的中央政府雖然居於下風，但是也引起這些中央領導人對李光耀與人民行動黨的仇視（李光耀，1998：569）。

　　1963年9月21日的選舉，可以說是奠定人民行動黨政權的重要一役。該黨在51席中，贏得了37席，而主要對手社陣只奪得13席，另1席則是由人民統一黨取得（《南洋商報》1963/9/23）。這次選舉對執政的人民行動黨，具有多

重的意義：執政地位更趨鞏固是其一；成功擊潰新加坡左派的力量是其二；人民行動黨，除了得到大部分華人選民的支持外，也成功取得馬來人選民的信任，讓行動黨在三個馬來人占多數的選區[5]勝出，使人民行動黨成為一個多元族群的政黨是其三。這次的選舉，東姑阿都拉曼原本寄望聯盟三黨：巫統、馬華公會、印度國大黨和由林有福掌控的新加坡人民聯盟（Singapore People's Alliance）所組成的新加坡聯盟（Singapore Alliance）能夠瓜分人民行動黨的政治版圖。事與願違，新加坡聯盟角逐42個議席，結果是全軍覆沒。新加坡聯盟的慘敗，也令中央政府驚覺人民行動黨的政治動能。

在新加坡本島7月21日的族群流血衝突，最終以23人死、454人受傷的悲慘結局收場（李炯才，1989：340）。族群衝突事件，突顯人民行動黨與巫統之間的矛盾。1965年，兩黨的競爭陷入了白熱化，首先是新加坡聯盟改組，由馬來西亞農業與合作社部長佐哈勵（Mohamed Khir Johari）出位主席。佐哈勵告訴報界：「在1967年新加坡舉行的下屆選舉中，新加坡聯盟將能贏得足夠的選票，組織下屆政府」（李玉梅，1998：89）。這無疑是向人民行動黨下戰帖，而人民行動黨也不示弱。由於部分馬來極端分子的激進方式，令馬來西亞的非馬來人政黨感到不安。李光耀提出的「馬來西亞人的馬來西亞」獲得這些非馬來人政黨認同。

政治的對立，令新馬分家已經成為不可逆轉的事實，8月9日是新馬分家的重要日子。馬來西亞方面，聯盟下議員國會議員奉命投票支持新馬分家的方案，當天就完成了三讀通過。在新加坡，李光耀透過了電視台與電台，向人民宣布新加坡脫離馬來西亞獨立的消息。從昔日的紀錄片中可到當時擔任總理的李光耀百感交集，含淚說出分家：「每當回顧簽署這份文件的時候，我們總會感到痛苦。對我來說，這是痛苦的時刻。我一輩子都主張兩地合併和統一。地理、經濟和親屬關係把我們聯繫在一起……我們所提倡的一切都完了」（李玉梅，1998：102）。新加坡獨立不是第一選項，而是在逼不得已的情況下完成的，領導人在獨立後面對的是失業問題、如何提振工商業等問題，千頭萬緒實在沒有任何歡喜可言。

5　三個選區分別是南部島嶼（Southern Islands）、甘榜景萬岸（Kampong Kembangan）和芽籠士乃（Geylang Serai）。

伍、荊棘滿途的建國之路

　　新加坡在建國前後就致力發展工業以解決島內的失業問題。當時荷蘭籍的經濟學家溫斯敏博士（Albert Winsemius）建議設立經濟發展局，以一站式的管理來吸引外資。該局擁有權力為廠家提供財務資助、清理土地和建造廠房等等（李玉梅，1998：103）。除了推動工業化的發展，解決勞資糾紛營造良好的投資環境外，政府努力提升島內的基礎設施，如高速公路、一般聯外道路、工業區與住宅等等。這些努力都讓新加坡在接下來的二十年間，經濟快速成長，國內的工作機會顯著的增加，人民的收入也隨著水漲船高。例如1960年新加坡的國民生產年值（GDP）只有新幣1,330元，而來到了1982年則增加至1萬2,290元，這確是相當驚人的成長（游保生、林崇椰，1984：279）。就業方面，1960年代新加坡的失業率高達10%，而到了1980年代，還得聘用15萬的外國工人，這個數目至二十一世紀的今天，更是有增無減。這些數據在在顯示，新加坡在分家之後，並沒有被擊倒，反而是不斷的強化自己在世界經濟的角色。

　　經濟的發展的同時，政府沒有忘記為人民解決「住」的問題。1950年代新加坡的居住環境相當惡劣，因此要發展經濟，也必須同時進行「住」的改造。人民行動黨在上台執政之前，就以住屋問題作為當時競選的主軸。人民行動黨上台後，於1960年2月成立了建屋發展局（Housing & Development Board），推行了龐大的建高層組屋計畫，為許多家庭提供了廉價的居所。透過整體規劃的組屋，不但讓大多數的人民擁有自己的房子，而且使得土地的可用性發揮了極大的功能。政府長期推動之下，組屋成為了八成人口的居所，而鄉村聚落亦在組屋計畫下，逐步走入歷史。這誠如洪老師所言：「國宅政策不但解決老百姓居住問題，使他們有恆產才有恆心，提升對新加坡斯土斯民的忠誠，更是各族群居化解陌生誤會、增加鄰里意識、培養睦鄰精神的最佳辦法」（洪鎌德，1997：47）。

　　新加坡是一個建國只有半個世紀的國家，要建立國家認同是一件艱鉅的任務，就如洪老師所觀察的，新加坡逐漸形成國家認同，把種族歧視、種族差異降到最低程度（洪鎌德，1997：85）。然而，國家認同的建構仍是一條長遠的道路，新加坡固然在短短的五十年把之這個問題處理得很好，但是真正把國家

認同鞏固在這個不斷有移民的國家，還是需要執政者繼續努力的。

陸、結語

1970年代擔任土地局的官員林清如，面對新加坡的改變，有很多的感慨（《聯合早報》2007/9/9）：

> 國家發展的每個階段該如何做，一定會有不同版本。但不論怎麼做，都要付出社會代價。大家都曾經、也正在付出代價。值得嗎？角度不同，處境互異，結論就會不一樣。我呼籲大家為新加坡的成就歡慶時，不應該忘記這些人的犧牲。每個年代都留下了傷痕，重要的是我們怎樣去撫平這些傷痕。當我們為眼前的成就感到自豪，不要忘了前人的犧牲。

這一番話非常值得深思，新加坡有今日的成就是靠著許多人的努力與犧牲來達成的。2015年新加坡第一代領導人李光耀的逝世，正代表著建國一代完成階段性的任務，未來的新加坡如果要繼續得到世人的讚佩，這就必須記取前人奮鬥的精神，並在這渾厚的基礎上，繼續為這一個亞洲的小紅點添加前進的動能，讓這個島國有辦法踏上未來的康莊大道。

參考書目

中華總商會，1953。《中華總商會第26屆第11次董事會議記錄》。新加坡：中華總商會。

王省吾，1978。《中國人的移民機構1848-1888》。三藩市：華人資料中心。

李玉梅，1998。《新加坡建國歷程》。新加坡：國家文物局。

李光耀，1998。《李光耀回憶錄1923-1965》。新加坡：世界書局。

李炯才，1989。《追尋自己的國家》。台北：遠流。

南洋商報（新加坡），1949-1964，1982。

星洲日報（新加坡），1950-1964。

洪鎌德，1997。《新加坡學》。台北：揚智。

陳厥祥（編），1963。《集美志》。香港：陳厥祥。

陳嘉庚，1979。《南僑回憶錄》。香港：草原出版社。

游保生、林崇椰（編），1984。《新加坡25年來的發展》。新加坡：星洲聯合早報。

新加坡聯合早報（編），1993。《李光耀40年政論選》。新加坡：報業控股華文報集團。

楊進發（李發沉譯），1999。《陳嘉庚——華僑傳奇人物》。新加坡：八方文化企業公司。

福建會館，1953。《福建會館第十屆第三次執監委員聯席會議》。新加坡：福建會館。

蕭新煌、張維安、范振乾、林開忠、李美賢、張翰璧，2005。〈東南亞的客家會館：歷史與功能的探討〉《亞太研究論壇》28期，頁185-219。

總會20年編委會（編），2005。《總會20年》。新加坡：新加坡宗鄉會館聯合總會。

聯合早報（新加坡），1986，1994，2005，2007。

Brackman, Arnold C. 1966. *Southeast Asia Second Front: The Power Struggle in the Malay Archipelago*. Singapore: D. Moore Press.

Cheng, Lim Keak. 1985. *Social Change and the Chinese in Singapore*. Singapore: University Press.

Chiang, Hai Ding. 1978. *A History of Straits Settlements Foreign Trade 1870-1915*. Singapore: National Museum.

11
法國人權保護官制度之分析

鍾國允
國立中央大學法律與政府研究所教授

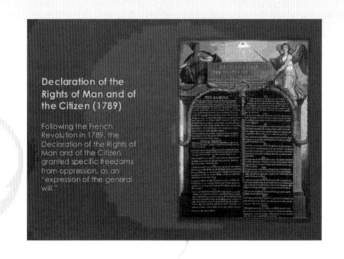

Declaration of the Rights of Man and of the Citizen (1789)

Following the French Revolution in 1789, the Declaration of the Rights of Man and of the Citizen granted specific freedoms from oppression, as an "expression of the general will."

11　法國人權保護官制度之分析

壹、前言

　　2008年是法國第五共和憲法施行五十週年，早一年（2007年）7月18日法國總統Nicolas Sarkozy任命前總理Edouard Balladur為主席的「Balladur委員會」，進行大範圍的修憲研究工作。此一委員會提出七十七項修正憲法與相關法規之建議，涵蓋三大方向，一是對於行政權力更好控制，二是強化國會，三是建立新的人權與相關機制（Comité de réflexion et de proposition sur la modernisation et le rééquilibrage des institutions de la Ve République, 2008: 203-66）。三大方向主要是針對第五共和立憲之主要精神加以調整，將原本1958年憲法強化行政權的設計，轉而強化國會職權與功能、加強對行政權的控制，並落實人權的保障，以符合二十一世紀法國當代社會的需求。2008年7月21日國會修憲會議以一票之差通過此修憲案，其影響層面之廣，超過第五共和以來歷次的修憲，故有其特殊性與重要性（鍾國允，2012；Yahoo, 2008）。

　　在上述第三個方向建立新的人權與相關機制，Balladur委員會提出許多的建議，其中一項是設立「基本人權保護官」[1]，此一建議後來被修憲會議所接受並修正為「人權保護官」，正式成為一項新的憲法機關與建制，是第五共和憲法對於憲法機關的重要改變，法國學者Pascal Jan認為是修憲主要的創新部分（Jan, 2008: 219），Catherine Teitgen-Colly也認為是此次修憲最具原創設計之一（Teitgen-Colly, 2011: 389），而Bastien François卻認為此一制度只是伊比利半島模式（modèle ibérique）非常平淡的複製品（François, 2009: 164）[2]。由於國內相關的文獻尚不多見，值得學界瞭解與重視。本文首先說明此次修憲設置人權保護官之規劃與成果；其次，探究此次修憲所整併其他四個獨立機關，與新創人權保護官之任命與組織；再者，分析人權保護官之定位與運作規範，最後為結論。

---

[1] Sarkozy總統對於Balladur委員會有關人權方面修正的主要建議為，一是建立更多的直接民主，若有必要考慮設計人民創制的權利；二是考慮設計事後的合憲性審查制度。Balladur委員會除了建議設立基本人權保護官之外，還建議設置「多元主義委員會」（Conseil du pluralisme）（Comité de réflexion et de proposition sur la modernisation et le rééquilibrage des institutions de la Ve République, 2008: 211, 180-83）。

[2] 因此一制度模仿西班牙的人民保護官，詳見後述。

貳、修憲與人權保護官

一、Balladur委員會建議設置人權保護官

（一）整併相關機關

　　Balladur委員會認為1973年1月3日的法律所設置的「共和國監察使」（Médiateur de la République）有許多缺點：首先，憲法並未規範共和國監察使，因此它沒有憲法上的地位。其次，它也難以達成法律所賦予它的任務，因為它受理案件是間接的，必須經由國會議員提出申請始能受理。此外，它在解決人民與行政機關之間的爭議時，並不能如同司法裁決般有利於當事人。最後，近年來各種法律設立了許多類似的機關或者是獨立行政機關——例如兒童保護官（Le Défenseur des enfants）、國家資訊暨自由委員會（La Commission nationale de l'informatique et des libertés）等。在這些個別權限領域裡，上述機關分別可能部分或全部侵蝕共和國監察使的權限。如此一來，人民的人權受到侵害時，也將對於向何機關申訴（réclamation）產生混淆，造成這些機關彼此之間都有責任，但也可互推責任，稀釋了這些機關的責任。有鑑於此，Balladur委員會認為最好的方式是，以修憲的方式將共和國監察使更名為基本人權保護官（Le Défenseur des droits fondamentaux），接收原來共和國監察使的權限，以及其他保障人權相關機關的權限（Comité de réflexion et de proposition sur la modernisation et le rééquilibrage des institutions de la Ve République, 2008: 177-78）[3]。

（二）參考西班牙人民保護官的經驗

　　Balladur委員會希望與共和國監察使有所區隔，所以另創設基本人權保護

---

[3] 有關法國獨立行政機關的梗概說明可參考陳淳文（2007）。Médiateur de la République也有翻譯為「國家調解使」、「國家調解使公署」，參見李炳南、吳豐宇（2012: 10）；監察院國際事務小組（2012: 231）。

官，在報告書中它沒有提及此一設計是參考北歐監察使制度，反而是參考西班牙的人民保護官（Defensor del Pueblo）（Comité de réflexion et de proposition sur la modernisation et le rééquilibrage des institutions de la Ve République, 2008: 178）。

1978年西班牙憲法第54條規定：「由組織法規定人民保護官之制度，其由國會任命作爲國會的高級專員（high commissioner）以保護憲法這一部分所規定的權利。基於此一目的人民保護官可以監督行政的活動並向國會提出報告。」國會所屬獨立之人民保護官是由國會（參議院與眾議院）五分之三多數通過任命，任期五年，不接受與服從任何機構的指示。此外，2002年聯合國大會通過對抗酷刑與其他嚴重非人道或降級的待遇或處罰條約，西班牙批准其選擇性議定書，因此2009年西班牙國會授權人民保護官行使「對抗酷刑國家預防機制」（Mecanismo Nacional de Prevención de la Tortura, MNP）的功能。此一機制爲人權保護官內部結構中的獨立單位（independent unit）（Defensor del Pueblo, 2017a; Defensor del Pueblo, 2017b），形成在國會所屬獨立機關中有獨立單位特殊現象。

如果就後來法國所形成的制度來和西班牙做比較，兩者的名稱稍有差異，西班牙爲人民保護官，法國則是人權保護官。兩者都規定在憲法之中，但是西班牙人民保護官隸屬於國會，而法國的人權保護官則爲獨立憲法機關。法國人權保護官下設相關的委員會，主要是因爲接收其他相關的機制與權限，但沒有獨立的單位；西班牙的人民保護官則是因爲國家批准條約，而在其下新設一獨立單位——「對抗酷刑國家預防機制」。

（三）Balladur委員會建議之具體條文

Balladur委員會建議增訂憲法第十三章附屬章（XIII bis），章名訂爲「基本人權保護官」。增訂憲法第78條，規定如下（Comité de réflexion et de proposition sur la modernisation et le rééquilibrage des institutions de la Ve République, 2008: 179-180）：

「基本人權保護官監督所有人民的提案或申請案件受到尊重。

對於相關人的申訴，它確保授予公共任務之機關同樣能忠實履行其職務。

依據組織法所規定的程序，它在上述案件中做成建議並促其被履行。組織法得賦予它在所界定的條件之下具有和解、調解與決定之權力。

　　人權保護官於憲法第61條第2項所定之條件下得向憲法委員會提出聲請案[4]。

　　它不得介入特定司法程序，亦不得對於已完結之司法判決再提出爭議。

　　它將其作為向總統與國會提出報告。

　　它由國民議會五分之三之多數決選出，任期為六年並不得連任。」

二、政府修憲版本建議之具體條文

　　依據法國第五共和憲法第89條，提出修憲案是屬於總統的權力，而總統是基於內閣總理或國會議員之提議而提出修憲案。2008年的修憲是由Sarkozy總統自己發動，組成Balladur委員會研議修憲。2007年10月Balladur委員會提出結論報告後，政府的修憲版本也接著於2008年4月23日向國民議會提出（Lang, 2009: 82; Maus, 2008: 7）[5]。

　　政府修憲版本認為，1973年所建立的共和國監察使是一項可貴的進步，但是一方面因人民無法直接向共和國監察使提出申請，另一方面後來所設立的其他更多元的機關削弱其效能，而此兩者限制了它的範圍，因此有必要設立市民權利保護官。該版本提及以組織法界定市民權利保護官介入的模式、其他市民權利保護官之職權，以及為了達成其任務，在必要情形下移轉給它的職權。政府修憲版本認為，除了共和國監察使，首要的考慮是「剝奪自由場所總監察長」（La Contrôleure générale des lieux de privation de liberté）[6]與「安全倫理國家委員會」（Commission nationale de déontologie de la sécurité）[7]。

---

[4] Nathalie Marcon認為這是Balladur委員會最具有開創性的建議之一，賦予人權保護官可以聲請憲法委員會合憲性審查，是給人權保護官有效監督保障人權的方法，將有助於落實法治國家與監督行政活動（Marcon, 2008: 1683-84）。

[5] Projet de loi consitutionnel de modernisation des institutions de la Vᵉ République (2008: 281-82).

[6] 「剝奪自由場所總監察長」（La Contrôleure générale des lieux de privation de liberté）為2007-1545號法律（Loi n° 2007-1545 du 30 octobre 2007 instituant un Contrôleur général des lieux de privation de liberté）所設置，依該法第8條，剝奪自由場所總監察長可以任何時間在共和國領土上訪視任何依公權機關決定剝奪人民自由所有場所，或依公共健康法被授權接受未經本人同意而醫療照顧病人之所有健康機構。「剝奪自由場所總監察長」常被俗稱為「監獄總監察長」（Contrôleure générale des prisons）（Wikipedia, 2017）。

[7] Projet de loi consitutionnel de modernisation des institutions de la Vᵉ République (2008: 288).

　　政府所提出的修憲版本中，建議在憲法第十一章之後增列第十一章附屬章（XI bis），章名為「市民權利保護官」（Le Défenseur des droits des citoyens），在此章中僅增訂一個條文如下[8]：

　　「任何人認為受到公共服務機構（service public）之行為侵害，其可以在組織法所訂的條件與所保留的狀況下向市民權利保護官提出申訴。

　　一項組織法界定市民權利保護官介入之模式，以及其他賦予市民權利保護官之職權。該法並規定在何種條件下，市民權利保護官可以被協助以行使其職權。

　　市民權利保護官依憲法第13條最後一項所訂之程序由總統任命，任期為六年，不可連任。其職務與政府和國會成員職務不相容。其他不相容之職務由組織法規定之。」

三、第五共和憲法人權保護官之規定

　　2008年7月23日公布的修憲條文（Loi constitutionnelle n° 2008-724 du 23 juillet 2008 de modernisation des institutions de la Ve République）增訂憲法第十一章附屬章，章名為「人權保護官」，且該章僅僅只有一個條文——憲法第71條之1：

　　「人權保護官監督國家行政機關、地方自治團體、公共機構，以及所有被賦予公共任務，或者是組織法授予這些權限的組織尊重人權與自由。

　　依組織法所訂之條件下，任何人認為被前項所列之機關或公共部門的行為所侵害，得向人權保護官提出聲請介入。人權保護官亦得依職權主動介入。

　　組織法界定人權保護官的權限與介入之模式。該法決定在何種條件下，人權保護官得經由一委員會（collèges）協助行使其若干職權。

　　人權保護官由總統依憲法第13條最後一項之程序任命之，任期六年並不得連任。其職務與政府成員或國會成員之職務不相容，其他不相容之職務由組織法定之。

　　人權保護官應將其作為向總統與國會提出報告。」

　　若將Balladur委員會修憲建議與政府修憲版本建議，以及修憲的結果比

8　Projet de loi consitutionnel de modernisation des institutions de la Vᵉ République (2008: 295).

較，大致可以看出以下差異：

（一）Balladur委員會用的是「基本人權保護官」，而政府修憲版本用的是「市民權利保護官」，後來修憲結果採取最簡潔的「人權保護官」[9]。

（二）Balladur委員會將「基本人權保護官」增訂在憲法第十三章附屬章（XIII bis），並增訂憲法第78條，章次與條次均屬憲法末段位置，而政府修憲版本則將「市民權利保護官」增列第十一章附屬章（XI bis），增訂第71條之1，在憲法條文中的位置稍前。後來修憲結果採取後者之形式。

（三）Balladur委員會修憲建議與政府修憲版本兩者都認為共和國監察使的效能有限，整併相關的機關權限很有必要，Balladur委員會建議接收原來共和國監察使的權限，以及其他所有保障人權相關機關的權限。政府修憲版本建議除了接收共和國監察使外，應優先考慮的是剝奪自由場所總監察長與國家安全倫理委員會之權限，修憲之後有關人權保護官的法律整併了共和國監察使、兒童保護官、國家安全倫理委員會、平等與對抗歧視高級機關（Haute Autorité de lutte contre les discriminations et pour l'égalité）四個機關[10]。

（四）Balladur委員會建議「基本人權保護官」由國會選任，政府修憲版本則建議「市民權利保護官」依憲法第13條最後一項所訂之程序由總統任命，後來修憲結果採取政府版本。

（五）Balladur委員會置意於「基本人權保護官」不得介入司法個案，但可以聲請憲法委員會進行合憲性審查，政府修憲版本則未明訂，但政府版本則強調「市民權利保護官」與其他職務的不相容性。後者也為修憲結果接納。

參、機關整併與創新

一、人權保護官整併之機關

如前所述，此次修憲為了提升人權的保障設置人權保護官，當初Balladur

---

9 人權保護官的名稱是參議院在審議修憲案時所提（Teitgen-Colly, 2011: 392; 395-96）。

10 參見2011-334號法律（LOI n° 2011-334 du 29 mars 2011 relative au Défenseur des droits）第22條。

委員會與政府內部討論就瞄準共和國監察使，認為維護人權效果有限，此外其他不同法律因應不同需要而設置與人權相關的機關也需要整併，以免疊床架屋，分散力量，無法有力提升對人權的保護。憲法第71條之1沒有寫明整併哪些機關，依據修憲後有關人權保護官之法律，這次修憲設立人權保護官所整併者有以下四個機關。

首先是共和國監察使。此一機關是依據73-6號法律（Loi n°73-6 du 3 janvier 1973 instituant un Médiateur de la République）所設立，共和國監察使為一獨立機關（autorité indépendante），在其職權範圍內不接受任何機關指令，它不因為所發表的意見或為達成其目的的行為而遭致追訴、搜索、逮捕、拘禁與審判。共和國監察使之任命是在部長會議以命令任命（nommé par décret en conseil des ministres）[11]，任期為六年，不可連任。它的任務是在法律所定的條件下接受國家行政機關、地方自治團體、公部門機構，以及其他被授予公共服務目的之機構與其被統治者之間關係的申訴。任何自然人或法人在相關個案中認為前述機關或機構不符合其所應確保之公共服務的任務，其得以個別申訴請求共和國監察使審議。該申訴卻不是向共和國監察使提出，而是向參議員或國民議會議員提出，若該申訴似屬於共和國監察使職權範圍且適合共和國監察使介入，則議員會將該申訴轉交給共和國監察使。剝奪自由場所總監察長、歐洲監察使或外國監察使、國會議員、兩院議長、兩院常設委員會亦得依上述法律規定向共和國監察使提起審議、轉交申訴或陳情案。

該法規定申訴應由相關行政機關採取必要措施先行處理。如果申訴有理，則共和國監察使應盡可能找出可以解決其困難之建議，尤其是對於涉及本案之機構建議解決之方案以公平處理申訴人之狀況。當共和國監察使認為涉及申訴人提出申訴之機構未能符合公共服務之任務，它得建議主管機關採取其認為任何可以補救該狀況之措施。部長及所有公務機關應便利共和國監察使完成其任務。如果共和國監察使認為法規的適用將造成不公平的情形，它得提出它認為合適的修正建議。共和國監察使介入申訴個案後應被通知後續的資訊，若在其所定期限內仍未獲得滿意的答覆，它得將其建議公開。涉及該案之機構也可將其在共和國監察使作為後所做的決定與回覆公開。若缺乏主管機關，共和國監察使得代替之對負責之人員進行懲戒程序，若有必要亦得提出刑事告訴。

---

[11] 兒童保護官之任命方式也相同，亦即在部長會議中以總統命令任命之，參見後述有關人權保護官任命方式之說明。

　　第二個被整併機關是兒童保護官。此一機關是依據2000-196號法律（Loi nº2000-196 du 6 mars 2000 instituant un Défenseur des enfants）所設立，兒童保護官為一獨立機關，在其職權範圍內不接受任何機關指令，它不因為所發表的意見或為達成其目的的行為而遭致追訴、搜索、逮捕、拘禁與審判。兒童保護官之任命是在部長會議以命令任命（nommé par décret en conseil des ministres），任期為六年，不可連任。它的任務在於保護與提升法律或經依法批准、通過的國際協約所接受的兒童權利，若兒童或其法定代理人認為公法人或私法人不尊重兒童權利，其可向兒童保護官聲請審議。當它認為一項聲請案與行政機關、地方自治團體或被授予公共服務目的之機構有關且具嚴重性，它可依與共和國監察使達成協議的條件下將該案轉給共和國監察使。當它認為公法人或私法人運作的狀況侵害兒童權利，它可以向後者提出任何可以改進的措施。

　　第三個被整併機關是國家安全倫理委員會。此一機關是依據2000-494號法律（Loi nº2000-494 du 6 juin 2000 portant création d'une Commission nationale de déontologie de la sécurité）所設立，該委員會為一獨立行政機關（autorité administrative indépendante），由十四名委員組成，主席一名由總統任命，兩名參議員由參議院議長任命，兩名國民議會議員由國民議會議長任命，一名最高行政法院法官由最高行政法院副院長任命[12]，一名最高法院以外之法官由最高法院院長與檢察總長聯合任命，一名財務法院法官由財務法院院長任命，剩餘六名合適之委員由該委員會其他委員任命。委員任期六年不可連任，每三年改選半數委員。該委員會在不侵害司法警察、司法機關法律所賦予的特權下，負責監督在共和國領土上執行安全行動的人員遵守其倫理。

　　該法規定所有受害者或證人認為共和國領土上執行安全行動的人員違反其倫理規定時，得向該委員會提出申訴，請求該委員會處理此一事實。人民的申訴交由國民議會議員或參議員，若後者認為屬於該委員會的職權且適合其介入之事項，將人民的申訴轉交給該委員會。此外，總理、共和國監察使、平等與對抗歧視高級機關、剝奪自由場所總監察長，以及國會議員皆可以將上述事實要點交付該委員會。兒童保護官可以直接向該委員會遞交案件。該委員會可以向在領土上執行安全行動之公權機關或私人主事者提出補救或預防再次發生之意見或建議，後者應在該委員會所訂期限內，向該委員會就其意見或建議提出

---

[12] 最高行政法院的副院長為實際的領導人。

回應。或未提出報告或未遵循該委員會之意見或建議，則該委員會可以作成特別報告刊載於政府公報中。該委員會亦得移請相關機關追究刑事與行政責任。

第四個被整併機關是平等與對抗歧視高級機關。此一機關是依據2004-1486號法律（Loi n°2004-1486 du 30 décembre 2004 portant création de la haute autorité de lutte contre les discriminations et pour l'égalité）所設立，該機關為一獨立行政機關，由十一名委員組成內部委員會（collège），任期五年，除主席外，每三十個月更換二分之一委員。總統任命兩名委員（其中一人為主席），參議院議長任命兩名委員，國民議會議長任命兩名委員，總理任命兩名委員，最高行政法院副院長任命一名委員，最高法院院長任命一名委員，經濟、社會暨環境委員會主席任命一名委員。

該法規定機關之任務為對抗歧視與促進平等，它管轄所有法律或法國加入的國際協約所禁止的一切直接或間接歧視。任何人若認為自己是歧視的受害者，可以在最高行政法院所訂之命令規定的條件下向該機關聲請審議，該機關也可依職權主動審議（il se saisit d'office）它所管轄之直接或間接歧視案件，但若已確定受害者則須其不表反對。此外，受害者也可透過國會議員或歐洲議會法國議員向該機關聲請審議，或是至少成立五年對抗歧視與協助歧視受害者的社團，得在受害者同意下協助其向該機關聲請審議。該機關可依調解之方法以友善的程序解決爭議，亦可提出對於行為人處以罰金與受害人賠償之和解建議，此建議獲得行為人與被害者雙方同意後，須獲得檢察官的批准。

整併機關是在此次修憲中設立人權保護官中一項重要的議題，最主要瞄準的還是共和國監察使，也可以說是共和國監察使的憲法化（François, 2009: 164）、升級版，再納入前三個機關，而成為Simon-Louis Formery所說的「超級監察使」（super médiateur）（Formery, 2011: 143）。此四個機關除了共和國監察使外，兒童保護官與國家安全倫理委員會都是依2000年法律成立，平等與對抗歧視高級機關是依2004年法律成立，都是在2000年以後成立的新機關，較沒有傳統的束縛，整併之工作比較可行。

四個機關的組織法規中，共和國監察使、兒童保護官是獨立機關，國家安全倫理委員會和平等與對抗歧視高級機關是獨立行政機關。前兩者屬於首長制，後兩者屬於委員制（合議制）（參見表11.1）。共和國監察使與國家安全倫理委員會受理人民的申訴案件是由國會議員轉交，兒童保護官受理人民的申訴案件是由人民直接向機關提起，而平等與對抗歧視高級機關受理人民的申訴案件是由人民直接向機關提起，或者透過國會議員或歐洲議會法國議員向該機

關聲請審議，或由符合資格之社團協助人民聲請審議。這四個機關關係密切，都與人民權利有關，而且業務常互相連結，例如兒童保護官認為一項聲請案與行政機關、地方自治團體或被授予公共服務目的之機構有關且具嚴重性，它可以在與共和國監察使達成協議的條件下將該案轉給共和國監察使。兒童保護官可以直接向該國家安全倫理委員會遞交案件，共和國監察使、平等與對抗歧視高級機關也可以將人民申訴的事實要點交付該委員會。因此四個機關似有整合的必要。

表11.1　四個被人權保護官整併的獨立機關之比較

機關名稱	法律地位	機關決策者	決策機制類型	任　務
共和國監察使	獨立機關	一名	首長制	它的任務是在法律所定的條件下接受國家行政機關、地方自治團體、公部門機構，以及其他被授予公共服務目的之機構與其被統治者之間關係的申訴。
兒童保護官	獨立機關	一名	首長制	它的任務在於保護與提升法律或經依法批准、通過的國際協約所接受的兒童權利。
國家安全倫理委員會	獨立行政機關	十四名委員	委員制	該委員會在不侵害司法警察、司法機關法律所賦予的特權下，負責監督在共和國領土上執行安全行動的人員遵守其倫理。
平等與對抗歧視高級機關	獨立行政機關	十一名委員	委員制	對抗歧視與促進平等，該機關管轄所有法律或法國加入的國際協約所禁止的一切直接或間接歧視。

　　人權保護官由2008年修憲所設置，2008年修憲法律第46條規定，有關人權保護官之憲法條文須待適用此條文之法律或組織法所規範條件下才生效[13]。因此後來國會通過2011-333號（LOI organique n° 2011-333 du 29 mars 2011 relative au Défenseur des droits）與2011-334號（LOI n° 2011-334 du 29 mars 2011 relative au Défenseur des droits）兩項法律。

---

[13] 因為修憲者使用極為簡潔的文字，修憲法律第46條加上第41條（也就是現行憲法第71條之1）有五處都用組織法來補充或實現憲法之規定（Teitgen-Colly, 2011: 392）。

　　依據2011-333號組織法第44條，自該組織法公布日第二天生效起，人權保護官繼承共和國監察使之權利與義務，自該組織法公布日第二個月第一天起，人權保護官以後列者各自行動之名義繼承兒童保護官、國家安全倫理委員會和平等與對抗歧視高級機關之權利與義務。各機關之人員也一併轉入人權保護官。被整併之四個機關所啓動且尚未結束之程序，於上述整併發生日起移轉給人權保護官。被整併之四個機關所爲之有效行爲亦被視爲是人權保護官的有效行爲。

　　但也有幾個與人權有關的機關並沒有整併進來，例如政府修憲版本所建議的剝奪自由場所總監察長，以及其他如國家資訊暨自由委員會、國家人權諮詢委員會（Commission nationale consultative des droits de l'homme）等[14]。

二、人權保護官之任命

　　至於人權保護官任命的方式，憲法第71條之1第4項規定，人權保護官在適用憲法第13條最後一項的程序後由「總統任命」，任期爲六年且不可連任。2011-333號組織法第1條規定，人權保護官適用憲法第13條最後一項的程序後「在部長會議以命令任命」（nommé par décret en conseil des ministres），與憲法規定之文字略有差異[15]。

　　所謂適用憲法第13條最後一項的程序，也是2008年修憲新增的規定：「除了第3項所規定之職務外，由組織法決定爲保障人權與自由或國家的經濟社會生活具有重要性之職位或職務，須經由各議會常設主管委員會表達公開意見後，總統始得任命之。若各委員會加總起來表達具有至少五分之三委員之反對，則總統不得任命。該法依相關職位或職務決定常設主管委員會。」依據2010-838號法律（LOI n° 2010-838 du 23 juillet 2010 relative à l'application du

---

[14] 國家人權諮詢委員會最早於1947年由外交部命令所設置，經過幾次更名成爲現今的名稱，因此其可謂歷史悠久（Commission Nationale Consultative des Droits de l'Homme, 2017）。2007年的2007-292號法律正式規範其地位與功能：它獨立行使職權，不接受也不請求政府或行政機關之指令。它負責關於人權、國際人道法、人道行爲議題的諮詢與建議。它的成員由許多種類組成，人權保護官也是其中之一。雖然該法律未明白規定國家人權諮詢委員會爲一獨立行政機關，但參見本文表11.2則肯定其爲獨立行政機關。

[15] 在2011-333號組織法尚未制定之前，Nathalie Marcon認爲依憲法的規定，人權保護官由總統以不需要在部長會議的命令任命之（Marcon, 2008: 1695）。

cinquième alinéa de l'article 13 de la Constitution）由國會主管之委員會對被提名人舉行公開的聽證（audition），除非爲了保護專業上或國防上祕密始得不公開。此一聽證應於該任命案之人選公布以後不少於八日後舉行。因此總統在任命人權保護官之前，還必須經過國會主管憲法的委員會投票，若加總起來未超過五分之三的不同意票即可任命（鍾國允，2012：61-69；Formery, 2011: 45-46）。人權保護官自屬「保障人權與自由或國家的經濟社會生活具有重要性之職位或職務」，總統提名人選經由國會表示意見，可以匯集民意看法，一方面防止總統專斷、任用偏狹；另一方面兩個議會的常設主管委員會加總起來表達具有至少五分之三委員之反對，總統才不能任命人選，此一特別多數的否決權表示國會也不能任意干擾，使這些重要職位過度政治化。

憲法第13條第2項規定，總統任命國家文武職務，所以如果任一法規中規定人事任命案「以命令」（par décret）公布，就是指總統命令（Secrétariat général du Gouvernement et Conseil d'Etat, 2007: 381）。同條第3項明白列舉國家體系中某些最高的職位須在部長會議任命（nommés en conseil des ministres），結合第2項與第3項規定，就是在部長會議以總統命令任命之（Formery, 2011: 45）。因2011-333號組織法加上了「在部長會議以命令任命」，故人權保護官任命須在部長會議以總統命令任命之[16]。

三、人權保護官之內部組織

依據2011-333號組織法第11條，人權保護官爲下設委員會（collèges）的主席，三個委員會分別負責兒童權利的保護與提升、對抗歧視與提升平等，以及安全領域之倫理。基於人權保護官的建議，總理任命人權保護官的三個副手，分別是：一位兒童保護官，同時也是負責兒童權利的保護與提升委員會的副主席；一名副手（adjoint），同時也是負責安全領域之倫理委員會的副主席；一名副手，同時也是負責對抗歧視與提升平等委員會的副主席。三名副手置於人權保護官之旁，且服從其權威。除了法律除外之規定，人權保護官可以在副手的職權領域授權給三名副手。每位副手可以代理人權保護官在其委員會主持集會，並且於其職權領域內，在第三國負責人權與自由事務獨立機關所

---

[16] 參見首位人權保護官Jacques Toubon 的總統令（Défenseur des droits, 2017e）。

組成的組織中代表人權保護官。2016年第2016-1690號組織法（LOI organique n° 2016-1690 du 9 décembre 2016 relative à la compétence du Défenseur des droits pour l'orientation et la protection des lanceurs d'alerte）修改2011-333號組織法，似乎有意增加保護與指導發出警報人士之委員會，但沒有後續規定委員會組成的設計。

　　人權保護官整併了四個機關，組織法規定期搭配三個副手，分別為三個委員會的副主席，三個委員會負責原三個被整併機關業務之諮詢與輔佐工作。在組織整併的過程中，共和國監察使一職已被人權保護官所取代，國家安全倫理委員會和平等與對抗歧視高級機關原為委員制，兒童保護官是首長制，整併之後仍保留兒童保護官一職，形成人權保護官之下還有兒童保護官之情景。在人權保護官的官方網頁中另外標明還有一名副手（délégué général à la médiation avec les services publics），負責與其他公務部門協調（Défenseur des droits, 2017a），似乎是負責原共和國監察使業務之副手。從機關職務設計，與組織法第12-15條規定各委員會供人權保護官諮詢來看，人權保護官是屬於首長制（autorité unipersonnelle）（Marcon, 2008: 1695）。

　　人權保護官下設安全領域之倫理委員會委員之組成，包含參議院議長任命三名委員，國民議會議長任命三名委員，最高行政法院副院長任命一名最高行政法院法官或卸任法官為委員，最高法院院長與檢察總長聯合任命一名最高法院法官或卸任法官為委員，總共八名委員。兒童權利的保護與提升委員會之組成，包含參議院議長任命二名委員，國民議會議長任命二名委員，經濟、社會暨環境委員會主席任命一名委員，最高法院院長與檢察總長聯合任命一名最高法院法官或卸任法官為委員，總共六名委員。對抗歧視與提升平等委員會之組成，包含參議院議長任命三名委員，國民議會議長任命三名委員，最高行政法院副院長任命一名委員，最高法院院長任命一名委員，總共八名委員。委員的任命須考量其學識或經驗，參議院議長與國民議會議長所任命的委員應考量性別平衡。委員會開會時，若人權保護官主持，則副手（副主席）不得投票[17]。

　　人權保護官的副手與委員會委員的任期同人權保護官，人權保護官的副手不得連任。若副手或委員會委員終止職務，繼任者接替其剩餘任期，若副手的繼任者任期低於兩年，則可以連任。只有在個人請辭或有障礙事由下，委員的職務才會被終止，但委員無正當理由，連續三個會期未出席會議，可以由委員

---

[17] 參見2011-333號組織法第13-15條。

會三分之二多數同意依法解職。此時由人權保護官通知任命機關[18]。

肆、人權保護官之定位與運作規範

一、人權保護官之定位

　　首先，人權保護官是一憲法機關。當初Balladur委員會認指出共和國監察使的缺點之一，就是共和國監察使沒有憲法上的地位（Comité de réflexion et de proposition sur la modernisation et le rééquilibrage des institutions de la Ve République, 2008: 177）[19]，面對其他憲法機關系統，要如何折衝協調維護人權？2008年修憲將人權保護官列在憲法第十一章附屬章（XI bis）之中，故為一憲法機關，如同憲法第十一章設置的「經濟、社會暨環境委員會」，或其他如總統、政府、國會、憲法委員會等憲法機關，其上不再隸屬於任何機關，與前述1978年西班牙憲法第54條規定，西班牙的人民保護官由國會任命作為國會的高級專員（high commissioner）有很大的不同。所以2011-333號有關人權保護官組織法第2條開宗明義規定人權保護官是一「獨立憲法機關」。有學者就認為人權保護官就是共和國監察使的憲法化（François, 2009: 164）。

　　其次，人權保護官是一獨立機關。憲法第71條之1第4項規定：「人權保護官由總統依憲法第13條最後一項之程序任命之，任期六年並不得連任。其職務與政府成員或國會成員之職務不相容，其他不相容之職務由組織法定之。」人權保護官的任期六年並不得連任，因為不得連任也就不期待連任，使其在任期內可以穩定獨立的行使職權。在2011-333號組織法第3條更進一步規定，它與它的副手不能兼任政府、憲法委員會、司法官高級委員會（Conseil supérieur de la magistrature）、經濟、社會暨環境委員會，以及任何選舉的職位。此外，該組織法第2條規定，在其職權範圍內不接受任何機關指令，它與它的副手（adjoints）不因為所發表的意見或為達成其目的的行為而遭致追訴、搜索、

---

[18] 參見2011-333號組織法第16條。

[19] 多數學者認為共和國監察使為獨立行政機關（Marcon, 2008: 1694-95; Gohin, 1995: 206-11; Gentot, 1994: 139-43）。

逮捕、拘禁與審判。在2017-54號有關獨立行政機關與獨立公共機關組織法
（LOI organique n° 2017-54 du 20 janvier 2017 relative aux autorités administratives
indépendantes et autorités publiques indépendantes）第5條增訂2011-333號有關人
權保護官組織法第2條，人權保護官在其職權範圍內不接受亦不請求任何機關
指令。因此，人權保護官不受指揮，也不必請求其他機關指示，獨立行使職
權，也不會因職務行爲而受到刑事手段的壓迫。

　　最後，人權保護官是一獨立行政機關。上述2017-54號有關獨立行政機
關與獨立公共機關組織法除了增訂文字外，還修改2011-333號有關人權保
護官組織法，將人權保護官的「獨立憲法機關」（autorité constitutionnelle
indépendante）文字更替爲「獨立行政機關」（autorité administrative
indépendante）[20]。2017年2017-55號法律（LOI n° 2017-55 du 20 janvier
2017 portant statut général des autorités administratives indépendantes et des autorités
publiques indépendantes）中附錄所列之26個獨立行政機關與獨立公共機關亦包
含人權保護官（參見表11.2）[21]。

　　2017-54號有關獨立行政機關與獨立公共機關組織法第1條規定，所有獨立
行政機關與獨立公共機關由法律設立[22]，且由法律規定獨立行政機關與獨立公
共機關之組成與職權，以及其運作之基本原則。人權保護官是由憲法性法律
（loi constitutionelle）設立，人權保護官遂成爲「憲法上的獨立行政機關」，
和其他的獨立行政機關與獨立公共機關有所不同。

表11.2　法國獨立行政機關（autorités administratives indépendantes）

機關法文名稱	機關中文名稱
Agence française de lutte contre le dopage (AFLD)*	法國對抗興奮劑（運動禁藥）機構
Autorité de contrôle des nuisances aéroportuaires (ACNUSA)*	機場危害管制機關
Autorité de contrôle prudentiel et de résolution (ACPR)	謹愼管制與解決機關
Autorité de régulation de la distribution de la presse (ARDP)*	媒體發行管理機關

---

[20] 此一組織法也被憲法委員會宣告合憲（Décision n° 2017-746 DC du 19 janvier 2017）。

[21] 多數學者都同意人權保護官爲獨立行政機關（Marcon, 2008: 1682）。

[22] 獨立公共機關具有法人格，而獨立行政機關沒有法人格（Marcon, 2008: 1694）。並參見2017-55號法律第2條。

Autorité des marchés financiers (AMF)*	財務市場機關
Autorité de la concurrence (anciennement Conseil de la Concurrence)*	競爭機關
Autorité de régulation des activités ferroviaires et routières (ARAFER)*	鐵路與道路行動管理機關
Autorité de régulation des communications électroniques et des postes (ARCEP)*	郵政暨電訊管理機關
Autorité de régulation des jeux en ligne (ARJEL)*	線上遊戲管理機關
Autorité de sûreté nucléaire (ASN)*	核子安全機關
Bureau central de tarification (BCT)†	中央費率機構
Comité consultatif national d'éthique pour les sciences de la vie et de la santé (CCNE)	國家健康與生命科學倫理諮詢委員會
Comité d'indemnisation des victimes des essais nucléaires (CIVEN)*	核子試驗受害者補償委員會
Commission d'accès aux documents administratifs (CADA)*	接近行政文件委員會
Commission centrale permanente compétente en matière de bénéfices agricoles†	中央農業利益常設主管委員會
Commission consultative du secret de la défense nationale (CCSDN)*	國防祕密諮詢委員會
Commission des infractions fiscales†	違反稅法委員會
Commission nationale des comptes de campagne et des financements politiques (CCFP)*	國家政治財務與競選帳目委員會
Commission nationale de contrôle de la campagne électorale relative à l'élection du Président de la République†	國家總統選舉活動管理委員會
Commission nationale consultative des droits de l'homme (CNCDH)	國家人權諮詢委員會
Commission nationale de contrôle des techniques de renseignement (CNCTR)*	國家資料科技管理委員會
Commission nationale du débat public (CNDP)*	國家公共辯論委員會
Commission nationale d'aménagement commercial (CNA Commercial)†	國家商業治理委員會
Commission nationale d'aménagement cinématographique (CNA cinématographique)	國家電影治理委員會
Commission nationale de l'informatique et des libertés (CNIL)*	國家資訊與自由委員會

Commission paritaire des publications et agences de presse (CPPAP)†	媒體機構與發行對等委員會
Commission des participations et des transferts†	移轉與參與委員會
Commission de régulation de l'énergie (CRE) (Anciennement : commission de régulation de l'électricité.)†*	能源管理委員會
Commission de la sécurité des consommateurs (CSC)†	消費安全委員會
Commission des sondages†	民意調查委員會
Conseil supérieur de l'agence France-Presse†	法國—媒體機構高級委員會
Conseil supérieur de l'audiovisuel (CSA)*	視聽高級委員會
Contrôleur général des lieux de privation de liberté*	剝奪自由場所總監察長
Défenseur des droits*	人權保護官
Haute autorité de santé (HAS)*	健康高級機關
Haut Conseil de l'évaluation de la recherche et de l'enseignement supérieur (HCERES)*	高等教育與研究評鑑高級委員會
Haut conseil du commissariat aux comptes (H3C)*	帳務專員高級委員會
Haute autorité pour la diffusion des oeuvres et la protection des droits sur Internet (HADOPI)*	網路中權利保護與作品散布高級機關
Haute Autorité pour la transparence de la vie publique (HATVP)*	公部門生活透明化高級機關
Médiateur national de l'énergie*	國家能源監察使
Médiateur du cinéma†	電影監察使

資料來源：Légifrance（2017），本文增加中文譯名。

說明：1.本表為法國官方法律網之整理，統計至2015.11.23，共41個獨立行政機關。

2.†表示該機關是2001年最高行政法院研究認為可視為獨立行政機關（considéré comme une autorité administrative indépendante par l'étude du Conseil d'État de 2001），共12個機關。

3.*表示為2017年2017-55號法律（LOI n° 2017-55 du 20 janvier 2017 portant statut general des autorités administratives indépendantes et des autorités publiques indépendantes）中附錄所列之26獨立行政機關。

二、人權保護官之任務

依據2011-333號組織法第4條，人權保護官的任務如下：

（一）在與國家行政、地方自治團體、公部門機構與賦予公共服務任務之

組織之間的關係維護權利與自由。

（二）保護並提升依法律或經法國批准、通過的國際協約所接受的兒童權利、更重要利益（l'intérêt supérieur）。

（三）對抗直接或間接爲法律或經法國批准、通過的國際協約所禁止的歧視，並提升平等。

（四）監督在共和國領土上執行安全行動的人員遵守其倫理。

（五）指引在法律規定條件下所有發出警報的人至有關機關，並監督這些人的權利與自由。

第一項爲類似原本共和國監察使之任務，但共和國監察使要受理的是人民與公部門機構或其他被授予公共服務目的之機構之間關係的申訴，可以是任何方面的問題，但是人權保護官將申訴聚焦於維護人民的權利與自由。第二項原屬於兒童保護官的任務，第三項爲原平等與對抗歧視高級機關之任務，第四項爲原國家安全倫理委員會之任務，第五項則是因應2016年第2016-1690號組織法所增訂的。所以人權保護官沿襲所整併四個機關的任務，再加上一項新任務，全部都與人權有關，機關建制是以人爲核心關懷。

依著上述各種不同類型的任務，有申訴資格的主體如下：

第一種是人權保護官被動受理時的直接申訴：1. 由任何自然人或法人認爲國家行政機關、地方自治團體、公部門機構，以及其他被授予公共服務目的之組織的運作侵害其權利與自由。2.由兒童請求保護其權利，或其法定代理人、家庭成員、醫療或社福機構、於該事實發生日起至少成立五年爲保護兒童權利之任何社團，處理涉及兒童利益之情形[23]。3.由任何人若認爲自己是直接或間接爲法律或經法國批准、通過的國際協約所禁止的歧視的受害者，或由至少成立五年對抗歧視或協助歧視受害者的社團，聯合自認爲是歧視受害者，或經得其同意。4.由所有受害者或事實的證人認爲在安全領域違其反倫理規定時。除上述申請人的資格外，人權保護官還可以受理私人或公部門人員的不法活動（agissements）；有關權利或自由涉訟之當事人可以向它提出申請[24]。

---

[23] 2011-333號組織法第8條規定，涉及一名兒童時，當人權保護官依法自行主動作爲，或個人自己認爲受侵害，或其法定代理人而向人權保護官提出申訴，人權保護官只有在當事人或必要時有權利者被通知且未反對其介入的條件下始可以介入。然而，當涉及一名兒童的更重要利益時，或者是無法被指認是誰或它沒有辦法獲得其同意時，它也可以受理。

[24] 若申訴案送交給其副手，它也可以受理；向人權保護官申訴是免費，參見2011-333號組織法第5、6

　　第二種是人權保護官被動受理時的間接申訴：除了上述人民可以直接向人權保護官提出申訴外，此次修憲仍維繫原來共和國監察使的申訴傳統，即間接申訴。人民可向參議員或國民議會議員或歐洲議會法國籍議員提出申訴，若議員認為該申訴適合人權保護官介入，則議員會將其轉交給人權保護官[25]。

　　第三種是議員或機關聲請：若議員認為一個問題適合人權保護官介入，可以自己主動向人權保護官提出。基於國會兩院常設委員會之請求，兩院議長可以向人權保護官轉交屬於其職權範圍內由國會所收到的陳情案。人權保護官也可以受理歐洲監察使或外國相當的機關認為屬於其職權且適合其介入所送交之申訴[26]。

　　上述三種途徑已經構成了綿密的申訴與聲請機會，除此之外，人權保護官更可以依職權主動作為[27]，這些設計是很大的進步。如此可以有效暢通主動與被動、直接與間接各種途徑，不一定需要倚賴中介者，有效提升人權保障的可能性[28]。另一種擔心是，暢通了申訴的管道，沒有過濾機制可能會造成人權保護官的超載而不堪負荷，所以學者建議應以對人權的「確定、重要、直接侵害」為人權保護官受理的限制條件（Marcon, 2008: 1688），不過組織法並未列入此種限制。就事實言，2010年共和國監察使受理有關公共服務類申訴案為38091件，2016年人權保護官受理的有關公共服務類申訴案則為45113件，可見並未造成大幅成長致不堪負荷的狀況。但人權保護官受理申訴案增加「接近權利」類，2016年人權保護官受理35504件（Défenseur des droits, 2017b）。

三、人權保護官之職權與適用程序

　　在法國憲法上，有組織法與一般法之分，兩者的區別在於組織法較為重

條。
[25] 參見2011-333號組織法第7條。
[26] 參見2011-333號組織法第7條。
[27] 參見2011-333號組織法第6條。
[28] 人權保護官有下列幾項禁止受理之規定：在本法第4條1°的情形，人權保護官不可以受理或自行處理似乎有關公法人與組織之間的爭議。人權保護官不可以受理或自行處理，未具有本法第4條3°與5°的職權的公法人與組織之間的爭議，或是其職員因執行職務之爭議。人權保護官不可以受理或自行處理，雖具有本法第4條5°的職權但不屬於法律所規定的情形之爭議。參見2011-333號組織法第10條。

要，憲法第46條特別加以規定其審議程序，而且國會通過組織法之後，必須送交憲法委員會「強制事前合憲性審查」[29]，而非如同一般法律須由總統、總理、國會兩院議長、六十名國會議員聲請憲法委員會審查（任意事前合憲性審查）（鍾國允，2002a、2002b）。而且組織法不僅限於規定機關組織，也可以規定程序等重要事項。2011-333號組織法除了規範人權保護官的定位與任務外，也包含行使的職權與程序。

　　向人權保護官提出的申訴，將由申訴相關的機關預先處理，該申訴不能停止民事、行政或刑事行為所定之期間，也不能停止行政或一般訴訟的進行[30]。當人權保護官受理或主動審議案件之事實已被預先調查，或是現行犯之事實或對於該事實已展開偵訊，或者司法追訴正進行，它應該獲得受理法院或檢察官的預先同意以執行2011-333號組織法第18條有關和解之程序（詳下述）[31]。人權保護官收到申訴會衡量作為申訴標的的事實，或對它而言顯著到需要介入的事實，若它決定對申訴不處理要給予理由[32]。申訴人不能因向人權保護官申訴而受到報復行為[33]。

　　就內部而言，人權保護官除了召集個別委員會諮詢外，若牽涉到好幾個領域或顯示出特別困難的問題，亦可召集數個委員會及其副手（即副主席）以諮詢申訴案件[34]。人權保護官在全國各地甚至為了在國外的法國人依地區劃分任命代表（délégués），在其授權下預先審查申訴案，參與處理已顯示出的困難，以及各種適當的溝通與傳遞訊息活動。為了被羈禁的人可以適用本法之規定，人權保護官得在每一個處罰機構任命一名或數名代表。人權保護官任命工作人員（agent）以協助其完成任務[35]。人權保護官在巴黎的辦公室約有250名人員，在領土各地約有450名自願性質的代表，形成兼具專業與遍布領土的處理系統（Défenseur des droits, 2017b）[36]。

---

[29] 事前合憲性審查意指法律案在國會通過後與總統公布生效前之間，送交憲法委員會審查，與事後審查相反。

[30] 參見2011-333號組織法第6條。

[31] 參見2011-333號組織法第23條。

[32] 參見2011-333號組織法第24條。

[33] 參見2011-333號組織法第20條。

[34] 參見2011-333號組織法第12條。

[35] 參見2011-333號組織法第37條。

[36] 在共和國監察使時代就已有任命地區的聯絡人（Gohin, 1995: 208）。

　　就對外而言，人權保護官在其各種職權領域中可以進行適當的溝通與傳遞訊息活動[37]。當人權保護官將申訴案轉交給另一個被賦予保障自由與人權的獨立機關，它得向其提出意見（observations），並請求該機關提供後續相關資料。人權保護官亦可請求與國家資訊與自由委員會、接近行政文件委員會聯合工作[38]。它在處罰機關內的設置代表，與剝奪自由場所總監察長有密切關係，兩者可以協力合作[39]。它得請求最高行政法院副院長或財務法院院長進行研究[40]。人權保護官將可以正當化介入對於兒童社會協助的服務之所有資料送交相關的地方機關[41]。它也與有關健康、就業、平等、身心障礙、兒童權利、LGTB、公共服務使用者等民間或專業團體、聯盟形成夥伴關係（Défenseur des droits, 2017d）。

　　人權保護官處理案件時，它有以下的權力與適用程序：

　　首先，要求說明與蒐集資料：人權保護官可以要求涉案的所有自然人或法人提出說明，若它認為有用，也可以聽取後者的說明。涉案的所有自然人或法人應配合人權保護官完成其任務。涉案的所有自然人或法人必須授權其屬下並回應與說明，並遵從召集。召集須指出聽證的目的。若人權保護官提出請求，部長們下達指令給其部門在其職權範圍內監督完成所有的檢查與調查，他們應要求提出所需資料[42]。在人權保護官附理由的請求下，涉案的自然人或法人提供所有助於完成其任務的資料[43]。若涉案的自然人或法人不遵從人權保護官的要求，它可以定期催告，若再不從，它可以聲請緊急審理法官（juge des référés）審理有關命令之作為[44]。

　　其次，進行實地檢查與訪視：人權保護官可到涉案的行政部門或私人場所進行檢查，它也可以對房屋、場所、大眾交通工具與為達成使用的專業場所進行檢查。在現場檢查時，人權保護官可聽取任何可提供資訊的人士說明[45]。

---

[37] 參見2011-333號組織法第34條。

[38] 參見2011-333號組織法第9條。

[39] 人權保護官與剝奪自由場所總監察長簽訂協議互相合作（Défenseur des droits, 2017c）。

[40] 參見2011-333號組織法第19條。

[41] 參見2011-333號組織法第35條。

[42] 參見2011-333號組織法第18條。

[43] 參見2011-333號組織法第20條。

[44] 參見2011-333號組織法第21條。

[45] 現場檢查或訪視，可區別機關或私人場所。相關機關可基於國防機密或公共安全重要且急切之理由

人權保護官得授權代表與職員進行聽取相關各方的說明、索取資料，以及在所在地上訴法院檢察官的特別授權下進行檢查或訪視。人權保護官的職員經過宣誓與獲得檢察官的特別授權，可以經由筆錄指認刑法第225-3-1條的歧視罪（délits de discrimination）[46]。

第三，建議與命令作爲權：人權保護官得作成所有其所認爲有助於保障與尊重受害者之建議，並處理困難之處或預防再次發生。它應該公平地對申訴人建議處理情形。相關的機關或人員應在人權保護官所定期限內，就其建議提出回應。若未提出回應，或依所收到的資料人權保護官認爲未遵循該建議，它可以命令涉案人員在所定期限內採取必要措施。若涉案人員不依循人權保護官之命令，則它可以作成特別報告給涉案人員。它將該報告公開，若有必要，在它所訂的形式下得將涉案人員的回應公開[47]。

第四，進行調解：人權保護官可依調解之方法以友善的程序解決它所受理的爭議。在調解的過程中所獲致的事實或聲明，除透漏協議內容是爲執行所必要，或是基於公共秩序的理由者外，若沒有相關人的同意，不得作爲日後民事或行政訴訟之材料或引用[48]。人權保護官衡量當一個人的申訴認爲自己是歧視的受害者，或是援引保護兒童的權利以介入時，人權保護官可以幫忙其完成文件，並協助指引對該個案合適的程序，這也包含了國際面向的程序[49]。

拒絕人權保護官的現場檢查，但機關必須提供人權保護官反對的理由。然而人權保護官可以向緊急審理法官提出授權現場檢查之聲請，在其權威與監督之下進行檢查。法官也可以在進行期間到執行現場，並得隨時中止或暫停檢查。至於私人場所的負責人被事先通知有權拒絕訪視與檢查，負責人行使此權利必須獲得訪視地方管轄的法院（tribunal de grande instance）之「羈押與自由法官」（juge des libertés et de la détention）的授權，由後者依中央行政法院的命令所訂條件裁定。但因所監督的事實緊急且嚴重的情形，或者可以證明的資料有被隱匿或銷毀的風險下，人權保護官得到羈押與自由法官的預先授權，可以不先通知負責人而進行訪視，負責人不可以拒絕。在羈押與自由法官權威與監督之下的訪視，於場地持有人或其代表人在現場進行，當事人可以由其選擇之顧問協助；若缺乏持有人或其代表人，則在兩名不受制於監督人員權威的見證人在場進行訪視。授權訪視的裁定應依原本（minute）執行。裁定記載授權訪視的法官可隨時受理中止或暫停訪視，並說明救濟的途徑與期限。依據民事訴訟法之規定，對此裁定可向上訴法院院長提出上訴，後者也同樣受理對抗訪視進行的案件。參見2011-333號組織法第22條。

[46] 參見2011-333號組織法第37條。

[47] 參見2011-333號組織法第25條。

[48] 參見2011-333號組織法第26條。

[49] 參見2011-333號組織法第27條。

　　第五，進行和解：這一方面沿襲原平等與對抗歧視高級機關有關程序之設計，人權保護官可提出對於申訴人與涉案人之和解的建議內容。對於因歧視而受刑法與工作法所處罰的案件，若該案件尚未被提起公訴，人權保護官可提出處以罰金與受害人賠償之和解建議，人權保護官的建議獲得行為人同意，如果有被害者獲得其同意後，須獲得檢察官的批准。執行和解中斷提起公訴之時效進行，完成和解則不再追訴，但不禁止向輕罪法庭提出民事訴訟。若拒絕人權保護官和解建議，或和解已被檢察官所接受與批准卻不履行，則人權保護官可依刑事訴訟法告發[50]。在不違反前述規定情形下，若人權保護官受理之事實可能構成輕罪或重罪，它應通知檢察官[51]。

　　第六，建議懲戒權：人權保護官就其受理案件認為有理由進行懲戒時，得向有權進行懲戒機關提出。後者應向人權保護官就該案提出後續處理資料，若不同意進行懲處則應說明理由。若在其所定期限內人權保護官仍未獲得資訊，或依所收到資訊認為其所提出案件未獲得必要的處置，它可製作特別報告通知上述機關，並公開該報告，必要時在其所定的形式下公開上述機關的答覆，但此規定不適用於憲法第65條倒數第2項之情形[52]。

　　第七，建議終止或制裁權：當人權保護官認定一項符合2011-333號組織法第4條所定之間接或直接歧視，是由公權機關同意或授權之法人或自然人之專業活動所致；或相反而言，此一機關握有採取保留措施，或基於秩序或公共自由對於不尊重關於規範歧視之法律握有制裁權力的機關，人權保護官得建議該機關行使終止或制裁的權力[53]。

　　除此之外，它也有若干輔助性的權力與義務：若人權保護官受理不向司法機關提出的申訴案，但其問題牽涉到法律或命令條文之解釋，此際人權保護官可以諮詢中央行政法院[54]。人權保護官可以提出它認為有用的修正法律或命令之建議，它也可接受總理有關法律草案的諮詢，或者是總理、兩院議長有關其職權範圍內的任何問題[55]。人權保護官不能質疑司法判決。民事、刑事或行政

---

[50] 參見2011-333號組織法第28條。

[51] 參見2011-333號組織法第33條第3項。

[52] 參見2011-333號組織法第29條。

[53] 參見2011-333號組織法第30條。

[54] 參見2011-333號組織法第31條。

[55] 參見2011-333號組織法第32條。

法院可以依職權或應當事人之請求，邀請人權保護官提出書面或口頭意見[56]。人權保護官在通知涉案人後，得決定公開其意見、建議或決定，若有必要時在其所定的形式下公開涉案人的答覆。人權保護官每年向總統與兩院議長提出報告[57]。

人權保護官受到以下之批評：首先，將數個機關整併合一，使得人權保護官權力大增，卻弱化原有機關之功能，降低專業度。其次，人權保護官應居於諮詢之角色，卻擁有調解與監察權，不利於人權保障。最後，由於業務範圍擴大，人權保護官處理個案時較無彈性與反應突發狀況（監察院國際事務小組，2012：234）。

本文認為，首先，人權保護官所擔負之任務如憲法第71條之1所規定的，是要監督國家行政機關、地方自治團體、公共機構，以及所有被賦予公共任務，或者是組織法授予這些權限的組織尊重人權與自由。人權保護官要承擔人權守護者的角色，保障人民的權利與自由，幫助「小蝦米對抗大鯨魚」，協助人民與相關機關折衝與調解，若僅限於諮詢之角色反而減損其價值。國家人權諮詢委員會才是諮詢機關，人權保護官是實際行動機關。

其次，人權保護官整併了四個機關，也相當程度融合了四個機關原有的職責、職權與程序，看起來是權力擴大，重要的是更為完整的程序權力，使其能夠更貼近事實，作出正確的判斷與決定，更易達成調解或和解。此目的不在取代行政機關的決定權，而是在不違反權力分立的原則下，提醒、影響、促使行政機關或相關組織調整其作為以避免侵害人權，化解人民與機關間的矛盾與對立，故人權保護官只要是合理行使職權，應不至於弱化原有機關的功能。況且就像共和國監察使，人權保護官最終並不能凌駕行政機關對個案的決定，若行政機關不遵從人權保護官的意見、建議，它最多只能將之與相對機關的回應公布，之後再由其他機關追究相對機關的法律責任、行政責任或政治責任。或者人民直接尋求司法救濟[58]。

最後，人權保護官的業務擴大，是否會造成個案處理的遲緩與無彈性，這牽涉到是否有足夠的人力、組織是否僵化、程序與處理是否迅速有效等面向。

---

[56] 參見2011-333號組織法第33條。

[57] 參見2011-333號組織法第36條。

[58] 在法國很長時間，因為有越權訴訟之救濟管道，所以會認為「最好的監察使就是中央行政法院」（Roland Drago語）（Gohin, 1995: 207）。

至少就人權保護官採取首長制,在全國各地設置代表,受理個案採取直接與間接、主動與被動方式並用,更為完整的權力與程序,連結各種專業與相關民間團體等而言,或許有助於避免上述的缺點。

依據人權保護官2016年的報告書中顯示,全年約有13萬件諮詢或申訴,其中有86596件申訴案,44474件電話聯繫,有22件是人權保護官依職權主動處理。其中關於公共服務類案件有45113件,關於兒童權利類案件有2611件,關於歧視類案件5203件,關於安全倫理類案件有1225件,關於接近使用權利(Accès aux droits)類案件有35504件(有些案件跨類別)。較諸2010年原四個被整併機關所受理案件數都有成長,其中以安全倫理類案件成長66.2%最為顯著;若以2016年與2015年案件數相較,安全倫理類案件成長34.6%,公共服務類案件成長11.9%,兒童權利類案件成長11.5%,也是以安全倫理類案件成長最為顯著。2016年申訴案被處理有81949件,其中由人權保護官辦公室處理者共17855件,由人權保護官代表處理者共64094件(Défenseur des droits, 2017b)。

但2008年修憲,沒有採納Balladur委員會的建議,讓人權保護官可以聲請憲法委員會進行合憲性審查的權力,也沒有增訂完整與和諧的人權條文清單(Verdussen, 2008: 229),則是不足之處。此外,學者憂慮人權保護官會不會侵犯其他未被整併進來的獨立行政機關(如國家資訊與自由委員會)之權限(François, 2009: 164)?但也有學者認為一方面沒有必要整併全部有關人權的獨立行政機關,人權保護官處理「最重要」的申訴,其他申訴由其他獨立行政機關處理;另一方面人權保護官具有憲法地位,是具有一般性任務的高級獨立行政機關,既使與其他獨立行政機關任務有所重疊,也可以正當化其介入(Marcon, 2008: 1690, 1688)。不過,人權保護官對於處罰機構內的收容人員之人權保護,一定程度會與剝奪自由場所總監察長之權限重疊,人權保護官組織法未採取當時政府修憲版本之建議,將剝奪自由場所總監察長整併進入人權保護官,故此兩機關的互動關係,以及對人權保護的影響值得後續觀察。

伍、結語

憲法第66條規定,沒有人可以被濫權拘禁,而「司法機關」作為個人自由

的保護者，確保在法律所定的條件下尊重此一原則。憲法第5條規定，總統監督尊重憲法。憲法第61條更規定憲法委員會對於法律進行合憲性審查，尤其是2008年修憲增加的事後的違憲審查，對於人權的保障更進一步。這麼多憲法機關從事守護憲法與人權的工作，但各自切入角度不同。總統為國家之代表，著重的是憲政秩序的穩定與發展，憲法委員會著重法律是否違反憲法與人權，司法機關處理人民訴訟案件，不得濫權拘禁人民。但這些機關與人權保護官的定位與發揮的功能仍有差異，人權保護官可以在人民的人權與自由受到侵害的過程中進行協助或加以預防，不待進入司法程序，而且可以更有彈性、更為友善的程序解決人權爭議，展現比司法或行政機關較為柔軟與調解的一面。

　　2008年的修憲設置人權保護官，一方面改進原有共和國監察使的間接與被動受理缺點，另一方面後續整併了共和國監察使、兒童保護官、國家安全倫理委員會、平等與對抗歧視高級機關四個機關，成為保護人權的憲法上之獨立行政機關。此一集中好幾個獨立行政機關的事權，整合各類的人權侵害申訴（Philippe, 2008: 217），成為單一窗口（guichet unique）（Marcon, 2008: 1693）的改革，似有助於人權保護能量的提升，以及人民求助的便利性；而其憲法機關的地位，亦有助於與其他機關的互動。

　　憲法與相關法規對人權保護官制度形成了：一、綿密的聲請管道：受侵害個人可以直接申訴外，也可以透過國會議員等中介者提出申請，國會議員或法定的機關也可自行提出申請，甚至人權保護官自己依職權主動作為，解決了以前共和國監察使僅能透過中介者受理的問題。二、綿密的人權保護協力網路：人權保護官可以與其他的獨立行政機關如國家資訊與自由委員會、接近行政文件委員會聯合工作，它也要與剝奪自由場所總監察長互相配合。它可以接受總理、兩院議長的諮詢；反過來，人權保護官可以提出它認為有用的修正法律或命令之建議，它也可以請求最高行政法院副院長或財務法院院長進行研究，可以諮詢中央行政法院有關法律或命令條文之解釋。人權保護官行使職權時可聲請緊急審理法官審理有關命令作為與檢查訪視。民事、刑事或行政法院可以邀請人權保護官提出書面或口頭意見。

　　三、多元的職權與方法：人權保護官組織法賦予人權保護官更多的方法介入個案，尤其是在要求說明與蒐集資料、進行實地檢查與訪視方面，若遇到瓶頸可依緊急審理法官的授權而有所突破，不致於因無法獲得事實而形成無用的建議與調解。它也有進行和解、建議懲戒、建議終止歧視與制裁活動等等權力，它可以命令涉案人員在其所定期限內採取必要措施。若涉案人員不從，則

它可以作成特別報告給涉案人員。它將該報告公開，若有必要，在它所訂的形式下得將涉案人員的回應公開。這意味著人權保護官的命令沒有強制性，它不是其他機關的上級機關，若相關機關或人員不遵從人權保護官之命令，就待後續的法律、行政或政治責任追究，這也是人權保護官的權力分際。人民亦可直接尋求司法救濟。四、完整的系統與適量的人力：有了憲法的基礎，組織法也建構了人權保護官組織型態，人權保護官配有關於兒童權利的保護與提升、對抗歧視與提升平等，以及安全領域之倫理事務的三個副手與三個委員會，多元組成的委員會提供人權保護官諮詢。此外，人權保護官機關約有250名專業人員，以及約有450名遍布領土的人權保護官代表（自願人員），要申訴的人民可以就近告訴人權保護官代表，也可以信件或電子郵件寄送給或打電話給人權保護官，充分顯示其貼近人民需求的設計。

　　本文認為人權保護官是以人民、人權為中心的制度設計，人權保護官以實際行政手段介入人權保護，可居於協力網絡的中樞去連結相關的機關或夥伴團體，為當事人的角度提供有益的解決方案，讓人民可以簡便的方式受到協助，對抗各種公共服務權威對人權產生的危害。但實際運作仍有賴人權保護官的有效領導、上下善盡職責與各方的協力與配合，才能落實保障人權與自由的任務。

參考文獻

李炳南、吳豐宇，2012。〈世界各地區監察制度的發展過程與簡介〉收於監察院國際事務小組（編）《世界監察制度手冊》，頁1-29，台北：監察院。

陳淳文，2007。〈從法國法論獨立行政機關〉發表於國立台灣大學政治系、中華民國憲法學會主辦「獨立行政機關之研究研討會」。台北，台灣大學。9月29日。

監察院國際事務小組（編），2012。《世界監察制度手冊》。台北：監察院。

鍾國允，2002a，〈論法國憲法委員會之組織及其合憲性審查程序〉《憲政時代》28卷1期，頁89-109。

鍾國允，2002b，〈論法國合憲性審查之聲請主體〉《法令月刊》53卷3期，頁25-38。

鍾國允，2012。《2008年法國修憲與制度變革》，台北：翰蘆。

"Projet de loi consitutionnel de modernisation des institutions de la Ve République." 2008. *Revue française de Droit consitutionnel,* Puf, numéro hors-série, June, pp. 281-96.

Comité de réflexion et de proposition sur la modernisation et le rééquilibrage des institutions de la Ve République. 2008. *Une Ve* République plus démocratique. Paris: Fayard.

Commission Nationale Consultative des Droits de l'Homme. 2017. "L'institution," (http://www.cncdh.fr/fr/linstitution) (2017/4/6)

Défenseur des droits. 2017a. "Une institution indépendante,"f (http://www.defenseurdesdroits.fr/fr/institution/presentation) (2017/4/13)

Défenseur des droits. 2017b. "Rapport annuel d'activité 2016," (http://www.defenseurdesdroits.fr/RAA/) (2017/4/21)

Défenseur des droits. 2017c. "Convention entre le defenseur des droits et le contrôleur général des lieux de privation de liberté," (http://www.cglpl.fr/wp-content/uploads/2009/03/convention-DDD_CGLPL_201111081.pdf) (2017/4/22)

Défenseur des droits. 2017d (http://www.defenseurdesdroits.fr/fr) (2017/4/21)

Défenseur des droits. 2017e. (http://www.defenseurdesdroits.fr/fr/institution/

presentation) (2017/4/26)

Defensor del Pueblo. 2017a. "What is the Defensor del Pueblo?,"(https://www. defensordelpueblo.es/en/who-we-are/what-is-the-defensor/) (2017.03.27)

Defensor del Pueblo. 2017b. "The Defensor as National Mechanism for the Prevention of Torture and other Cruel, Inhuman or Degrading Treament," (https://www.defensordelpueblo.es/en/prevention-of-torture/defensor-as-npm/) (2017/3/27)

Formery, Simon-Louis. 2011. *La Constitution commentée article par article*. Paris: Hachette supérieur.

François, Bastien. 2009. *La Constitution Sarkozy*. Paris: Odile Jacob.

Gentot, Michel. 1994. *Les autorités administratives indépendantes*. Paris: Montchrestien.

Gohin, Olivier. 1995. *Institutions administratives*. Paris: L.G.D.J.

Jan, Pascal. 2008. "Quel avenir pour la Ve République," in Pascal Jan, ed. *La Constitution de la Ve* République, pp. 215-24. Pais: La documentation Française.

Lang, Jack. 2009. *Le choix de Versailles*. Paris: calmann-lévy.

Légifrance. 2017. "Autorités administratives indépendantes," (https://www.legifrance. gouv.fr/Sites/Autorites-independantes) (2017/3/31)

Marcon, Nathalie. 2008. "Titre XI bis: le défenseur des droits," in Luchaire François , Conac Gérard, and Xavier Prétot, eds. *La Constitution de la République française-Analyses et commentaires*, pp. 1681-99. Paris: Economica.

Philippe, Xavier. 2008. "Les propositions d'amélioration de la protection des droits fondamentaux." *Revune française de droit constitutionnel,* Puf, numéro hors-série, June, pp. 209-22.

Secrétariat général du Gouvernement et Conseil d'Etat. 2007. *Guide l'élaboration des textes législatifs et réglementaires*. Paris: La documentation Française.

Teitgen-Colly, Catherine. 2011. "Le défenseur des droits: un ovni dans le ciel constitutionnel," in Jean-Pierre Camby, Patrick Fraisseix, and Jean Gicquel, eds. *La révision de 2008 une nouvelle Constitution*？pp. 389-407. Paris: L.G.D.J.

Verdussen, Marc. 2008. "Regards comparatistes sur le rapport du comité Balladur" *Revune française de droit constitutionnel,* Puf, numéro hors-série, June, pp. 223-37.

Wikipedia. 2017. "Contrôleur général des lieux de privation de liberté." (https://fr.wikipedia.org/wiki/Contr%C3%B4leur_g%C3%A9n%C3%A9ral_des_lieux_de_privation_de_libert%C3%A9) (2017/4/6)

Yahoo. 2008. (http://fr.news.yahoo.com/rtrs/20080721/tts-france-institutions-parlement-ca02f96.html) (2008/7/22)

12
人生八十才開始——祝賀洪鎌德老師

劉宏裕
明新科技大學休閒事業管理系副教授

12　人生八十才開始——祝賀洪鎌德老師

　　第一次在台灣大學聆聽洪鎌德教授的演講，很快的十年過去了。這個十年，有洪老師，亦師亦友的長者在身教、言教的指引，讓自己人生旅程的摸索中，增加了思考人生態度及為人處事，種種正向發展的可能。無論是面對學術的態度及生活處事的淡然。在在提供了一種追尋的典範。值此八十大壽之際，祝福洪老師健康自在、生活恬靜、寫作順利、與師母續航神鵰俠侶的樂活人生。

　　十年來我所認識的這位沖默澹泊、清勤弘器、熱愛生活、淬勉耽學的長者，以我個人的視角向大家介紹分享。洪老師出生在新竹市一個一般平凡家庭，幼年很辛苦的在阿公阿嬤的養育之下成長，後來進入新竹高中完成文理不分開的全人教育。在這樣外在環境如此艱困之下，經過數十年如一日，不斷努力及自律（個人的觀察：雖然洪老師今年已經八十歲，但是並沒有停下腳步，無論學術寫作的執著或生活態度的實踐上皆是如此），達到現在的成就，依舊保有赤子之心及和樂待人的人本價值。我們可以從洪老師人生經歷上看到，他如何在生活及學術上，化複雜為簡單、如何化艱難為平易。尤其洪老師近幾年返回出生地新竹市，在交通大學教評會全票通過之下，在通識教育中心兼任教授，引導以理工為主的學生進入人文、藝術的境界，不辭辛勞、以腳踏車代步到交大上課，繼續學習，時刻思考，不停寫作，不斷教研，這些事情讓我輩看在眼裡，已成典範。

　　我所認識的洪老師，在台灣大學完成學術初步訓練（先念法律，後轉政治）四年間，對於外國語文（英、德、俄、日、義、法）已經開始學習，後來留學歐洲。1963年在國際扶輪社資助下赴德國佛萊堡念政治學，後轉學奧地利維也納大學研習包括政治、法律、經濟和社會的「國家學」（Staatswissenschaften）。洪老師以德文撰寫，於1967年年底完成《胡適與民國政治》一論文獲得博士學位。1968應聘德國慕尼黑大學，教授國際政治和社會科學。1973年前往新加坡講授比較政府與政治、社會科學方法論和星國大學空前也是絕後的「馬克思主義批判」課程。其間，藉星國與中國學制和假期之不同，前後三、四次在中山、廈門、北京、南開、復旦等大學講解西方馬克思主義、新馬克思主義等課。

　　1992年返台，先在台大三研所（後改名國發所）開講馬克思學說析評、法律社會學、政治社會學和政治經濟學等科目，同時分別在東海、淡江、東吳、輔仁等大學講授社會科學、西馬、新馬、舊馬，俄國政治思想等科目。2012年台大國發所退休後，被交大延攬為不占缺的兼任（講座）教授至今。除為交大

通識教育中心選修學生講解「社會學導論」、「社會理論的演進」、「當代世界：國際關係的理論」和「新加坡政治經濟學」之外，又利用長距視訊方式連結交大、中大、陽明、淡江、台北等大學播講「歐洲文化導論」和「馬克思學說的析評」兩科目。同時在國立體育大學體研所博士班和輔仁大學哲學系講授有關運動社會學和哲學，以及舊馬、西馬和新馬的分析和批判。洪老師至今發表的論文多達三百餘篇，德、英、華文著作四十七本，包括為新講課而籌劃與撰寫的這本著作：《屠格涅夫作品的析賞》。此書試圖跳出文學、傳記、文學評論的框框，而是以科際整合的觀點，使用哲學和社會科學（特別是歷史社會學、社會心理學、文化人類學、精神分析學）等方法，在宏觀與微觀的角度下，把屠格涅夫這位文學工作者的生命和其人道精神，藉由其生涯、交遊、作品和時代突顯出來，讓讀者可以進入文豪的心靈世界，分享他悲喜恩怨的一生。

　　以上這些敘述應該是我們大家巨觀共同瞭解的洪教授。和洪老師有很多的互動，微觀而言，三年前的機緣讓我真實的瞭解洪老師的深度和不可限量的氣度。因為撰寫一篇以馬克思國家概念為基礎的學術論著時，幾個月和洪老師相約在新竹市家中討論的互動過程中，我們每次相約討論、和洪老師及師母常常一起用餐。這個過程以學術討論開始，但是卻很真實的感受到洪老師及師母的真實面對人生的態度及從生活細節中領略真義。我們討論聚焦的主要概念，對於馬克思的社會觀的經濟因素制約、階級社會形構及歷史辯證發展產物三個面向如何去解析台灣運動政策（競技運動成為台灣國家象徵的工具的形成及反思）的發展，這個理論解構現象的過程，就在一次接一次的餐桌上、書桌上及喝咖啡討論裡，有了更清晰的輪廓。和我碩博士學習時期的師生氛圍一樣，具有美好師生互動回憶（筆者碩士指導教授來自於日本東京十五年的學術學習歷程，英國指導教授也是一位非常重視人本、人文的老師）。就在於學術理論與分析的學習及討論是快樂而自然、自在的。這個是洪老師學術成就已經是大師級之際，最為珍貴的部分。就如一句電視廣告所陳述的：科技始於人性。學術研究師生學術同好的互動過程，人的本質的發揚與體現，才應是核心價值。透過學術研究過程，體現人之所以為人的存在意義。洪老師另外一個讓人稱羨的面向是家庭生活的融合。這也是洪老師能夠一輩子樂在嚴肅的學術創作、寫作中，卻又能親切待人，又能使用理論工具，精準解析事實。

　　洪老師的著作中，《個人與社會：馬克思人性論與社群觀的評析》是我個人喜歡的論述。此書討論馬克思的人本主義、人文思想和人道精神深刻地闡

述。這是一本最能體現洪老師個人特質的一本書：**唯有在合作和諧的社群中，人才能成就自己和幫助別人。**雖然洪老師歷經半世紀沉浮的挑戰人生，依然保有學術人對於學問及人本價值的維護，是那麼自然而眞誠流露。這也是身爲一位讀書人，眞的讀通了「書」的最佳寫照。這是我們大家在祝福洪老師八十大壽之際，最爲值得學習和思考的核心價值。多年來，台灣多少前前後後，遠赴西方國家學習，希望建構台灣這一個國家的菁英。此時晚生後輩，看到一位透析西方馬克思學術的大師，實現著台灣人的人本精髓。這是多麼動人的一幅圖畫啊！

13

透過一位作家認識一個國族和一個時代──《屠格涅夫作品的析賞》閱後有感

何乃蕙

新竹科學園《園區生活雜誌》總編輯

13　透過一位作家認識一個國族和一個時代
　　──《屠格涅夫作品的析賞》閱後有感

今年適逢俄羅斯革命一百週年。一百年前，即1917年，俄羅斯接連發生了二月革命以及十月革命，從此俄羅斯走上社會主義國家之途；而革命如狂風掃落葉般，徹底翻轉了俄羅斯及周邊國家人民的命運，至今其影響猶在，同時仍牽動著世局的發展。究竟造成俄羅斯革命的原因何在？此時重新閱讀俄羅斯大文豪屠格涅夫（1818-1883）的作品《獵人筆記》，或許可以發現一些端倪。

1846年，屠格涅夫在祖居農莊著手撰寫介紹農民生活現狀的〈霍爾與卡利紐奇〉，之後又陸續發表二十多篇文章，於1872年集結成《獵人筆記》出版。此一重要作品對於沙皇時代農奴的生活情景以及受到壓迫的情況多所描繪。發表後得到社會上極大的迴響，據說連登基不久的沙皇亞歷山大二世讀完《獵人筆記》後都頗為感動，決心廢除農奴制度的惡政，而於1861年2月發布農奴解放詔書，從而掀起俄國空前的變局。《獵人筆記》日後被評論家譽為推翻俄國農奴制度的旗手，促成農奴制度瓦解，埋下1917年革命的遠因，而儘管屠格涅夫一生以改革派自由主義者自居，他也因此一重要作品被視為革命的重要推手之一。

對於這段歷史有興趣，以及想藉由屠格涅夫的作品重新認識十九世紀俄羅斯的讀者而言，今年初由交通大學講座教授洪鎌德先生出版的《屠格涅夫作品的析賞》是絕不可錯過的一本好書。事實上，《屠格涅夫作品的析賞》可能是到目前為止，繁體與簡體中文書裡針對屠氏個人生平、作品以及當時社會政治背景做最完整介紹之著作。本書除了導讀文學作品與賞析，也試圖跳脫文學、傳記、文學評論的囿限，使用哲學和社會科學等方法，從歷史社會學、社會心理學、文化人類學、精神分析學等宏觀與微觀的角度，把屠格涅夫這位文學創作者的生命和其人道精神，藉由其生涯、交游、作品和時代突顯出來，讓讀者可以進入大文豪的心靈世界，分享他悲喜交織的生命故事。

洪鎌德教授早年遠赴歐洲留學，取得維地納大學國家學博士，執教過慕尼黑大學、南洋大學、新加坡大學、台大等，為國際有名的馬克思學學者（Marxologists）之一，迄今已出書四十七本，三百多篇學術論文，如今出版《屠格涅夫作品的析賞》一書，乍看之下，似乎偏離了其原本的航道，其實不然，讀者深入閱讀之後當會發現，本書乃是洪教授融合其文學涵養以及數十年來鑽研哲學與社會科學素養所得之智慧結晶。

誠如洪教授在本書序言中所提，過去數十年來他的講學研究和著作以哲學思維與社會科學為主，與文學少有關聯，然而研究個人與社會、社會與國家、國家與世界，顯然單靠哲學思辨和社會科學的分析，僅能瞭解事物的表象。反

之，文學、藝術、宗教這類精神最高的表現與一國一族的靈魂及其文化實互為表裡，唯有掌握一國一族的藝術文化與宗教內涵，才能深刻瞭解這個國族在某一時期中，其人民之思言云為。

換言之，要明白十九世紀中葉和下葉，沙皇統治下俄國廣大民眾生活實狀，單靠歷史的回顧、社會的剖析、政經的追蹤是不夠的，如能佐以當代的文學和藝術表現，將能獲得更鮮活的民情世俗之圖像。換言之，不論是閱讀杜思托耶夫斯基、屠格涅夫、托爾斯泰等人的文學著作，聆聽柴可夫斯基、林姆斯基－科薩可夫和拉赫曼尼諾夫的音樂，以及欣賞艾瓦佐夫斯基、費多托夫、衣瓦諾夫和柯連多夫斯基等當代畫家的繪畫，都有助於吾人掌握十九世紀俄羅斯民族性格和時代精神。

為了編寫此書，洪教授廣泛地蒐集了俄國、英、德、法、義、日與漢文等資料，而精通英文、德文、俄文、義大利文等多國語言的他，無需假他人之手，親自爬梳相關文獻，精確掌握各家評論精華，繼融合個人觀點後，以流暢自如的筆調詳加介紹，讓人讀來備覺親切自然。

作為十九世紀俄國大文豪之一的屠格涅夫（1818-1883），生平著有數本札記（《獵人筆記》和文學回憶錄）、六本長篇小說，三十三本中小篇故事、十五齣戲劇和上百篇詩詞、三萬六千多封書信。屠格涅夫擅長敘事，文體簡潔，文字優美，早年抒情詩作被歸類為浪漫主義，中期後進展到寫實主義風格以及稍晚的象徵主義。屠氏耕耘詩作的努力，鍛鍊他成為充滿詩意的文學家，也奠定了他在戲劇、小說上的成就；而其文學作品所呈現之悲天憫人的人道精神，尤其令人感佩。

屠格涅夫與杜思托耶夫斯基、托爾斯泰並稱為十九世紀俄羅斯三大文豪，然而台灣或許因為市場小之故，有關屠格涅夫的翻譯作品並不多見，目前市面上能找到的譯本多為簡體版譯本，且以小說為主，至於專門介紹與評論屠氏之書籍更是付之闕如。洪教授的新書完整地介紹屠格涅夫所有的作品，包括較少人關注的詩詞、戲劇、散文、中小篇小說（novellas）、長篇小說（novels）等。

《屠格涅夫作品的析賞》先詳述屠格涅夫的家世、父母、幼年、青少年求學經過。繼而敘述他因緣際會認識了抵俄演唱的法國女高音寶琳·韋雅朵，並隨她離俄旅歐，從此追隨其左右，展開到處遊蕩、寄人籬下的生活。接著提及他《獵人筆記》結集造成的重大影響，包括促成俄國農奴的解放。首部長篇小說《魯金》所引發的好惡評論導致他與《當代人》編輯群的恩怨情仇，尤其

他與杜思托耶夫斯基和托爾斯泰的瑜亮情節。屠氏最成功的長篇爲《父輩與孩輩》，其他的中短篇，像《初戀》、《春潮》、《阿霞》等比起長篇的《貴族之家》、《煙》、《前夜》更受歡迎。壯年一度擬在德國巴登建屋定居，卻因普法戰爭爆發，普魯士軍國主義囂張，只好尾隨韋雅朵一家遷往倫敦，後轉回巴黎久居，不過常抽空返俄吸取鄉土的氣息。這期間屠氏撰寫不少篇中短型小說，包括晚年涉及超自然現象的《夢》、《珂拉拉·米麗琪》等十篇靈異小說。隨著俄國政局的變化，一向採取溫和改革路線的自由主義者之屠氏，開始同情進行革命宣傳的激進青年。《處女地》的出版贏回年輕學子對他的擁護，這也是他國際聲譽達到高峰之際。晚年迷戀本國戲劇演員沙維娜，算是他一生愛情故事的插話。最後以脊椎癌逝世於巴黎，而歸葬俄土。

對於初入門，或者還在文學大門外徘徊的讀者，閱讀這本書可以對屠格涅夫有廣泛而概略的瞭解。對於文學的愛好者，此書形同開了一扇窗，讓讀者得以發掘更多的面向，從而延伸閱讀的廣度與深度。例如本書最後一章談及屠格涅夫文學貢獻的評價與影響，提及俄羅斯、英、美、法、德等各國藝文人士對屠氏作品的評價，也比較了屠格涅夫與前代作家如霍桑、霍夫曼，或同一時期文人如都德、福樓貝、施篤姆等人的創作。作為一代文豪，屠格涅夫的寫作風格、主題曾影響了美國的詹姆士、海明威、卡孄兒（Willa Sibert Cather）等作家，對於有志從事比較文學研究的人來說，《屠格涅夫作品的析賞》一書指出了一個有趣的探索方向，值得留意。

文學的趣味之外，讀者也可以隨本書作者從歷史社會學和心理分析的角度，評讀和析賞其隨筆、書信、詩詞、戲劇、小說，對照屠氏作品中自然的景觀對人物角色的心態之形塑與衝擊。至於探索屠格涅夫的心靈與哲思的世界，析述其天道觀、社會觀和人生觀，則是更爲深刻的哲學層次閱讀。本書插圖眾多而珍貴，參考文獻不限於俄文，兼涉及英、德、法、漢文資料，相信爲同類著作中最具普世觀的屠格涅夫傳記與評論之一。

值得一提的是，爲了增進文義的正確性與閱讀的順暢性，洪教授在翻譯上也相當用心，連人名，書名等細節都仔細斟酌，並不因襲坊間習以爲常的譯法，便宜行事。舉例而言，早年台灣普遍將俄羅斯大文豪之一譯爲陀斯妥耶夫斯基或杜斯妥也夫斯基，洪鎌德教授改譯爲杜思妥耶夫斯基，雖然「也」、「耶」只有一字之差，「耶」字比「也」中性，讀音也順暢許多。其他如法國作家福樓貝（坊間譯爲福樓拜），以及屠氏知名作品《父輩與孩輩》（坊間譯爲《父與子》）、《魯金》（向來誤譯爲《羅亭》），或依據讀音的正確性進

行修正，或依據洪教授本人對於作品內涵的深度瞭解而加以修正。從這些小地方可看出洪教授治學態度嚴謹，爲了這本書下了很大的功夫。

不過嚴格而言，本書也多少有些瑕疵，而非十全十美，勉強要雞蛋裡挑骨頭的話，仍可以找到下列幾點：第一，由於洪教授要在屠格涅夫三、四十年的創作生涯中，進行每個時期作品的析述，而在書後又要對各個作品定位、比較和評析，遂導致屠氏重要著作如《獵人筆說》、《散文詩》、《父輩與孩輩》、《初戀》、《鄉居一月》、《阿霞》、《春潮》等屢次出現在文本裡，使讀者有重複閱讀的感受。第二，插圖太多會影響讀者的專心欣賞，雖然以圖證文、以文釋圖是本書的特色。第三，《阿霞》撰稿年代爲1857，次年正式出版，而在285頁上卻誤植爲1867年，盼作者在第二版上加以修正。不管如何，瑕不掩瑜，這些缺陷不會使本書失色。

相較於音樂與美術，文學作品跟讀者的距離親近許多，畢竟文字所能承載與傳達的意涵較前二者更爲直接且完整，但是在閱讀文學作品前，若能廣泛而深入地瞭解作者的生長歷程以及時代背景與個人經歷等，將更能貼近作者的心靈，而有助於欣賞的深度。《屠格涅夫作品的析賞》便是這樣一本能夠帶領讀者深入分析與欣賞作家及其作品的好書，透過本書不僅能認識、理解和欣賞十九世紀俄國文豪屠格涅夫優美的散文、詩歌和小說，從而體認文學與人生、文學與自然、文學與社群之關係，也對於當代動盪紛亂的俄國社會情勢有深入的瞭解，讀者閱畢之際也會發現，透過一位作家進而認識一個國族（nation）和一個時代，此深度的閱讀體驗也會是最美好的收穫。

附　錄

台大國發所博士生

張書榜　輯

附　錄

洪鎌德教授簡歷

學歷與任職

洪鎌德出生於新竹（1937）

新竹中學畢業（1956）

台大政治學學士（1960）

博士論文：以《胡適與民國政治》（維也納大學，232頁）一論文獲維也納
　　　　　大學法學院國家學學系（*Staatswissenschaften*）政治學博士學位
　　　　　（*doctor rerum politicarum*）（1967）

哈佛、柏克萊、倫敦政經學院高級研究員（1984-1988）

德國慕尼黑大學教授（1968-1973）

新加坡南洋大學英制講師（1973-1980）

新加坡國立大學英制高級講師（1980-1992）

應廣州中山大學、廈門大學、北京大學、中國人民大學、復旦大學和上海六所
大學之聘任擔任客座教授（復旦聘為顧問教授）講解「新馬克思主義和現代社
會科學」（1987, 1989, 1991）

台大社會學系客座副教授（1976）

台大三研所客座教授（1992-1994）

台大三研所教授（1994-2000）

台大國發所教授（2000-2007）

台大國發所兼任教授（2007-2012）

交大講座教授（2012至今）

獲得

1. 連震東先生紀念講座經社講座（84學年度）
2. 國科會甲種研究獎勵（84, 85, 86, 88, 89學年度）
3. 台大優良教師獎（90學年度）
4. 台大傑出著作獎（2007, 2010）

兼任

台灣歐洲聯盟研究協會常務理事兼理事長（2003.2-2008）

台灣國際研究學會常任理事、監事（2014至今）

私立東海大學政研所兼任教授（1993-1995）

私立東吳大學政治學研究所兼任教授（1996-1999）

私立淡江大學俄羅斯研究所、歐洲研究所與東南亞研究所兼任教授（1999-2002）

私立輔仁大學哲學系與外語學院兼任教授（1993至今）

國立台灣體大兼任教授（2009至今）

台灣運動社會學會顧問（2009至今）

中國馬克思主義研究協會顧問（1989至今）

國立台灣交通大學講座教授（2012至今）

　　自1994年起在國科會計畫贊助下，從事經典的馬克思主義（倫理觀、自由觀、社群觀、解放觀）之分析與評論，先後完成四份國科會研究報告（《馬克思倫理觀的析評》、《馬克思社群觀的析評》、《馬克思「人的解放」之析評》、和《當代歐洲理論界對歷史唯物主義的批判》）。此外，分別出版《新馬克思主義與當代社會科學》（1995）、《馬克思社會學說之析評》（1997）、《馬克思》（1997初版）、《從韋伯看馬克思》、《人的解放——21世紀馬克思學說新探》、《法律社會學》（2001）、《當代主義》（2004）、《西方馬克思主義》（2004）、《當代政治社會學》（2006）等書。最近新著有《從唯心到唯物——黑格爾哲學對馬克思主義的衝擊》（2007）、《黑格爾哲學與其影響》（2007）、《人本主義與人文學科》（2009）、《當代社會科學》（2009），《馬克思的思想之生成與演變——略談對運動哲學的啟示》（2010）《西方馬克思主義之興衰》（2010）、《全球化下國際關係新論》（2012）、《當代政治社會學》（2013二版）、《個人與社會——馬克思人性論與社會觀之析評》（2014；2015二刷）、《馬克思》（2015修訂二版）、《傳統與反叛：青年馬克思思想的探索》（2015增訂二版）、《黑格爾哲學新解》（2016）和《屠格涅夫作品的析賞》（2017）等共中英德日專書47本，論文200餘篇。

　　本人生於戰爭動亂與政權交替年代，出生時正逢日治時期，粗識東洋文字與文化。青年時期，曾以筆名在《自由中國》撰文批判外來政權國民黨之暴

政。大學服兵役後留學德奧，並與愛妻蘇淑玉結為終生相知、相惜、相守之伴侶。因被黨國系統舉發列為黑名單，故大半生時期無法返台，長居德國和新加坡，從事學術和教研工作。後有感於對台灣故土無法忘懷之愛鄉心切，遂放棄新加坡大學優渥高薪返台定居，並從事教學工作，藉以彌補前半生未能報效台灣學術與教育界之憾恨。1992年回歸故國台灣之後振筆疾書，著作頗多，並藉教學之便指導近150名碩、博士學生。有感於台灣長期在黨國體制掌控下，人之心靈呈現脆弱空虛、缺乏主體性。因之，振聾發聵、喚醒意識，大有必要。遂以西方人文思想及其革命精神作為畢生研究宗旨，透過馬克思主義和黑格爾哲學，闡揚人之自在自為的理念，以及發揮主體精神之崇高價值。晚近由文學評論而綜合所學，期盼以終生好學之職志，嘉勉當今莘莘學子，達成人生成己成群之初衷。

洪鎌德教授著1998年至今專書

洪鎌德（1998）《21世紀社會學》，台北：揚智。

洪鎌德（1999）《從韋伯看馬克思 —— 現代兩大思想家的對壘》，台北：揚智。

洪鎌德（1999）《當代政治經濟學》，台北：揚智。

洪鎌德（2000）《人的解放 —— 21世紀馬克思學說新探》，台北：揚智。

洪鎌德（2004a）《法律社會學》，台北：揚智。

洪鎌德（2004b）《西方馬克思主義》，台北：揚智。

洪鎌德（2005）《當代主義》，台北：揚智。

洪鎌德（2006）《當代政治社會學》，台北：五南。

洪鎌德（2007a）《黑格爾哲學的當代詮釋》，台北：人本自然。

洪鎌德（2007b）《從唯心到唯物 —— 黑格爾哲學對馬克思主義的衝擊》，台北：人本自然。

洪鎌德（2008）《社會學說與政治理論 —— 當代尖端思想之介紹》，台北：揚智。

洪鎌德（2009）《當代社會科學導論》，台北：五南。

洪鎌德（2010a）《西方馬克思主義的興衰》，台北：揚智。

洪鎌德（2010b）《馬克思的思想之生成與演變 —— 略談對運動哲學的啓示》，台北：五南。

洪鎌德（2011）《全球化下的國際關係新論》，台北：揚智。

洪鎌德（2013）《政治社會學》，修訂增新版，台北：五南。

洪鎌德（2014）《個人與社會 —— 馬克思人性論與社群觀之析評》，台北：五南。

洪鎌德（2015）《馬克思》，修訂二版，台北：東大。

洪鎌德（2016）《黑格爾哲學新解》，台北：五南。

洪鎌德（2017）《屠格涅夫作品的析賞》，台北：五南。

洪鎌德（2018）《馬克思與馬克思主義》，台北：五南。

洪鎌德教授指導碩博士生論文資料集錦
（2000-2016）

1. 研究生：賴惟恭
   台灣產品拓銷沙烏地阿拉伯市場之分析
   國立臺灣大學／國家發展研究所／104／碩士

2. 研究生：許訓誠
   米塞斯的經濟公平觀——以佔領華爾街運動為觀察
   國立臺灣大學／國家發展研究所／103／碩士

3. 研究生：黃漢權
   我國言論自由界限之詮釋研究
   國立臺灣大學／國家發展研究所／103／碩士

4. 研究生：蕭惠丹
   我國著作人格權之研究——以讓與、繼承及保護年限為中心
   國立臺灣大學／國家發展研究所／102／碩士

5. 研究生：王展星
   哈伯瑪斯審議民主理論之析評
   國立臺灣大學／國家發展研究所／101／碩士

6. 研究生：陳文樵
   全球化下韓國文化創意產業之發展——以數位遊戲產業為例
   國立臺灣大學／國家發展研究所／101／碩士

7. 研究生：溫子衡
   影片融入公民與社會科政治篇教學個案研究——以臺北市立復興高中為例
   國立臺灣大學／國家發展研究所／100／碩士

8. 研究生：林佩儀
   包曼思想的研究——有關其消費社會的概念之演繹與後現代論述之解析
   國立臺灣大學／國家發展研究所／100／碩士

9. 研究生：黃巧嫈
   創意城市的文化發展策略——以日本金澤市為例
   國立臺灣大學／國家發展研究所／99／碩士

10. 研究生：方婷玉
    我國育嬰留職停薪津貼政策之探討：以台北縣市女性申請者為例

國立臺灣大學／國家發展研究所
／98／碩士

11.研究生：洪志豪
從電影《不能沒有你》談民怨政治
國立臺灣大學／國家發展研究所
／98／碩士

12.研究生：林淑靜
透過國小教師專業批判與反思突破
教師異化現象
國立臺灣大學／國家發展研究所
／98／碩士

13.研究生：葉和昌
台灣國民小學組織之變革（1994-
2010）──以教師角色為主
國立臺灣大學／國家發展研究所
／98／碩士

14.研究生：張銘輝
我國政風機構推動廉政建設之研究
國立臺灣大學／國家發展研究所
／98／碩士

15.研究生：何怡
勵馨基金會，台灣展翅協會，婦女
救援基金會等非營利組織在推動不
幸少女議題中的角色與功能之研究
國立臺灣大學／國家發展研究所
／98／碩士

16.研究生：謝佳蓁
我國國民年金保險制度問題及其對策
之研究
國立臺灣大學／國家發展研究所
／98／碩士

17.研究生：高橋倫子
全球化下日本千葉縣與台灣台北縣外
勞的比較研究──以法國外勞政策為
參考
國立臺灣大學／國家發展研究所
／98／碩士

18.研究生：施宜煌
政治對教育的衝擊──以日治時期台
灣幼兒教育為中心的分析
國立臺灣大學／國家發展研究所
／98／碩士

19.研究生：董倫銓
醫學典範轉移導致醫療社群改變認知
之探討：以幽門螺旋桿菌成功發現對
醫學影響為例
國立臺灣大學／國家發展研究所
／98／博士

20.研究生：謝妙冠
臺北市老人福利需求與措施之探討
國立臺灣大學／國家發展研究所
／97／碩士

21.研究生：張書榜
賀爾德思想的析辨──特重歷史哲學
的研究
國立臺灣大學／國家發展研究所
／97／碩士

22.研究生：林淑婷
我國國民年金制度演變及其對政府財
政負擔之研究
國立臺灣大學／國家發展研究所
／97／碩士

23.研究生：黃烽
新移民女性對生活適應研究──以臺
北市高齡榮民娶中國裔配偶為例
國立臺灣大學／國家發展研究所
／97／碩士

24.研究生：洪美芳
多元文化下的移民母語之延續──由加
拿大的傳統語言政策看台灣新移民問題
國立臺灣大學／國家發展研究所
／96／碩士

25.研究生：楊仲源
中國城鎮醫療保險制度改革及其發展
之研究
國立臺灣大學／國家發展研究所
／96／博士

26.研究生：黃春智
國中階段學生理財教育與理財知識之

研究──以臺北縣市兩國中為例
國立臺灣大學／國家發展研究所
／96／碩士

27.研究生：胡惟惇
哈伯瑪斯溝通理性觀探析──兼論台
灣完全中學團體間溝通之問題
國立臺灣大學／國家發展研究所
／96／碩士

28.研究生：廖育信
全球化對台灣國家認同的影響
國立臺灣大學／國家發展研究所
／95／博士

29.研究生：陳順發
從女性主義教育學觀點檢視我國性別
平等教育法之實踐──以台北縣立國
民小學為例
國立臺灣大學／國家發展研究所
／95／碩士

30.研究生：楊成瀚
感知配享與生命政治：1911-1929以
杜亞泉及《東方雜誌》的論述為例
國立臺灣大學／國家發展研究所
／95／碩士

31.研究生：顏淑華
我國地方稅法通則施行後之檢討
國立臺灣大學／國家發展研究所
／95／碩士

32. 研究生：張茹娟
女性輪班工作者之生活圖像 ── 以育
有十二歲以下子女為例
國立臺灣大學 / 國家發展研究所
/ 95 / 博士

33. 研究生：郭俊麟
李光耀主政後的新加坡政治 ── 威權
抗拒的結構分析
國立臺灣大學 / 國家發展研究所
/ 95 / 博士

34. 研究生：謝君柔
少子化浪潮下大台北地區不願生育女
性觀念之研究
國立臺灣大學 / 國家發展研究所
/ 95 / 碩士

35. 研究生：曾志隆
基進與多元民主政治理論的建構：以
穆芙的「爭勝式民主」為討論對象
東吳大學 / 政治學系 / 94 / 博士

36. 研究生：劉維哲
臺灣原住民身分認定變革因素之探討
國立臺灣大學 / 國家發展研究所
/ 94 / 碩士

37. 研究生：吳政勳
陳映真作品之政治批判 ── 以薩伊德
理論為研究途徑
國立臺灣大學 / 國家發展研究所
/ 94 / 碩士

38. 研究生：王環珍
言論自由的限度：從自由主義觀之
國立臺灣大學 / 國家發展研究所
/ 94 / 碩士

39. 研究生：柯青雲
法律系統的形成、運作及特色 ── 盧
曼系統理論取向
國立臺灣大學 / 國家發展研究所
/ 94 / 碩士

40. 研究生：植懷信
台北地區檔案管理人員工作滿意度之
研究
國立臺灣大學 / 國家發展研究所
/ 94 / 碩士

41. 研究生：陳正芳
在縮減數位落差中教育的功能與角
色 ── 以國小資訊教育政策為例
國立臺灣大學 / 國家發展研究所
/ 94 / 碩士

42. 研究生：莊明政
青年馬克思貨幣哲學研究
輔仁大學 / 宗教學系 / 94 / 碩士

43. 研究生：梁翠苹
印尼的勞工運動評述
淡江大學 / 東南亞研究所碩士班
/ 93 / 碩士

44.研究生：陳中玉
　　韋伯與現代基督徒天職觀之比較 ──
　　以台灣兩個基督教團體為例
　　輔仁大學／宗教學系／93／碩士

45.研究生：張凱育
　　青少女閱讀羅曼史小說之研究 ── 以
　　台中市三位高中女學生為例
　　國立臺灣大學／國家發展研究所
　　／93／碩士

46.研究生：呂經偉
　　臺北縣市國民中學自然與生活科技領
　　域教科書選用現況調查之研究
　　國立臺灣大學／國家發展研究所
　　／92／碩士

47.研究生：陳崇峻
　　中國大陸審判獨立問題之研究
　　國立臺灣大學／國家發展研究所
　　／92／碩士

48.研究生：呂經偉
　　臺北縣市國民中學自然與生活科技領
　　域教科書選用現況調查之研究
　　國立臺灣大學／國家發展研究所
　　／92／碩士

49.研究生：姚似樺
　　現任地位對競選策略之影響 ── 以陳
　　水扁競選2000年與2004年總統選舉
　　之比較為例

國立臺灣大學／政治學研究所／92／
碩士

50.研究生：呂維凱
　　馬克思法律學說之研究 ── 從基本法
　　律觀到國家消亡論及法律消亡論的探
　　討
　　國立臺灣大學／國家發展研究所
　　／92／碩士

51.研究生：呂理謙
　　變遷中新加坡中華總商會的組織運作
　　與環境調適之研究
　　淡江大學／東南亞研究所／92／碩士

52.研究生：鄭文淑
　　後冷戰時期俄羅斯之中國政策 ── 近
　　十幾年來俄羅斯對中國外交之追蹤
　　淡江大學／俄羅斯研究所／92／碩士

53.研究生：欒宗傑
　　從個人道德邁向社群倫理 ── 席勒
　　《美育書簡》析評
　　輔仁大學／德國語文學系／91／碩士

54.研究生：林慶銘
　　台中兩岸互動模式之比較研究
　　國立臺灣大學／國家發展研究所
　　／91／碩士

55.研究生：黃之棟
　　馬克思主義的生態學

國立臺灣大學／國家發展研究所／91／碩士

56.研究生：張恩寧
改革後中國大陸城市流動人口之研究
國立臺灣大學／國家發展研究所／91／碩士

57.研究生：朱英龍
指導教授：陳春生陳春生／洪鎌德
後冷戰時期日本對中國外交政策之研究（1989～2002年）
國立臺灣大學／國家發展研究所／91／碩士

58.研究生：李清友
論公法上金錢給付義務之強制執行
國立臺灣大學／國家發展研究所／91／碩士

59.研究生：洪晟晏
從宗教法規分析台灣宗教與民間信仰——以媽祖信仰之檢討為例
國立臺灣大學／國家發展研究所／91／碩士

60.研究生：侯政宏
馬來西亞華人政治參與之研究——兼論華人政治上的地位與角色
淡江大學／東南亞研究所／90／碩士

61.研究生：蔡秋如

俄羅斯金融工業集團的形成與發展之研究
國立臺灣大學／國家發展研究所／90／博士

62.研究生：林文媛
馬克思《政治經濟學批判綱要》之析評
國立臺灣大學／國家發展研究所／89／碩士

63.研究生：史豐榮
馬克思與政治經濟學批判：系統性辯證作為解讀《資本論》底基本架構
國立臺灣大學／國家發展研究所／89／博士

64.研究生：蘇宗鴻
後冷戰時期美國亞太安全政策之分析：嚇阻模式與合作模式的應用
國立臺灣大學／政治學研究所／89／碩士

65.研究生：翟芳怡
當代社會的風險與科技的震撼——理論的省思與實際之考察
淡江大學／歐洲研究所／89／碩士

66.研究生：況正吉
憲政制度與經改政策對於民主鞏固的影響：俄羅斯和捷克之比較研究
淡江大學／俄羅斯研究所／89／碩士

67.研究生：周忠平
新加坡威權政治之形成與發展
淡江大學／東南亞研究所／88／碩士

68.研究生：葉銘三
新加坡與台海兩岸關係之研究
淡江大學／東南亞研究所／88／碩士

69.研究生：林伊華
保加利亞後共時期經濟改革之研究
淡江大學／歐洲研究所／88／碩士

70.研究生：田興
帕舒坎尼斯法律思想之研究
淡江大學／俄羅斯研究所／88／碩士

71.研究生：陳俊榮
後現代的認同政治
國立臺灣大學／三民主義研究所
／88／博士

72.研究生：王金燦
現階段中共的道教政策
國立臺灣大學／三民主義研究所
／88／碩士

73.研究生：下平芳久
儒學對於日本現代化之作用──以大
企業集團主義經營原理為例
國立臺灣大學／三民主義研究所
／88／碩士

74.研究生：江俊霆
菲律賓柯拉蓉政權崛起之研究
（1983-1986）──民粹主義觀點的
個案分析
國立臺灣大學／三民主義研究所
／88／碩士

75.研究生：張東文
霍布斯政治思想研究──由個體自由
轉向集體宰制
輔仁大學／哲學研究所／87／碩士

76.研究生：林含怡
當代英國婦女運動之研究（1960年代
至1990年代初期）
淡江大學／歐洲研究所／87／碩士

77.研究生：張育榮
洛克權利與義務觀念之研究
東吳大學／政治學系／87／碩士

78.研究生：劉亦菜
歐斐（ClausOffe）的民主觀──政
治社會學的分析與研究
國立臺灣大學／三民主義研究所
／87／碩士

79.研究生：邱燕君
台灣戰後老年經濟安全政策之歷史分
析：國家與社會觀點
國立臺灣大學／三民主義研究所
／87／碩士

80. 研究生：汪子惟
伍爾斐（AlanWolfe）早期國家理論
之研究
國立臺灣大學／三民主義研究所
／87／碩士

81. 研究生：胡志強
費爾阿本德思想之研究
國立臺灣大學／三民主義研究所
／87／碩士

82. 研究生：慈秀君
性別與牧會處境——以長老教會女傳
教師為例
國立臺灣大學／三民主義研究所
／87／碩士

83. 研究生：曾志隆
後馬克思主義的革命理論：拉克勞與
穆佛社會主義戰略之探討
淡江大學／歐洲研究所／86／碩士

84. 研究生：胡芝瑩
英國文化研究與意識形態批判：霍爾
論點之探討
淡江大學／歐洲研究所／86／碩士

85. 研究生：藍欣開
當代資本主義國家之危機趨勢——新
馬克思主義學者歐斐的國家理論
淡江大學／歐洲研究所／86／碩士

86. 研究生：王保鍵
俄羅斯、法國、中華民國行政權之研
究——雙首長制
淡江大學／俄羅斯研究所／86／碩士

87. 研究生：蔡桐燦
戈巴契夫執政時期中蘇關係之探討
（1985-1991）
淡江大學／俄羅斯研究所／86／碩士

88. 研究生：蔡桐燦
新加坡族群協和政策之研究
政治作戰學校／政治研究所／86／碩
士

89. 研究生：王復德
中國大陸就業安全制度之研究
國立臺灣大學／三民主義研究所
／86／碩士

90. 研究生：邱思慎
詹明信後現代理論之研究
國立臺灣大學／三民主義研究所
／86／碩士

91. 研究生：林桂碧
中國大陸臺商企業勞資關係之研
究——以廣東、福建、上海京津為例
國立臺灣大學／三民主義研究所
／86／博士

92.研究生：郭俊麟

政治領袖與政治領導——新加坡個案研究

國立臺灣大學／三民主義研究所／86／碩士

93.研究生：鄭月桂

海峽兩會事務性協商之研究——囚徒困境模型之應用

國立臺灣大學／三民主義研究所／86／碩士

94.研究生：周湘瑜

俄羅斯聯邦共黨之研究：從理論到實踐（1990年-1996年）

淡江大學／俄羅斯研究所／85／碩士

95.研究生：洪㜑娥

俄國社會的變動對普列漢諾夫思想影響之研究

淡江大學／俄羅斯研究所／85／碩士

96.研究生：王嘉瑜

布哈林社會主義經濟思想之研究

淡江大學／俄羅斯研究所／85／碩士

97.研究生：簡孟邦

1993年憲法俄羅斯總統權力之研究

淡江大學／俄羅斯研究所／85／碩士

98.研究生：周湘瑜

俄羅斯聯邦共產黨之研究：從理論到

實踐（1990年-1996年）

淡江大學／俄羅斯研究所／85／碩士

99.研究生：李葵蓉

亞歷山大二世「大改革」之評析

淡江大學／俄羅斯研究所／85／碩士

100.研究生：李葵蓉

馬克思的歷史哲學

國立臺灣大學／政治學系／85／碩士

101.研究生：胡正光

紀登士的社會變遷圖像——唯物史觀的當代批判

國立臺灣大學／政治學系研究所／85／碩士

102.研究生：陳妍伶

十七世紀俄羅斯東正教改革與分裂之探討

淡江大學／蘇聯研究所／84／碩士

103.研究生：楊秀芬

毛澤東思想中的馬克思主義成分與中國思想傳承之研究

東海大學／政治學研究所／84／碩士

104.研究生：李世泉

臺灣高速鐵路政策規劃過程之研究

國立臺灣大學／三民主義研究所／84／碩士

105. 研究生：余福恭
日本殖民帝國統治下臺灣的民族運動
之研究（1895～1945）
國立臺灣師範大學／三民主義研究所
／84／碩士

106. 研究生：陳文祥
盧卡奇「物化批判」之研究
輔仁大學／哲學研究所／84／碩士

107. 研究生：楊昌達
羅勃特‧諾錫克政治哲學中國家形成
理論之研究
輔仁大學／哲學研究所／83／碩士

108. 研究生：潘東傑
戈巴契夫與葉爾欽倡建法治國之研析
淡江大學／蘇聯研究所／83／碩士

109. 研究生：王怡文
赫魯曉夫時期蘇共文藝政策之轉變
淡江大學／蘇聯研究所／83／碩士

110. 研究生：楊適鴻
報紙報導兩岸會談相關新聞之意識形
態分析：以「統獨」論述為例
國立臺灣大學／三民主義研究所
／83／碩士

111. 研究生：李周炯
中國的社會主義再認識：以社會主義
市場經濟理論為分析中心

國立臺灣大學／三民主義研究所
／83／碩士

112. 研究生：鄧建邦
歷史、身份建構、與臺灣民族主義：
以宜蘭縣及高雄縣鄉土歷史教材為主
的分析
國立臺灣大學／三民主義研究所
／83／碩士

113. 研究生：金惠珍
中國大陸文化作者關於人性與人道主
義論爭之研究：以1979年到1984年
文藝界的討論為主
國立臺灣大學／三民主義研究所
／83／碩士

114. 研究生：洪兆福
蘇聯官僚問題研究
淡江大學／蘇聯研究所／82／碩士

115. 研究生：田世昊
賴希思想之研究──結合馬克思主義
與心理分析之理論
淡江大學／歐洲研究所／81／碩士

共115位畢業碩博士生

我學、我思、我寫和我教，故我在

文／洪鎌德　交通大學講座教授

作為交大通識教育中心兼任教授的一員，我準備在105學年第二學期開授一門兩學分的新課程：「屠格涅夫散文和小說的析賞」（附錄一），俾為以理工、資訊、生命和環境等科學為主修的交大高年級學生注入更多的人文氣息，同時也為多年來同僚講解的世界文學、歐美文學、中國文學、俄國文化、台灣文學、日本文化、歐洲文化等等課程，增添一科相關科目的選項。為了方便選修學生的理解和導讀，我自前年開始，便著手斷續撰寫有關屠格涅夫的出身、生涯、著作和其時代背景的書稿，交由台北五南圖書出版公司編輯成書，定名為《屠格涅夫作品的析賞》（附錄二）已在2017年元月推出。

八十年前我出生在新竹市一個貧窮的家庭，家母在生下我四個月後逝世，靠阿公阿嬤提供我童年的養育。後來有幸進入竹中完成文理不分的全人教育，這應歸功於大教育學家辛志平前校長的高瞻遠矚和循循善誘。在台大學習（先念法律，後轉政治）四年間，我除了注意本科的專精之外，特重外國語文（英、德、俄、日、義、法）的初習，為後來留歐打下基礎。1963年在國際扶輪社資助下赴德國佛萊堡念政治學，後轉學奧地利維也納大學研習包括政治、法律、經濟和社會的「國家學」（Staatswissenschaften）。

使用德文於1967年年底完成《胡適與民國政治》一論文獲得博士學位。1968應聘德國慕尼黑大學，教授國際政治和社會科學。1973年前往新加坡講授比較政府與政治、社會科學方法論和星國大學空前也是絕後的「馬克思主義批判」課程。其間藉星國與中國學制和假期之不同，前後三、四次在中山、廈門、北京、南開、復旦等大學講解西方馬克思主義、新馬克思主義等課。1992年返台，先在台大三研所（後改名國發所）開講馬克思學說析評、法律社會學、政治社會學和政治經濟學等科目，同時分別在東海、淡江、東吳、輔仁等大學講授社會科學、西馬、新馬、舊馬，俄國政治思想等科目。2012年台大國發所退休後，被交大延攬為不占缺的兼任（講座）教授至今。除為交大通識教育中心選修學生講解「社會學導論」、「社會理論的演進」、「當代世界：國際關係的理論」和「新加坡政治經濟學」之外，又利用長距視訊方式連結交大、中大、陽明、淡江、台北等大學播講「歐洲文化導論」和「馬克思學

說的析評」兩科目。同時在國立體育大學體研所博士班和輔仁大學哲學系講授有關運動社會學和哲學，以及舊馬、西馬和新馬的分析和批判。

　　綜合我這後半生的教研生涯，我雖無卓越的成就、驚人的貢獻，但卻經常反省和自我惕勵。至今發表的論文多達三百餘篇，德、英、華文著作四十七本，包括為新講課而籌劃與撰寫的這本著作：《屠格涅夫作品的析賞》。此書試圖跳出文學、傳記、文學評論的框框，而是以科際整合的觀點，使用哲學和社會科學（特別是歷史社會學、社會心理學、文化人類學、精神分析學）等方法，在宏觀與微觀的角度下，把屠格涅夫這位文學工作者的生命和其人道精神，藉由其生涯、交遊、作品和時代突顯出來，讓讀者可以進入文豪的心靈世界，分享他悲喜恩怨的一生。

　　至於教學方式方面，兩學分兩節課的頭一節由教師依課程綱要的序列，使用PPT（附錄三）進行講解和導讀；第二節則由學生分成十四、五組，每組選定屠格涅夫一本小說或數篇詩詞、散文，做成每人十分鐘左右的口頭報告。在教師補充或修正下，全班進行討論，平時報告和參與情況占總成績30%，出席率占20%。學期末舉行學期考試，占總分50%。屠氏著作的英文和華文譯本，由教師指定或提供。利用中間休息時間播放俄國民謠與法國女高音韋雅朵所唱名曲。

　　總之，身為交大通識教育一分子的我，認清自己的職責在於如何化複雜為簡單、如何化艱難為平易，如何引導以理工為主的學生進入人文、藝術的境界，這是我自訂的追求之目標。在不畏老、不憂老之下，繼續學習，時刻思考，不停寫作，不斷教研，這樣我存在世上的意義就能天天浮現。因此，我敢高喊：我學、我思、我寫和我教，故我在。

附件1　課程綱要與教學進度

課程名稱：屠格涅夫散文與小說的析賞（Turgenev' Essays and Novels : An Introductory Reading）		開課單位	通識教育中心
		永久課號	6551
授課教師：洪鎌德授課時間：每週一 CD (10:10-12:00 am)			
學分數	2	必／選修	選修	開課年級	大三、大四
先修科目或先備能力：對歐美（尤其俄國）史、地、政、經、社、文（特別是文學）有興趣和基本認識者。					

課程概述與目標：

作為19世紀俄國大文豪之一的屠格涅夫（1818-1883）生平著有數本札記（《獵人筆記》和文學回憶錄）、6本長篇小說，33本中小篇故事、15齣戲劇和上百篇詩詞、三萬六千多封書信。運用其生花妙筆，屠氏把俄國的民族性格、風俗習性做寫實的素描，也把大自然、個人和社群融為有機的整體。其敘事之佳妙、文體之簡潔、文字之優美，非杜思托耶夫斯基或托爾斯泰所能比擬；而其文學作品所呈現的悲天憫人的人道精神，尤其令人感佩。本課程以哲學、政治學、社會學、心理學和文化學的角度，以及深入簡出的方式介紹屠格涅夫的生涯、著作及其時代意義，目的在藉師生的共同閱讀、涵詠、溝通、析賞，而踏上經典級的文學之門檻。

總之，本課程旨在鼓勵學生認識、理解和欣賞19世紀俄國文豪屠格涅夫優美的散文、詩歌和小說。從而體認文學與人生、文學與自然、文學與社群之關係。這是涵育人文素養，提升人文精神和發揚人本主義的捷徑，尤其是對理工、科技、生態、資訊為專業的學生更應利用此一機會接觸文字高超美妙的俄國文豪的文學作品，俾擴展人生視野和開拓仁民愛物的胸懷。由於授課者能掌握中、英、德、俄等文字，又有相關課程之新作出版，可激發研讀的興趣和便利同學的學習。

教科書：

1. 洪鎌德《屠格涅夫作品的析賞》，台北：五南，2017，370頁。
2. 洪鎌德《黑格爾哲學新解》，台北：五南，2016。491頁。
3. E. C. Allen, *The Essential Turgenev*, Evanston : Northwestern University Press, 2007.
4. 漢譯屠氏著作：a.《獵人筆記》；b.《父輩與孩輩》；c.《處女地》；d.《初戀》；e.《阿霞》；f.《春潮》；g.《夢》：h.《米麗琪》i.《散文詩》（開課後交代華文翻譯版本）。
5. F. F. Seeley, *Turgenev : A Reading of his Fiction*, Cambridge : Cam-bridge University Press.

單元主題	內容綱要	分配時數				備註
		講授	示範	習作	其他1	
生涯、著作、時代和最重要著作	1. 出生、家庭和受教過程 2. 苦戀女歌手和浪跡西歐 3. 文學創作的開始和轉型 4. 成名作	7				
長篇、中短篇小說文學的評價和影響	1. 兩本長篇 2. 五部短篇 3.《散文詩》析讀 4. 文學的貢獻	9				

教學要點概述：

　　以老師主講方式，解析屠格涅夫的生平、作品，並讓學生閱讀指定資料（專書和文章），同時進行分組報告。課堂參與與出席率占總成績20%、平時口頭報告占30%，學期末筆試50%，本科目無期中考。

教學進度表

週次	日期	課程進度、內容、主題
1		導論：屠格涅夫的出身、家庭和國內外受教經歷與哲思的來源（1：1-5；2：3；5：5-32）。（第1代表參考書目第1本，其後為章次；2、3、5後之數字代表頁碼；4a至4i的漢譯之版本另行通知，下同）
2		文學生涯的開始和轉折（1：6-9；2；3：xi-xxvi）
3		文學寫作的分類與分期（1：6, 22, 23；5：11-29）
4		詩詞之作未獲桂冠美譽之緣由（1：22；5：33-46）
5		《獵人筆記》的導讀（1：23；3：6-101；4a；5：101-121）
6		《獵人筆記》的解析（書目如前）
7		《父輩與孩輩》的閱讀與尋思（1：11, 23；3：567-746；4b）
8		《父輩與孩輩》涉及代溝及其他政經社文的問題（1：23；5：215-234）
9		《處女地》是屠氏從改革走向變天的過渡（1：23；4c；5：304-315）
10		《初戀》是否屠氏自傳？（1：15, 26；3：486-544；4d）
11		《阿霞》刊載後引起的爭論（1：26；4e；5：153-155）
12		《春潮》對男女情慾有露骨的描繪（1：14, 26；4f；5：294-301）
13		《夢》與其他靈異故事（1：17, 26；4g；5：810-826）
14		《珂拉拉・米麗琪》的析讀（1：17, 26；4h；5：262-266）
15		《散文詩》粹選與細讀（1：22；3：873-883；4i：3-138）
16		《散文詩》的藝術價值（1：22；4i；141-299；5：316-317）
17		屠格涅夫文學的評價和影響（1：28；3：xxvi-xli）
18		期末考

附件2　《屠格涅夫作品的析賞》的要旨

　　本書先細述屠格涅夫的家世、父母、幼年、青少年求學經過。繼而敘述他隨抵俄演唱的法國女高音寶琳・韋雅朵旅歐，到處遊蕩、寄人籬下。接著提

及他《獵人筆記》結集造成的重大影響，包括促成俄國農奴的解放。首部長篇小說《魯金》所引發的好惡評論導致他與《當代人》編輯群的恩怨情仇，尤其他與杜思托耶夫斯基和托爾斯泰的瑜亮情節。屠氏最成功的長篇為。《父輩與孩輩》，其他的中短篇，像《初戀》、《春潮》、《阿霞》等比起長篇的《貴族之家》、《煙》、《前夜》更受歡迎。壯年一度擬在德國巴登建屋定居，卻因普法戰爭爆發，普魯士軍國主義囂張，而尾隨韋雅朵一家遷往倫敦，後轉回巴黎久居，不過常抽空返俄吸取鄉土的氣息。這期間屠氏撰寫不少篇中短型小說，包括晚年涉及超自然現象的《夢》、《珂拉拉‧米麗琪》等十篇靈異小說。隨著俄國政局的變化，一向採取溫和改革路線的自由主義者之屠氏，開始同情進行革命宣傳的激進青年。《處女地》的出版贏回年輕學子對他的擁護，這也是他國際聲譽達到高峰之際。晚年迷戀本國戲劇演員沙維娜，算是他一生愛情故事的插話。最後以脊椎癌逝世於巴黎，而歸葬俄土。

　　本書不但以傳記筆法詳述屠格涅夫的平生、著作和思言云為，還討論其時代之俄國與西歐局勢的演變，俾瞭解人物與時地之互動，以及作家和其親友的交流。再以歷史社會學和心理分析的角度，評讀和析賞其隨筆、書信、詩詞、戲劇、小說。勾稽其作品中自然的景觀對人物角色的心態之形塑與衝擊。最重要的是探索屠格涅夫的心靈與哲思的世界，析述其天道觀、社會觀和人生觀，俾在其生涯、作品和時代形成一個圓融的有機體，把文學體現人生的意義，以屠氏的平生、時代和傑作刻劃出來；最終評價屠氏文學貢獻和影響。本書插圖眾多而珍貴，參考文獻不限於俄文，兼涉及英、德、法、漢文資料，相信為同類著作中最具普世觀的屠格涅夫傳記與評論之一。

附件3　課程講授的輔導（PPT）舉例

<table>
<tr>
<td>

屠格涅夫散文與小說的析賞

交通大學
講座教授
洪鎌德主講

</td>
<td>

伊萬‧屠格涅夫的出身　1

- 1818年俄曆10月28日誕生於俄國奧略爾省首府奧略爾市（Орёл離莫斯科西南方約 360公里）

</td>
</tr>
<tr>
<td>

伊萬‧屠格涅夫的出身　2

- 其父舍格伊‧尼可拉夫雄育‧屠格涅夫為退休騎兵團上校軍官

- 舍格伊‧尼可拉夫雄育　　瓦娃拉‧朋特屢芙娜

- 其母瓦娃拉‧朋特屢芙娜‧盧托維諾娃是電揺的寡婦之後裔，大片領地和廣大莊園的擁有者。手下為其耕作、服勞、服侍的男女奴婢多達五千餘名

</td>
<td>

世俗的救贖

20世紀下葉和21世紀上葉的讀者在經歷全球性戰爭、暴亂、災難的痛苦之餘，對屠格涅夫的作品更會深刻瞭解和真心欣賞。其原因無它乃是作者以平實手法敘述人群怎樣在困挫中達到趨禍求生的生存目的，亦即每人以其不同的生活方式來賦予存在嶄新的意義。不像其同代其他國的文豪企圖在宗教、倫理、道德上找到救贖，一向對神明的存在抱持懷疑和不可知的態度之屠氏，主張人群的救贖在現世，而非天堂，這就是世俗的救贖方式。

這種救贖的期待和落實係從個人承認心理自主的不足和道德完整的欠缺開始，在歷經生活的焠煉之後累積知識與知慧，進一步發揮想像和創意，才會瞭然真實的自我，達成自我認同的境界。只有堅強的認同才會在忞神明的指引之下，走完人生崎嶇崎嶇一幅坎坷的道路

</td>
</tr>
<tr>
<td>

福樓貝和屠格涅夫

- 屠格涅夫在法國文友中特別推崇福樓貝及其文學成就。兩人的友誼來往卻有點似男女的相悅以情：在此親密的關係中，屠氏以女性的溫柔，同情與支持落難的男性之福氏

</td>
<td>

莫泊桑和雷農的讚賞

莫泊桑讚賞屠氏是一位天才的人物，可以體現「生命，僅有的生命，生命的片斷」。雷農（Ernest Renan 1823-1892）則在京悼屠格涅夫逝世的紀念會上說：「世上再也無人可以像他那樣成為全人類的化身（incarnation）。世界活在他的身上，透過他的嘴告訴出人間的一切」

</td>
</tr>
</table>

以哲學和社會科學來探索文學

何乃蕙編《新竹中學校友會刊》（44期）118至120頁

■ 文・洪鎌德

屠格涅夫作品的析賞

Turgenev's Life and Works: A Critical Evaluation

交通大學教授　洪鎌德　著

編按：目前任教於交通大學通識教育中心的講座教授洪鎌德博士，繼2016年年初推出491頁的《黑格爾哲學新解》（台北：五南）後，最近又完成《屠格涅夫作品的析賞》，本文係洪鎌德校友（第9屆）為《屠格涅夫作品的析賞》新書所寫的序言，經徵得作者同意，轉載於校友會刊。

多年來本人在鑽研哲學（特到是政治、法律與社會哲學）以及社會科學（政治學、社會學、法津學、國際關係、政治經濟學、哲學人類學、社會心理學）之餘，也對文學抱有很大的興趣。在小學時代便熟讀早年台灣文學先輩阿Q之弟的《靈肉之道》和《可愛的仇人》；中學念《水滸傳》、《三國演義》、《紅樓夢》；大學時代開始閱讀英文作品，像史蒂文生的《魯濱遜漂流記》、狄更斯《塊肉餘生錄》、原著德文對照英譯歌德《少年維特的煩惱》和施篤姆的《茵夢湖》、英文原著對照漢譯史東原的《生之欲》和海明威的《老人與海》，以及俄漢對照屠格涅夫的《散文詩》。在留德期間居住在西南德黑森林的同學兼好友 Rainer Mangei，更花費半年時間教導我閱讀歌德原著《浮士德》和海涅的詩詞。這些學習和閱讀的經驗加深我對文學的認識和興趣。

我這數十年來在德國、新加坡、中國和台灣主要研究、講學和著作涉及哲學思維（尤其是康德、黑格爾、馬克思、韋伯、卜地峨、帕森思、哈伯瑪斯、紀登士等人的社會哲學和法政思想）與社會科學（特別是世界政治、國際關係、社會學理論、歷史社會學、政治社會學、法律社會學、當代主義、意識型態批判、政治經濟批判等等）都與文學少有關聯。但研究個人與社會、社會與國家、國家與世界，顯然單靠哲學思辨和社會科學的分析，僅能了解事物的表象而已。反之，文學、藝術、宗教這類精神最高的表現之認知，才能直透人心與世情。這就是黑格爾所言由家庭所呈現的主觀精神，發展到文明社會的客觀精神，最終抵達倫理國家境界的絕對精神之辯證過程。亦即只有掌握一國一族的靈魂及其文化表現，才能了解這個國族在某一時期中，其人民之思言云為。

換言之，要明白 19 世紀中葉和下葉，沙皇統治下俄國廣大民眾生活實狀，單靠歷史的回顧、社會的剖析、政經的追蹤是不夠的。如能再佐以文學和藝術的描繪，將會獲得更鮮活的民情世俗之圖像。因之，閱讀戈果爾、杜思托耶夫斯基、屠格涅夫、托爾斯泰等人的文學著作是必要的，正如同聆聽柴可夫斯基、林姆斯基－科薩可夫和拉赫曼尼諾夫的音樂，以及欣賞艾瓦佐夫斯基、費多托夫、衣瓦諾夫和柯連多夫斯基等人的繪畫，是掌握該時代俄人民族性格和時代精神，最直接和簡單的捷徑。

在過去的十年間，我在繁忙的教研之餘，把多出的時間用在俄文的複習與加強之上，除了閱讀列蒙托夫《當代英雄》之外，先後仔細念過屠格涅夫的六大長篇與大多數中短篇小說，更把《獵人筆記》和《散文詩》做了深入的析賞。

本書沿續 2015 年東大增訂再版的《馬克思》傳記之體例，先詳細敘述屠格涅夫的家世、父母、幼年、青少年求學經過、由莫斯科大學轉入聖彼得堡大學及其後留德與返俄的往事。在悍母安排下擔任內政部小吏，之後卻辭官與抵俄演唱的法國女高音寶琳．韋雅朵旅歐，到處遊蕩，也決定他這一生像海參一般寄生在歌劇艷星的家中，兩人後半生恩恩怨怨的愛情故事從此展開。這期間他的詩作與劇作紛紛發表，但沒有造成轟動。後來結集的《獵人筆記》之各篇連續刊載，這一文集暴露擁有農奴和土地的鄉紳的顢頇傲慢，以及農民生活的貧窮困苦。這是影響沙皇後來頒布農奴解放敕令的重大因素。為此屠氏還入獄一個月，在其祖產田園軟禁年半。接著本書提及他撰述的首部長篇小說《魯金》，以及所引發的好惡評論；也涉及他與《當代人》編輯群的恩怨情仇，尤其他與杜思托耶夫斯基和托爾斯泰的瑜亮情結。屠氏最成功的長篇為《父輩與孩輩》，是他的代表著作。其他的中短篇，像《初戀》、《春潮》、《阿霞》等，比起長篇的《貴族之家》、《煙》、《前夜》更受歡迎。

他壯年一度在德國巴登建屋定居，卻因普法戰爭爆發，普魯士軍國主義囂張，而隨韋雅朵一家遷往倫敦，後轉回巴黎久居，也常抽空返俄吸取鄉土的養分與氣息。這期間屠氏撰寫不少篇中短型小說，包括其後（晚年）涉及超自然現象的《夢》、《珂拉拉．米麗琪》等十篇靈異小說。隨著俄國政局的變化，一向採取溫和改革路線的自由主義者之屠氏，開始同情進行革命宣傳，甚至成為訴諸暴力反抗政府的偏激份子。《處女地》的出版贏回青年學子對他的擁護，這也是他國際聲譽達到高峰之際。晚年迷戀本國戲劇演員沙維娜，算是他一生愛情故事的插話。最後以脊椎癌逝世於巴黎，而歸葬俄土。

本書不但以傳記筆法詳述屠格涅夫的平生、著作和思言云為，還討論其時代之俄國與西歐局勢的演變，俾了解人物與時地之互動，以及作家和其親友的交流。再以歷史社會學和心理分析的角度，評讀和析賞其隨筆、書信、詩詞、戲劇、小說，勾勒其作品中自然的景觀對人物角色的心

態之形塑與衝擊；最重要的是探索屠格涅夫的心靈與哲思的世界，析述其天道觀、社會觀和人生觀，俾在其生涯、作品和時代形成一個圓融的有機體，把文學體現人生的意義，以及藉哲學和社會科學來探索文學的用意盡量發揮。最後評估其文學成就與影響。

　　本書插圖眾多而珍貴，參考文獻不限於俄文，兼涉及英、德、法、漢文資料，相信為同類著作中最具普世觀的屠格涅夫傳記之一。本書文稿小部分由內子蘇淑玉女士與廖育信博士打字，台大國發所博士生張書榜提供有關屠氏近期資料，大女兒寧馨和次女兒琮如網購所需各種相關書籍，摯友旅居維也納台僑領袖吳尊和博士託人帶來屠氏原文小説。輔大社會系教授謝宏仁趁赴中國開會之便，帶回屠氏著作的華文譯本；另一位輔大教授邱晨提供英文屠氏傳記。吉林體育學院譚亮教授贈送中譯傳記，都令人振奮和感激。這些或大或小的幫忙都促成本書的及時完稿，這是令人萬分感恩之所在，茲表示至深謝忱。五南副總編輯劉靜芬小姐主編過我六本書，這是她完成的第七本，由於她的安排和設計使本作品更呈現其特色。此外，執行編輯吳肇恩小姐的精心擘劃、仔細校對、發揮巧思、糾正誤謬，使本著作錯誤減到最低程度，可讀性增高，這是作者至感榮幸與感激之處。最後，茲以本書獻給任勞任怨、善心滿溢的愛妻蘇淑玉女士，並祝福她晚年平安、康泰、喜樂。

　　　　　　　　交大講座教授　洪鎌德
誌於十八尖山西麓小舍 2016 年 10 月 16 日

附錄六　讀者迴響

孫森焱大法官

謝宏仁副教授在結論提到下面文章，對洪教授推崇備至。

法律社會學在社會學的主流中，似乎仍找不到適當的定位。在洪鎌德教授所描繪的學術地圖中，隱藏了一條通天祕徑，當繼續向前走在曾經隱藏在荒煙漫草的研究小路上，筆者相信，最終我們會看到一個全新的世界，迥異於西方知識體系所建構出那個變色改調的地圖。期待學術界能早日看到這個新世界。

「淵博」彰顯在洪鎌德教授涵蓋廣袤的學術地圖之上，「創思」隱身在大道旁可能被忽略的不起眼之處。

葉賽鶯法官

您以一位政治學大師，來寫文學作品析賞，内容豐富且細緻，廣博而深刻地描述屠格涅夫的一生，誠如您書中所引屠氏所說的：「時間有如鳥飛逝，也有如蟲爬緩慢，只有不在意時間飛逝的人，才能坦然面對人生。」您翻得既流暢又深遠，令人敬佩！我對照英文看，就翻不出像您優雅又有深刻意涵的文筆，尤其是末句，您於序中所言：「只有掌握一國一族的靈魂及其文學表現，才能瞭解這個國族在某一時期中，其人民之思言云為」，旨哉斯言！

此外，您讓讀者分享了屠氏各種詩文，劇作及小說等作品後，總結認為屠氏是「精通各國文化、語文、藝術的大文豪。在強調俄國文化與歐洲文化是一個共生體，他常被視為俄國西化派的急先鋒；但他與親俄派作家抱持長期的友誼，又使人體認他是一位中庸之道的奉行者與實踐者。顯然他企圖消滅俄國與歐洲各國的國界，他不只是俄國人，他更願意作為一位歐洲人、世界人、大同人」，短短數句真是道盡屠氏一生的成就與貢獻，實在令人仰慕！

近來因眼力不佳，所以閱讀很慢，至今才能表達一點讀書心得及敬仰之

情，也應致歉意。

黃美鈴（交大通識教育中心教授兼交大學務長）

　　謝謝您的分享，對我們而言，身旁能有像您這樣的大師級老師，讓我們學習真的太幸福了，您學貫中西、寬廣的國際觀以及深厚的人文底蘊與人道精神，是我們的典範，令人仰之彌高，更能感受您的生命熱情：一種豁達的心靈狀態，一股勃勃生機，如盎然的泉湧。謝謝您！

國家圖書館出版品預行編目資料

淵博與創思：洪鎌德教授八十高壽慶賀文集／
施正鋒等著.--初版.--臺北市:五南, 2017.06
　面；　公分
ISBN 978-957-11-9189-8(平裝)
1.洪鎌德 2.學術思想 3.政治思想 4.文集
128.99　　　　　　　　　106007773

1PAQ

淵博與創思
——洪鎌德教授八十高壽慶賀文集

主　　編 ― 施正鋒

作　　者 ― 施正鋒、郭秋慶、紀舜傑、曾志隆、謝宏仁
　　　　　　胡正光、陳文賢、魏百谷、黃之棟、利亮時
　　　　　　鍾國允、劉宏裕、何乃蕙

發 行 人 ― 楊榮川

總 經 理 ― 楊士清

副總編輯 ― 劉靜芬

責任編輯 ― 吳肇恩

封面設計 ― P.Design視覺企劃

出 版 者 ― 五南圖書出版股份有限公司

地　　址：106台北市大安區和平東路二段339號4樓

電　　話：(02)2705-5066　傳　　真：(02)2706-6100

網　　址：http://www.wunan.com.tw

電子郵件：wunan@wunan.com.tw

劃撥帳號：01068953

戶　　名：五南圖書出版股份有限公司

法律顧問　林勝安律師事務所　林勝安律師

出版日期　2017年6月初版一刷

定　　價　新臺幣400元